Heureux d'apprendre à l'école

Du même auteur

Pour une enfant heureuse, Robert Laffont, 2014 (Pocket, 2015).
Vivre heureux avec son enfant, Robert Laffont, 2015 (Pocket, 2017).
Transmettre, collectif, L'Iconoclaste, 2017.

Les Arènes
27, rue Jacob, 75006 Paris
Tél. : 01 42 17 47 80
arenes@arenes.fr

Heureux d'apprendre à l'école se prolonge sur www.arenes.fr
et www.laffont.fr

Dr Catherine Gueguen

Heureux d'apprendre à l'école

les arènes . Robert Laffont

Introduction

Pourquoi une pédiatre vient-elle se mêler des affaires de l'école ?

Les raisons sont simples. J'ai reçu en consultation des centaines d'enfants. Tantôt ils ne voulaient plus aller à l'école ou étaient en échec scolaire, tantôt les devoirs à la maison se terminaient en pugilat. Parfois, ils étaient victimes de harcèlement ou au contraire agresseurs. Bref, des enfants en souffrance qui atterrissaient chez le pédiatre parce que leurs parents, totalement démunis, n'avaient aucune envie d'aller voir un psychologue ou un psychiatre, eux qui n'allaient souvent guère mieux que leurs enfants. J'ai également reçu de nombreux enseignants, eux-mêmes parents, qui m'ont parlé de leur désarroi dans l'exercice de leur profession. Bien entendu, toutes ces situations m'ont amenée à m'interroger sur le profond malaise engendré par l'école et je me suis demandé s'il existait des pistes pour améliorer cette situation.

Je ne veux pas noircir le tableau car j'ai aussi rencontré beaucoup d'enfants heureux à l'école, ainsi que des enseignants motivés et enthousiastes. Il y aura certes toujours des enfants qui s'en sortiront, quel que soit leur environnement, mais nous ne pouvons pas rester les bras croisés devant tous ces enseignants épuisés, parfois en burn-out, et ces enfants qui, lorsqu'on leur parle d'école, disent leur anxiété, leur souffrance, ou qui sont en échec scolaire et peinent à lire et à écrire (40 % en CM2).

Je suis profondément convaincue qu'on peut améliorer la situation et que cela passe par une formation approfondie des enseignants – initiale et continue – qui leur donnerait une véritable connaissance du développement de l'enfant et de l'adolescent, de leurs besoins fondamentaux, ainsi que de l'affectivité et de l'aptitude aux relations sociales. Ces acquis devraient leur permettre de beaucoup mieux comprendre leurs élèves, de les soutenir plus efficacement, car les nouvelles connaissances sur le cerveau de l'enfant et de l'adolescent peuvent les aider à trouver l'attitude la plus favorable au développement de leurs élèves.

Une de mes grandes surprises, à la sortie de mon livre *Pour une enfance heureuse*[1], a été de voir l'intérêt que des inspecteurs de l'Éducation nationale et des enseignants portaient à mon travail ainsi qu'aux recherches en neurosciences affectives. J'ai été amenée à faire de très nombreuses conférences devant un public d'enseignants souvent enthousiastes face à ces nouvelles connaissances et impatients de pouvoir les mettre en œuvre. C'est pourquoi j'ai souhaité centrer cet ouvrage sur l'école.

Dans ce livre, j'aborderai avant tout la qualité de la relation enseignant-élève et ses conséquences : nous verrons en quoi et comment la relation que l'enseignant entretient avec l'élève impacte de façon profonde son cerveau et donc sa façon d'être et d'apprendre.

Cela ne signifie pas du tout que la transmission des savoirs est secondaire : elle est absolument fondamentale, mais elle n'est pas le sujet du livre. En outre, cette transmission n'entre pas en opposition avec le souhait d'aider l'enfant ou l'adolescent à s'ouvrir à la connaissance, à construire sa personnalité, sa capacité de réflexion, son discernement.

Ensuite, je m'interrogerai sur la place des émotions et de l'empathie à l'école et sur le rôle de ce qu'on appelle les *compétences socio-émotionnelles*. Puis je questionnerai la notion d'attachement à l'école et sa signification.

Après avoir approfondi tous ces points fondamentaux, convaincue que la relation avec l'élève ne va pas de soi, je ferai état des nombreux travaux scientifiques qui montrent qu'elle peut s'améliorer, se travailler et s'apprendre. En fait, nous verrons qu'il existe actuellement de nombreuses formations partout dans le monde pour développer ces fameuses compétences socio-émotionnelles. J'insisterai tout particulièrement sur l'une de ces formations : la Communication Non-Violente (dénomination internationale), qu'on peut appeler également *relation consciente* ou *relation empathique*. J'exposerai les nombreuses études réalisées dans des écoles du monde entier qui analysent les bienfaits du développement de ces compétences, aussi bien pour les enseignants que pour les élèves. Je m'interrogerai ensuite sur l'attitude à adopter pour donner confiance aux élèves : vaut-il mieux les complimenter ou les encourager ?

La dernière partie du livre (chapitres 14 et 15) traite plus particulièrement du cerveau. Tout d'abord, j'évoquerai les études très récentes qui analysent les effets d'une relation de qualité sur le cerveau des enfants et des adolescents. Puis j'aborderai la question du stress, ses causes, ses conséquences, et les multiples travaux scientifiques qui montrent ses effets sur le cerveau de l'enfant et de l'adolescent, notamment dans le cas de la maltraitance émotionnelle.

Enfin, je terminerai par un chapitre sur le cerveau de l'adolescent (chapitre 16) qui n'a fait l'objet de recherches que très récemment.

Je conclurai ce livre en plaidant en faveur des enseignants, afin qu'ils puissent recevoir une formation approfondie leur permettant de développer leurs compétences socio-émotionnelles.

1. La qualité de la relation enseignant-élève est déterminante

La qualité de la relation qui se tisse entre un adulte et un enfant est absolument décisive pour ce qu'est l'enfant et pour son devenir. Tout au long de ce livre, nous verrons qu'elle est essentielle pour l'apprentissage, comme pour la mémorisation, la motivation, la créativité, la coopération dans la classe, le développement, l'épanouissement et le bien-être de l'enfant et de l'adolescent. Nous verrons qu'elle contribue aussi au bien-être de l'enseignant et à son sentiment de compétence, ce qui est loin d'être négligeable.

Pour mieux comprendre cet enjeu, nous avons aujourd'hui à notre disposition de nouvelles connaissances passionnantes sur l'être humain et son développement, notamment les neurosciences affectives et sociales (NAS) qui nous conduisent à réfléchir sur les manières d'être des adultes en contact avec les enfants.

Le métier d'enseignant demande des compétences multiples. Encore une fois, il n'y a pas d'opposition entre le souhait de diffuser des savoirs et celui d'aider l'enfant ou l'adolescent à construire sa personnalité, à réfléchir à ce qu'il est et à ses relations avec les autres, et à évoluer dans un environnement à la fois apaisé et stimulant. L'enseignant transmet des connaissances bien sûr, mais face aux élèves, et aux élèves difficiles, son attitude, sa façon d'être et son positionnement sont essentiels. En fonction de ces éléments, il va – ou non – ouvrir ses élèves au désir d'apprendre.

Cette attitude s'apprend-elle ? Certains enseignants trouvent naturellement la posture juste avec leurs élèves. Mais pour la majorité d'entre eux, il est de mon point de vue nécessaire de travailler la relation à l'élève, tout au long du parcours d'enseignant, dans la formation initiale comme dans la formation continue, faute de quoi les savoirs ne peuvent être transmis de façon optimale.

Les intuitions des pédagogues étaient justes

Intuitivement, nous savons, au fond de nous, quel type de relation nous permet de nous sentir bien, d'avoir envie d'apprendre, de comprendre, de progresser et de participer à la marche du monde. Quand nous prenons le temps de nous interroger, nous savons que nous avons un besoin impérieux et vital de relations apaisées, de personnes qui nous comprennent, nous acceptent inconditionnellement, avec nos parts d'ombre et de lumière, et nous donnent confiance. Nous prenons appui sur ceux qui nous soutiennent, nous encouragent quand nous entreprenons. Cela paraît être une évidence.

Mais lorsqu'on est enseignant, est-ce cela que nous proposons à nos élèves ? Pour aller plus loin, qu'en est-il de nos relations quotidiennes ? Vivons-nous cette ouverture, cette confiance, cette empathie dans notre famille, avec nos collègues, nos relations de voisinage, dans notre quartier? Et est-ce possible?

Souvent, lorsque l'intuition de ce besoin fondamental vient à notre esprit, nous avons tendance à la refouler en pensant : « Si j'en parle, on va me prendre pour une personne naïve, idéaliste, simpliste. Et puis le monde réel n'est pas comme cela, on ne vit pas dans un univers de Bisounours, les relations humaines sont dures, rudes, souvent empreintes d'animosité, voire d'humiliations et de violence, il est donc impossible d'avoir de telles relations.»

Les neurosciences affectives et sociales nous confirment que cette intuition est parfaitement juste et que les relations empathiques, soutenantes et aimantes sont la condition nécessaire au développement du cerveau de l'enfant et de l'adolescent. Les recherches scientifiques confirment donc ce que nombre d'entre nous pressentaient. C'est une avancée majeure dans la compréhension du développement de l'être humain. Et si de nombreux pédagogues savent intuitivement et depuis longtemps ce qu'il faut apporter aux enfants pour qu'ils se développent bien, le défi reste de mettre en œuvre ce savoir.

||||||||||||||||||||||||||||||||||||||||||||||||||||||||||||||||||||||||||||||||||||||||||||||||||||||||||||||||||||

Carl Rogers, un pionnier

Je souhaite ici rendre hommage à Carl Rogers (1902-1987), chef de file de la psychologie humaniste. Il avait compris dès le début du XXᵉ siècle que la qualité de la relation et l'empathie sont indispensables pour le développement optimal de la personne, son bien-être et son identité.

Fondateur de l'«approche centrée sur la personne», il a développé une démarche thérapeutique qui repose sur le respect et la compréhension empathique, pratiquant notamment la technique du miroir dans laquelle il reformule les propos de la personne de façon à lui permettre de mieux comprendre ses propres croyances et émotions. Le thérapeute est attentif aux émotions que suscite la relation entre lui et son patient. Il doit rester «authentique». Enfin, Rogers préconise un «optimum» de chaleur afin que le patient se sente en sécurité psychologique et puisse reconnaître ses véritables affects. C'était tout à fait révolutionnaire à l'époque. Malheureusement, il ne fut pas réellement entendu, probablement parce que sa pensée innovante était trop dérangeante, trop en avance.

Les neurosciences affectives et sociales viennent confirmer avec éclat les intuitions de ce pionnier.

||||||||||||||||||||||||||||||||||||||||||||||||||||||||||||||||||||||||||||||||||||||||||||||||||||

La révolution des neurosciences affectives et sociales

Les neurosciences sont tout simplement les *sciences du cerveau*. Leur but est d'étudier le fonctionnement de cet organe. Cette exploration a d'abord donné lieu, dans les années 1970, aux *neurosciences cognitives*, qui analysent les mécanismes cérébraux de ce qui est cognitif, intellectuel : l'attention, la mémoire, la pensée, le langage, etc. À la toute fin du XXe siècle sont nées les *neurosciences affectives et sociales* (les NAS). Actuellement, au XXIe siècle, ces recherches très actives proviennent du monde entier. Les neurosciences affectives et sociales étudient les mécanismes cérébraux des émotions, des sentiments et des capacités relationnelles, ainsi que leur impact très profond sur le cerveau et donc sur le développement de la personne.

S'intéresser aux relations, aux émotions, aux sentiments peut paraître évident de nos jours. Mais il y a quelques décennies, ces thèmes n'étaient pas du tout au centre des réflexions scientifiques et intellectuelles. Nous ignorions à l'époque qu'il existait un circuit cérébral des émotions. Le « ressenti » était considéré comme accessoire alors que les fonctions intellectuelles et la raison étaient valorisées.

L'intérêt majeur des NAS est d'aider à la compréhension de ce qui est nécessaire au bon développement de l'être humain en apportant une validation scientifique, ce qui est une avancée majeure, une véritable révolution.

Voici, brièvement exposés, les principaux apports de cette discipline qui éclairera notre exploration de la relation enseignant-enfant tout au long de ce livre.

Le rôle majeur des émotions

Désormais, comme nous le verrons au chapitre 2, nous savons qu'être à l'écoute de ce que nous ressentons est nécessaire à la construction de notre personne, à la conscience et à la connaissance de soi, au développement de nos capacités de réflexion, de notre aptitude à faire des choix et de notre sens moral. Les émotions, longtemps considérées comme des obstacles à surmonter, sont devenues nos alliées.

Le cerveau est un organe social qui a besoin de relations de qualité pour s'épanouir

Durant le XXe siècle, l'étude du cerveau se résumait avant tout aux compétences cognitives, motrices et sensorielles. Puis, progressivement, les chercheurs ont découvert qu'il existait des structures cérébrales, des circuits neuronaux consacrés aux émotions et aux relations sociales. Actuellement, ils nous révèlent qu'une grande partie du cerveau est dévolue aux relations sociales, confirmant ainsi ce que nous savons au fond de nous : les relations sont au cœur de nos vies. Un cerveau sans connexion et sans challenge suffisant est un cerveau qui souffre.

L'isolement est néfaste, les relations sont vitales. Cependant, l'essentiel ne réside pas dans la multiplicité des relations mais dans leur qualité qui se révèle être fondamentale pour ce que nous sommes et ce que nous devenons.

Les relations affectives modifient en profondeur le cerveau de l'enfant

L'une des grandes particularités de l'enfant et de l'adolescent est d'avoir un cerveau extrêmement malléable, et ce d'autant plus qu'il est jeune. Les découvertes très pointues des NAS montrent que les expériences relationnelles modifient en profondeur le cerveau, en influençant la sécrétion des neurotransmetteurs, le développement des neurones, leur myélinisation, les synapses, les circuits neuronaux, les structures cérébrales, l'expression de certains gènes, les télomères des chromosomes ou encore les systèmes régissant le stress.

Ces modifications cérébrales ont bien entendu des conséquences sur l'enfant lui-même, son développement, son comportement, sa santé physique et mentale, ses capacités intellectuelles et donc sur ses capacités d'apprentissage[1].

Une relation empathique et soutenante favorise le développement du cerveau de l'enfant et inversement

Les chercheurs en NAS nous montrent que le cerveau de l'enfant a besoin de relations empathiques, soutenantes pour se développer de façon optimale. *A contrario*, les relations dévalorisantes et humiliantes entravent le développement de son cerveau.

Autrement dit, la maturation et le développement du cerveau dépendent non seulement de nos gènes mais aussi de notre environnement affectif et social. Qui plus est, cet environnement joue un rôle prépondérant et peut modifier l'expression de certains gènes impactant l'évolution du cerveau, qui va se développer dans un sens positif quand les relations sont empathiques, soutenantes, et dans un sens négatif quand les relations sont dévalorisantes et humiliantes. C'est le domaine de l'épigénétique, dont nous reparlerons page 190.

Que signifie cette notion de soutien ? Joan Luby, professeure de psychiatrie à l'université Washington de Saint Louis, aux États-Unis, travaille sur les effets du soutien sur le cerveau des enfants et des adolescents. Elle définit la personne soutenante comme suit : elle porte un regard positif sur l'enfant, est consciente de son développement émotionnel et lui apporte un bien-être émotionnel. Elle est capable de favoriser son autonomie, de le soutenir et de valider ses démarches quand il cherche des solutions pour résoudre ses difficultés.

Le cerveau de l'enfant
est immature, malléable, fragile

Ces recherches nous alertent sur les enjeux de notre rôle éducatif. Elles nous aident à mieux comprendre l'enfant et modifient la vision que nous en avons. Elles nous disent que le cerveau de l'enfant est beaucoup plus immature, malléable et vulnérable que tout ce qu'on imaginait jusqu'à maintenant. S'occuper d'un petit demande aux adultes beaucoup de patience et d'empathie, car la maturation du cerveau humain s'échelonne sur de nombreuses années et ne s'achève que tardivement, vers 25 ans.

Jusqu'à 5 ans, le cerveau archaïque et émotionnel domine l'enfant, expliquant les tempêtes émotionnelles qui le submergent, le rendant incapable de gérer ses émotions. Je dois dire que mon propre regard a totalement changé sur l'enfant. J'ai commis des erreurs par ignorance, pensant – comme on nous le disait – que lorsque l'enfant était en proie à des tempêtes émotionnelles, il s'agissait de caprices. J'éprouve beaucoup de gratitude envers tous ces chercheurs qui me permettent maintenant de mieux comprendre l'enfant et d'avoir de l'empathie et de la compassion devant, par exemple, un petit de 2 ou 3 ans qui se roule par terre de colère, pleure à gros sanglots ou hurle de peur. Je sais qu'il ne le fait pas exprès, qu'il souffre véritablement et que son attitude est due à l'immaturité de son cortex orbitofrontal et des circuits neuronaux qui relient ce cortex au cerveau émotionnel et archaïque. Au lieu de lui dire : «Calme-toi!» ou «Arrête de pleurer», je sais maintenant que comprendre ses émotions, l'aider à les exprimer, l'apaiser va favoriser progressivement la maturation de son cerveau. Il ne s'agit pas du tout de céder si ce n'est pas justifié, mais de le traiter avec bienveillance.

Grâce à toutes ces recherches nous ne pouvons plus ignorer la très grande fragilité du cerveau de l'enfant et les effets extrêmement nocifs des humiliations verbales et/ou physiques sur le développement global de son cerveau, aussi bien cognitif qu'affectif.

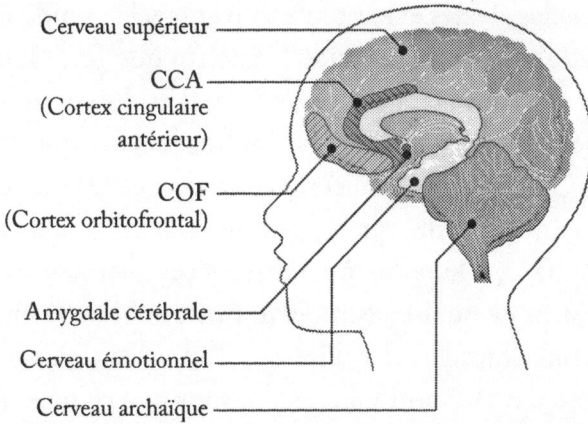

Fig. 1. Le cerveau de l'enfant. *En dessous de 5 ans, l'enfant est dominé par son cerveau émotionnel et archaïque.*

La violence éducative et ses conséquences

Dans un rapport de 2014, l'Unicef rappelle que la majorité des enfants dans le monde subissent quotidiennement de la violence verbale et/ou physique aussi bien dans leur famille qu'à l'école. J'insiste sur ce mot : *la majorité*. C'est-à-dire qu'il y a plus d'enfants souffrant d'une éducation humiliante sur notre planète que d'enfants qui grandissent dans un environnement bien-traitant. Tout en précisant que ces adultes agissent ainsi en croyant bien faire.

Cette violence est un tabou majeur non reconnu par la majorité des adultes, soit par ignorance, soit par cette faculté de déni qui nous empêche d'avoir conscience d'une réalité qui nous gêne. L'Unicef a d'ailleurs intitulé son rapport sur la violence subie par les enfants *Cachée sous nos yeux*.

Depuis des siècles et sur toute la planète, la grande majorité des adultes pense en toute bonne foi que l'être humain naît mauvais, sauvage, qu'il porte le mal en lui, ou qu'il est un être pervers[2]. Il faudrait donc éradiquer ces mauvais penchants chez l'enfant et beaucoup croient, avec les meilleures intentions du monde, que la bonne éducation consiste à dresser l'enfant, à le punir, à l'humilier verbalement et physiquement pour qu'il se comporte bien, qu'il acquière une discipline personnelle et réalise que l'effort est nécessaire à l'apprentissage. Aujourd'hui, nous savons que ce type d'éducation est contre-productif et génère l'inverse de ce qu'il souhaite développer.

Les éducations punitives et sévères ont des effets déplorables

En 2013, Rebecca Waller, alors chercheuse à l'université d'Oxford, a dressé le bilan de 30 études sur les éducations punitives et sévères. Elle en conclut que les effets sont déplorables et totalement contraires au but recherché. Ce type d'éducation n'améliore pas du tout l'enfant et l'adolescent : au contraire, elle les rend insensibles, durs, sans empathie, et débouche souvent sur des conduites antisociales (agressivité, vol, drogues).

La tâche est donc ardue et immense. Les preuves scientifiques sont là, ce qui est un événement majeur, mais les résistances aux travaux scientifiques sont toujours nombreuses et les sceptiques sont et seront évidemment légion.

Nous reviendrons plus longuement sur cette violence éducative ordinaire et sur toutes les formes de maltraitance dans le chapitre 14, page 207.

Je rappellerai juste ces mots de Thomas d'Ansembourg[3], pour que notre monde évolue :

> Paul Watzlawick avait constaté ceci : « Si l'on fait ce qu'on a toujours fait, on obtient ce qu'on a toujours obtenu. » Donc si à la maison, à l'école et partout ailleurs, nous voulons des rapports humains plus paisibles, plus respectueux et – pourquoi pas – plus joyeux que ceux que nous vivons souvent, nous devons faire autrement. *La clé du changement est bien dans notre façon de penser : si je pense autrement, je fais autrement et j'obtiens donc autre chose.*
>
> Penser autrement, c'est commencer par accepter que dans notre culture comme dans nombre d'autres, la violence s'est infiltrée dans nos relations avec l'enfant dès sa naissance. Nous ne pourrons pas changer les violences grossières ou subtiles, physiques ou psychologiques qui empoisonnent la société sans accepter de regarder en face ce qui, dès l'enfance, programme le cerveau humain à subir puis à reproduire les schémas qu'il a toujours connus. Or pour la grande majorité des citoyens, la violence même subtile qui a prévalu dans l'enfance reste un

tabou. Et donc, dans la plus parfaite ignorance de ce qu'ils font, beaucoup de nos concitoyens, notamment des parents et enseignants, entretiennent par leur propre façon d'être la violence même qu'ils prétendent combattre.

Quand l'enfant a un comportement inadéquat, quelle attitude avoir ?

Quand l'enfant (ou l'adolescent) a un comportement inadéquat, il crie, insulte, ou est agressif, l'adulte lui dira « non », bien entendu, mais sans faire de long discours. Il peut juste dire par exemple : « On ne fait pas cela », mais sans l'humilier, ou le dévaloriser, sans lui dire : « Tu es méchant, infernal, insupportable », ou « C'est très mal ce que tu fais, ce n'est pas bien ». L'enfant – ou l'adolescent – sait très bien au fond de lui ce qui est juste ou non, et ces paroles qui le rabaissent ont des conséquences désastreuses, comme on vient de le voir.

Puis, sachant qu'il est face à un être encore très immature, l'adulte l'apaisera par sa présence compréhensive, sa voix douce, son regard bienveillant, ses gestes tendres. Une fois l'enfant plus calme, il l'aidera à exprimer ce qu'il ressent et, si possible, pourquoi il a eu tel ou tel geste, parole ou comportement.

Enfin, ce qui est essentiel, il l'encouragera : « Je te fais confiance, en grandissant, tu vas apprendre à faire autrement. » Cette attitude aide le cerveau de l'enfant à maturer.

L'importance de la qualité de l'environnement affectif et social pour un bon développement

Les très grandes malléabilité et fragilité du cerveau de l'enfant doivent nous inciter à être particulièrement vigilants à la qualité de l'environnement dans lequel il évolue, à le soustraire au maximum aux environnements maltraitants et à veiller à ce que tous les adultes en contact avec lui soient soutenus et accompagnés pour pouvoir être bienveillants. Car prendre en charge les enfants peut être très difficile pour les adultes.

Cependant, rien n'est jamais joué une fois pour toutes : un enfant ou un adolescent en souffrance peut rencontrer quelqu'un sur sa route qui saura avoir avec lui une attitude réconfortante, encourageante et bienveillante qui l'ouvrira à la résilience et lui permettra de prendre un nouveau départ.

||||||||||||||||||||||||||||||||||||||||||||||||||||||||||||||||||||||||||||||||||||||||||||||||||||||

La résilience

La résilience est la capacité à pouvoir mener une vie « normale » et heureuse malgré des expériences traumatisantes. Cette possibilité de transformation s'effectue grâce à la malléabilité du cerveau.

Le facteur de résilience le plus important est la rencontre de personnes bienveillantes, soutenantes, aimantes, aussi bien dans la vie familiale que sociale [4].

Deux psychologues américaines, Emmy Werner et Ruth Smith, ont utilisé pour la première fois le concept de résilience dans les années 1980. Elles ont étudié 643 enfants nés à Hawaï en 1954, et ce tout au long de leur vie. Cette étude, toujours en cours, porte sur les facultés de résilience individuelle et montre que l'environnement familial et communautaire est le facteur déterminant, avec la capacité personnelle à réguler ses émotions et à nouer des contacts [5].

Cependant, nous ne sommes pas égaux face à la capacité de résilience, car la génétique intervient aussi dans cette faculté à surmonter les épreuves. Certains gènes participent à la résilience tels que le gène 5-HTT – gène du transporteur de la sérotonine –, le gène MAOA – gène de la monoamine-oxydase A –, et le gène DRD4 – gène du récepteur D4 de la dopamine. Certaines personnes pourront ainsi être plus ou moins résilientes en fonction de leurs gènes.

|||||||||||||||||||||||||||||||||||||||||||||||||||||||||||||||||||||||||||||||||||||||

La relation enseignant-enfant en quelques lignes

De très nombreuses études s'accordent à dire que lorsque l'enseignant entretient une relation chaleureuse et empathique avec un enfant, les effets retentissent sur l'enseignant lui-même, qui est satisfait de son travail, et sur l'élève qui se sent sécurisé et confiant, ce qui l'encourage et stimule son désir d'apprendre[6]. Il progresse alors sur tous les plans : personnel, social et scolaire.

Dans une publication de 2012, Terri Sabol, professeure à l'université de Northwestern dans la banlieue de Chicago, rappelle les nombreux travaux analysant l'influence de la relation enseignant-élève sur ce qu'est l'enfant et sur son devenir dans de nombreux domaines : les résultats scolaires, les aptitudes psychosociales, la motivation et l'engagement[7].

Je développerai dans le chapitre 8 tous les bénéfices d'une relation de qualité enseignant-élève aussi bien pour l'enseignant lui-même que pour l'élève. Voici juste quelques axes essentiels de cette problématique.

Différents modes de relation

Le mode de relation enseignant-élève va influer fortement sur l'enfant et sur son devenir d'élève. Quand cette relation est de qualité, les bénéfices sont nombreux, pouvant même permettre à l'enfant qui a vécu des événements difficiles ou qui est issu de populations à risque d'être résilient.

Les modes de relation enseignant-élève peuvent être très variables :

Le STRS (Student-Teacher Relationship Scale) identifie trois modes différents de relation enseignant-élève : la proximité, le conflit et la dépendance.

- **La proximité** se réfère au degré de chaleur et d'affect positif entre l'enseignant et l'élève, avec cette question sous-jacente : l'enfant se sent-il à l'aise avec l'enseignant ?
- **Le conflit** correspond à une relation négative ou à une absence de relation entre l'enseignant et l'élève. C'est ce mode de relation qui aura le plus de conséquences négatives sur l'enfant.
- **La dépendance,** elle, existe quand l'enfant affiche une attitude possessive et adhésive vis-à-vis de l'enseignant.

L'état de sécurité (ou non) de l'enfant dans sa relation à l'enseignant sera l'un des facteurs déterminants lui permettant (ou non) de s'ouvrir à son environnement et à l'apprentissage.

Pourquoi c'est un défi pour les enseignants

Le métier d'enseignant est l'une des professions les plus stressantes parce qu'elle exige beaucoup de compétences relationnelles. Dans un article de 2015, Anne Milatz de l'université de Vienne (Autriche) rappelle que 30 % d'entre eux souffrent de burn-out ou de mal-être psychologique. L'une des causes fréquentes de ce burn-out, ou épuisement physique et émotionnel, vient des relations difficiles avec les élèves qui ont des comportements perturbateurs et manquent de respect à leur égard[8].

C'est pourquoi il n'est pas toujours aisé pour un enseignant d'adopter la « positive-attitude » émotionnelle. À cela s'ajoute ce que chacun expérimente dans sa vie personnelle, les aléas et les épreuves de l'existence, sans parler de ce que l'enseignant a vécu dans son enfance, des modes d'attachement qu'il a développés.

Prendre en charge un enfant ou un adolescent est difficile et exige d'avoir réussi à réguler ses propres réactions émotionnelles et de savoir inhiber son agressivité. Mais parfois, l'inhibition est incomplète et entraîne des comportements d'agression verbale ou d'humiliation vis-à-vis des enfants : « Tu es nul, incapable », « C'est absolument nul ce devoir, tu n'as vraiment rien compris ! »

On comprend mieux pourquoi il ne suffit pas de demander aux enseignants de faire « autrement » : comme tous ceux qui sont confrontés à de véritables défis relationnels, ils ont besoin d'une vraie formation pour pouvoir évoluer dans leurs rapports avec les élèves.

Quelles sont les conditions optimales pour apprendre ? Les recherches de ce début de XXIᵉ siècle

De nombreux chercheurs ont exploré ce sujet en s'appuyant sur les neurosciences affectives et sociales et en les associant aux sciences cognitives et aux sciences de l'éducation.

Saluons ici le gigantesque travail de John Hattie. Ce chercheur à l'université de Melbourne, en Australie, a entrepris sur une période d'environ quinze ans un travail colossal : une synthèse de 50 000 études dans le domaine de l'éducation afin de déterminer les facteurs qui exercent la plus grande influence sur la réussite de l'élève. Il a publié sa synthèse dans un livre, *Visible Learning*[9] (*L'Apprentissage visible*). En tout, 250 millions d'élèves ont été concernés par ces recherches. Depuis, deux autres livres ont paru : *L'Apprentissage visible pour les enseignants*[10] et *Visible Learning and the Science of How We Learn*[11].

S'il est une conclusion qu'il faut retenir de ce travail unique, c'est que l'enseignant est le principal facteur de changement et de progrès à l'école. Ce sont les convictions et l'attitude de celui-ci qui ont l'effet le plus déterminant sur l'apprentissage des élèves. Hattie remarque : « Les sujets de prédilection dans les débats portent sur les programmes et les considérations matérielles (taille des classes, regroupement des élèves, salaires, nature de l'environnement). Or, ces éléments ne font pas partie des attributs qui caractérisent une bonne scolarisation.» Quels sont donc les bons axes qui caractérisent une scolarisation épanouie et efficace ?

Une relation de qualité et un climat de confiance

Hattie recommande donc tout naturellement de développer ce qui nourrit la relation enseignant-élève et ce qui peut favoriser le sentiment de sécurité et de confiance dans la classe. Il rappelle que l'activité neuronale – et par conséquent l'apprentissage – augmente en présence d'émotions positives, et est à l'inverse ralentie en présence d'émotions négatives ou de stress élevé.

Pour aller dans ce sens, l'enseignant évite les jugements et ne laisse pas les élèves se juger entre eux. L'erreur est la bienvenue et n'est pas stigmatisée. Il célèbre l'apprentissage et la prise de risques.

L'enseignant échange avec l'élève et ne le laisse pas dans la passivité

Ce climat de confiance et de respect permet de véritables échanges entre enseignants et élèves, ce qui est, selon les études, beaucoup plus efficace qu'un cours magistral au tableau.

L'enseignant met l'élève en éveil, en le stimulant, en lui confiant des défis réalisables, en l'incitant à questionner, à s'évaluer, en l'écoutant, en lui donnant des « retours » sur ses compétences, en l'exerçant à résumer, synthétiser, en l'incitant à transmettre lui-même ce qu'il a compris.

L'enseignant se met à la place de l'élève et lui donne des retours sur ses compétences

La motivation et la réussite de l'élève sont directement liées à la perception de ses propres capacités. John Hattie souligne l'importance du feed-back, ou retour, qui est selon lui l'une des pièces maîtresses de l'enseignement. Donner régulièrement à l'élève des retours sur son apprentissage lui apporte une conscience claire de ce qu'il sait ou ne sait pas, de la façon dont il doit s'y prendre pour acquérir telle ou telle donnée, de l'objectif à atteindre. Cela développe ses capacités à s'évaluer.

L'élève en difficulté ne sait pas toujours ce qu'il ne comprend pas. « Quand on sait ce que l'on ne sait pas, on peut apprendre », dit John Hattie. C'est là que le rôle de l'enseignant est déterminant car il doit identifier où se situent les difficultés de l'élève et lui en faire part.

Il guide et accompagne l'élève vers son autonomie d'apprentissage. Il motive l'élève à rester concentré et à persévérer dans l'effort.

Encore une fois, l'enseignant lui-même, ce qu'il est, ainsi que la qualité et la clarté de son enseignement sont au cœur de la réussite scolaire. Les résultats seront d'autant meilleurs que l'enseignant approfondit sans cesse son sujet, sait faire les choix pédagogiques pour les élèves qu'il a devant lui et s'investit dans son développement professionnel.

L'enseignant face aux difficultés des élèves

Un enseignant sait qu'un contenu doit être réactivé à plusieurs reprises, dans une activation répétée mais non répétitive. « Quand un élève ne comprend pas, il n'a pas besoin de plus mais il a besoin de différent », écrit John Hattie. L'enseignant utilise des référents visuels et auditifs, stimule l'affectif en donnant vie à des concepts abstraits avec des histoires et des exemples.

Il respecte le rythme plus lent ou plus rapide des élèves.

Il met en place des stratégies face aux troubles d'apprentissage.

Il favorise la collaboration et la coopération, chaque membre de la classe a un rôle et une tâche spécifiques lors d'un projet commun.

Quid des devoirs ?

De ces très nombreuses observations, Hattie constate qu'en primaire, les devoirs n'ont pas d'impact sur la réussite. Dans le secondaire, les devoirs peuvent apporter un plus mais ils ne doivent pas dépasser une heure par jour. Il remarque que chez les élèves performants, les devoirs ont peu d'impact

||||||||||||||||||||||||||||||||||||||||||||||||||||||||||||||||||||||||||||||||||||||||

Les conditions optimales pour apprendre

Pour résumer la synthèse de John Hattie :

- **Ce qui contribue particulièrement bien à l'apprentissage :** la relation de confiance entre l'enseignant et l'élève, le feed-back de l'enseignant, la participation active des élèves, les stratégies d'apprentissage, la qualité du cours, des programmes encourageant la lecture, la formation continue des enseignants, l'enseignement de stratégies pour la résolution de problèmes.

- **Ce qui contribue un peu plus à l'apprentissage :** des offres supplémentaires pour les plus performants, l'apprentissage coopératif et l'instruction directe. L'instruction directe est basée sur l'interaction avec les élèves en les aidant à résumer, à clarifier et à questionner ce qu'ils ont compris. L'instruction se déroule en petits groupes, les élèves sont activement sollicités, ils reçoivent une rétroaction constante.
- **Ce qui contribue un peu à l'apprentissage :** les devoirs, la taille de la classe, les moyens financiers.
- **Ce qui ne nuit pas à l'apprentissage mais ne le favorise pas :** plusieurs classes d'âge dans la même classe, l'enseignement et l'apprentissage basés sur le web.
- **Ce qui nuit à l'apprentissage :** le redoublement, regarder la télévision.

||||||||||||||||||||||||||||||||||||||||||||||||||||||||||||||||||||||||||||||||||||||||||

En synthétisant toutes ces recherches, John Hattie a placé au cœur de l'école la qualité de la relation de l'enseignant à l'élève, notion centrale des neurosciences affectives et sociales, qui repose elle-même sur une connaissance approfondie des émotions.

Mais qu'est-ce au juste qu'une émotion, et qu'en est-il des émotions à l'école ?

2. Que viennent faire les émotions à l'école ?

Pas question que les émotions viennent perturber le travail scolaire !

Juliette est en 3ᵉ, je la connais depuis qu'elle est petite. Elle vient me voir car elle est, me dit-elle, «une vraie cocotte-minute», prête à «exploser». Elle raconte qu'en début d'année, leur professeur principal leur a annoncé :

«Cette année vous allez passer le brevet. Il faut travailler et travailler dur. Donc je ne veux pas entendre des "Je suis fatigué, j'ai peur des examens, etc." Vous n'êtes pas des mauviettes. Vous devez serrer les dents. Notre monde est dur, on ne vit pas dans un monde de Bisounours, il faut vous y préparer. C'est compris ? Je ne veux pas de larmes, de plaintes… et surtout pas de "Le prof Untel, il m'a fait ceci, l'élève Untel il n'est pas gentil avec moi, etc." Il n'est pas question que vos émotions viennent perturber le travail scolaire. Les émotions n'ont pas à s'immiscer dans l'école ! Ici, on travaille !»

La réaction de cet enseignant est le reflet des croyances de nombre de personnes : les émotions seraient troublantes, gênantes, perturbatrices. Il faut donc les étouffer, ne pas y faire attention et avancer coûte que coûte, surtout dans le monde de l'école et du travail. Pourtant, comme le rappelle Joseph Durlak, professeur de psychologie à l'université Loyola de Chicago :

> Enseigner, apprendre en classe nécessite des compétences intellectuelles mais aussi émotionnelles et sociales. Les élèves n'apprennent pas seuls mais en collaboration avec leurs enseignants, en compagnie de leurs pairs et avec l'encouragement de leur famille. Les écoles et les familles doivent comprendre que les relations, ce que nous éprouvons, influencent notre façon d'apprendre et ce que nous apprenons. Un des défis majeurs des écoles du XXIᵉ siècle est de réussir à intégrer des élèves venant de différentes cultures et qui ont des capacités et des motivations diverses pour apprendre [1].

Ce que l'on sait des émotions aujourd'hui

Les émotions influencent notre vie tout entière et leur prise en compte dans la construction de l'être humain, la reconnaissance de leur rôle dans notre vie affective, dans la connaissance de soi, dans notre façon de penser, de faire des choix, d'avoir un sens moral, d'apprendre et d'agir sont tout à fait récentes. Pendant très longtemps, les émotions ont été considérées comme accessoires, gênantes, ou comme des preuves de faiblesse.

Les pionniers : Carl Rogers
et son élève Marshall Rosenberg

Comme nous l'avons déjà évoqué, Carl Rogers (1902-1987), psychologue humaniste américain, a été l'un des premiers à comprendre l'importance des émotions et de l'empathie pour développer une qualité de relation et ainsi favoriser l'épanouissement de l'être humain.

Son élève Marshall Rosenberg (1934-2015) a théorisé le rôle crucial des émotions et a mis à la portée de tous une démarche appelée Communication NonViolente (CNV), qui permet à chacun d'explorer, de découvrir ce que les émotions nous disent, et de vivre l'empathie pour soi-même et pour les autres. Nous reviendrons sur la CNV au chapitre 7.

Antonio Damasio
ou les émotions sur le devant de la scène

Antonio Damasio, neurologue, actuellement directeur de l'Institut pour l'étude neurologique de l'émotion et de la créativité à Los Angeles, a été l'un des premiers à décrire le circuit cérébral des émotions et à comprendre le rôle des émotions dans la construction de l'individu grâce à deux décennies de travaux expérimentaux et d'observations cliniques sur un grand nombre de patients atteints de troubles neurologiques.

Le titre de son livre *L'Erreur de Descartes*[2] signifie clairement, et particulièrement pour nous, Français, que nous devons impérativement revoir notre façon de considérer l'être humain. Il y décrit le rôle essentiel des émotions dans la réflexion, la prise de décision, le sens moral, les relations. Ses travaux ont été une étape majeure dans la compréhension de l'être humain.

Antonio Damasio commence son livre en rappelant que, lorsqu'il était enfant, on lui avait appris – comme à beaucoup d'entre nous, que les bonnes décisions ne pouvaient être prises que dans le calme. En d'autres termes, on lui avait enseigné que la raison et les émotions ne pouvaient aller de pair, voire que les émotions étaient même les ennemies de la raison :

> Je considérais que la raison et les émotions relevaient de circuits neuraux indépendants. Mais j'ai été un jour confronté à un être humain intelligent, le plus froid, le moins émotif que l'on puisse imaginer ; or sa faculté de raisonnement était si perturbée que, dans des circonstances variées de la vie quotidienne, elle le conduisait à toutes sortes d'erreurs, le faisant agir perpétuellement à l'opposé de ce que l'on aurait considéré comme socialement approprié et comme avantageux pour lui. [...] Un seul symptôme paraissait accompagner son incapacité à se comporter de façon rationnelle : il était, de façon marquée, incapable d'exprimer et de ressentir la moindre émotion. [...] À partir de cette constatation, j'ai pensé que l'expression et la perception des émotions faisaient sans doute partie intégrante des mécanismes de la faculté de raisonnement.

Autrement dit, si nous sommes privés d'émotions pour des raisons psychologiques ou neurologiques, nos décisions les plus rationnelles deviennent insensées.

Ce sont donc des patients qui ont conduit Antonio Damasio à comprendre le rôle des émotions. Chez certains d'entre eux ayant subi un accident ou une maladie (tumeur, hémorragie, etc.), la zone cérébrale dévolue aux émotions, le cortex orbitofrontal (COF), avait été endommagée, de sorte qu'ils n'éprouvaient plus aucun sentiment ni émotions. Or, Damasio constata, à sa grande surprise, que malgré un intellect conservé (QI normal), ces personnes étaient incapables de raisonner correctement, de prendre de bonnes décisions, de faire des choix. Ne ressentant plus rien, elles n'étaient plus motivées, ne savaient plus ce qui leur correspondait, ce qui était bon ou non pour elles et pour les autres. Elles n'avaient plus aucun sens moral, n'aimaient plus, n'éprouvaient plus aucun plaisir et devenaient totalement indifférentes à elles-mêmes, aux autres et à ce qui leur arrivait. Leur vie devenait un chaos total vis-à-vis de leur conjoint, de leur travail, etc., et ce malgré des facultés intellectuelles parfaitement indemnes.

Nous pensons le plus souvent que nos choix de vie résultent uniquement de notre intellect. Or, ces observations ont mis en évidence, de façon magistrale, que mener une vie digne, donner un sens à son existence ou effectuer des choix nécessitent bien entendu d'avoir un intellect normal, mais également de pouvoir ressentir ce qui est bon ou non pour soi et pour les autres, ce qui nous correspond. Ainsi, le rôle majeur des émotions a été scientifiquement établi.

Dans son livre suivant, *Le Sentiment même de soi*[3], Antonio Damasio explore la fonction des émotions dans la construction de la personne et de son identité. Il fait ainsi la démonstration des relations très étroites entre le cerveau, le corps et les émotions.

Il n'y a pas de séparation entre notre corps, nos émotions et notre cerveau

Pendant très longtemps, à l'école, l'intellect a régné en maître. Le corps pouvait s'exprimer lors de quelques heures de cours de gymnastique, mais les émotions n'y avaient pas leur place. L'être humain était considéré avant tout comme une machine intellectuelle. Or, nous savons aujourd'hui qu'on ne peut pas séparer la pensée, le corps et les affects. Il n'existe pas de barrière entre ces trois secteurs qui interagissent en permanence. La vision que l'on a de l'être humain a évolué. Il est une unité indissociable :

- ce que nous pensons agit sur notre corps et sur nos affects ;
- ce que nous ressentons influence notre intellect et notre corps ;
- ce que notre corps vit retentit sur notre intellect et sur ce que nous ressentons.

Nous verrons tout au long de ce livre qu'au niveau cérébral, les zones dévolues aux émotions et à l'affectivité sont en relation constante avec les zones cognitives destinées aux fonctions intellectuelles, et que le développement affectif et émotionnel retentit sur notre physiologie, sur notre corps et favorise le développement intellectuel.

Prenons d'abord **nos émotions**. Ce que nous ressentons provoque une réaction profonde sur notre corps et influence nos pensées. Par exemple, si nous éprouvons de la joie, de l'enthousiasme, de la peur, de la colère ou de la tristesse, notre corps et nos pensées reflèteront immédiatement cet état d'être.

Dans la cour de récréation, Léa regarde Manon avec envie. Elle se dit : «Elle a de la chance, elle, elle est bien habillée, et puis elle est jolie. Les garçons font attention à elle. Et moi, je suis mal habillée, je suis moche.» Léa est jalouse, triste, en colère. Son état émotionnel rejaillit sur son corps qui se tend, sur son visage qui s'assombrit et se crispe. Et son esprit devient à son tour totalement préoccupé, encombré par ces émotions qui la font souffrir. Elle rumine : «J'en ai marre, la vie est injuste, pourquoi elle, elle a tout et moi, rien?»

Maintenant, intéressons-nous à **notre corps**. Ce que nous vivons dans notre corps influence nos sentiments, mais peut également transformer nos pensées.

Valérie, enseignante, revient de son cours de danse. Elle a pu vivre son corps pleinement, intensément, et ceci retentit sur son humeur. Elle se sent joyeuse, pleine d'allant et d'énergie. Elle s'aperçoit également que ses pensées sont différentes, plus positives. Elle arrive en classe en se disant : «Aujourd'hui je me sens capable de soulever des montagnes, j'ai plein d'idées pour améliorer mon enseignement.»

Voyons enfin ce qu'il en est de **nos pensées**. Nos pensées influencent nos émotions mais également notre corps.

Ali est en classe de 1re, il pense à son avenir. On lui demande sans cesse ce qu'il aimerait faire plus tard. Il passe en revue des centaines de métiers, pèse le pour et le

contre, se questionne, doute. À force de réfléchir, des émo-
tions surgissent, les angoisses l'envahissent, il panique et
son corps lui aussi se manifeste : sa gorge se noue, il ressent
des spasmes dans ses intestins, ce qui le fait souffrir.

Nous sommes un tout, et c'est l'harmonie entre notre vie affective, nos sentiments, notre intellect et notre corps qui nous permet de vivre sereinement, c'est-à-dire en accord avec ce que nous percevons, pensons et ressentons.

Toutes nos expériences, intellectuelles, corporelles ou affectives, ont un retentissement sur nous et nous construisent, nous façonnent, nous transforment. Notre façon d'être, nos paroles, nos gestes provoquent également sur autrui des sentiments, des émotions et des pensées qui vont le modifier et réciproquement.

Nos émotions, nous et les autres

Étymologiquement, l'émotion (du latin *ex-movere*) est ce qui nous met en mouvement, nous remue, nous touche.

Les émotions sont la vie en nous

Les émotions sont le reflet de ce que nous ressentons à un moment donné, face à notre environnement. Nous pouvons « exploser de joie », « avoir le souffle coupé », « la gorge sèche », « le cœur qui bat à tout rompre », « ne plus avoir de jambes ». Toutes ces expressions montrent que les émotions sont d'abord des perceptions sensorielles, corporelles.

Il peut paraître surprenant de savoir que les émotions, qui semblent immatérielles, sont d'abord une réaction biologique, avec des effets directs et parfois très intenses sur notre corps, et qu'ensuite, elles influencent tout notre être, nos humeurs et nos pensées.

Nos émotions circulent en nous parfois de façon très rapide, très fluctuante, nous faisant passer de l'enthousiasme à la surprise puis à l'inquiétude. Dans une journée, nous pouvons traverser une infinité d'émotions en fonction de ce que nous vivons, des personnes rencontrées : nous nous sentons confiants, sereins, tristes, inquiets, désemparés, paniqués, joyeux, dégoûtés. Sans émotions, nous ne serions pas vivants, nous serions des robots.

Émotions et sentiments

Je n'établirai pas de distinguo entre « émotion » et « sentiment » afin de ne pas alourdir le texte : j'emploierai les deux termes indifféremment car ils appartiennent tous deux au domaine du ressenti. L'émotion est la réaction immédiate, très souvent fugace, alors que le sentiment fait la plupart du temps suite à l'émotion. Il est en arrière-plan, beaucoup plus durable, et vient teinter notre humeur. On dit par exemple : « Depuis quelques mois, je me *sens* pleine d'énergie », ou au contraire « Je me *sens* presque tout le temps en colère, ou anxieuse », etc. Sur ces sentiments stables se greffent les émotions fluctuantes de la journée, en réaction aux événements extérieurs.

Nous ne contrôlons pas l'apparition de nos émotions, mais nous pouvons éviter qu'elles nous submergent

Comme les émotions sont d'abord une réaction biologique, nous ne contrôlons pas leur apparition. Elles surgissent sans crier gare face à un événement extérieur. En revanche, il est souhaitable de ne pas se laisser submerger par elles, ce qui pourrait nous conduire à des comportements tout à fait inadéquats, aussi bien vis-à-vis de nous-mêmes que d'autrui.

Les adultes peuvent faire face à leurs émotions à deux conditions : si la situation n'est pas trop dramatique et si leur cortex orbitofrontal (COF) fonctionne correctement.

C'est le COF et les circuits neuronaux – qui vont du COF aux cerveaux émotionnel et archaïque – qui permettent de réguler les émotions et d'apaiser ces deux cerveaux. Quand nous éprouvons des émotions désagréables, le COF nous permet de nous calmer et de prendre les bonnes décisions sans agresser l'autre verbalement ou physiquement, sans fuir ou sans être sidéré.

Le petit enfant n'a pas encore la capacité cérébrale de faire face à ses émotions

Jusqu'à 5-6 ans, le COF et ses circuits neuronaux sont encore immatures. Et, fait extrêmement important, ils ne parviennent à maturer qu'en fonction de l'attitude de l'entourage, empathique ou non.

Reprenons l'exemple de Léa face à Manon. Elle est jalouse, triste, en colère. Que va-t-elle faire de ses émotions ?

Va-t-elle agresser Manon verbalement, physiquement,
ou va-t-elle se confier à sa meilleure amie ? Que va-t-elle
choisir ?

Avant 5 ou 6 ans, lorsque l'enfant est submergé par des orages émotionnels, il lui est très difficile de prendre du recul, d'analyser la situation ou de se raisonner, car son cerveau supérieur, encore immature, ne lui offre pas encore cette capacité de contrôle. Il est dominé par ses cerveaux archaïque et émotionnel. C'est pourquoi il peut avoir de façon totalement involontaire des gestes violents, de très grandes colères, de profonds chagrins ou des paniques immenses qui le feront beaucoup souffrir.

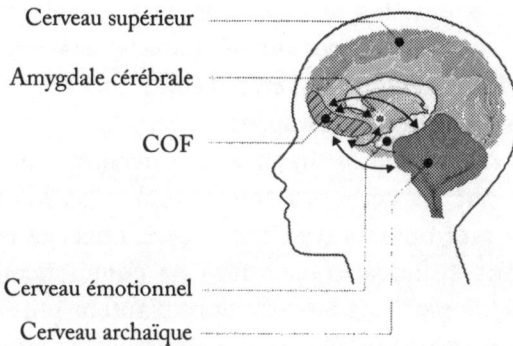

Fig. 2. Des circuits cérébraux immatures. *Les circuits cérébraux qui vont du COF aux cerveaux émotionnel et archaïque et qui régulent les émotions et les impulsions sont immatures chez le petit enfant.*

L'attitude empathique et encourageante de l'adulte permet à l'enfant de contrôler ses émotions

Le cortex orbitofrontal, ou COF, est une petite partie du cortex préfrontal, située au-dessus de nos orbites. Il ne se développe bien que si l'enfant évolue dans un environnement bienveillant, empathique, soutenant. Cette région du cerveau, très précieuse, nous permet de réguler nos émotions, d'avoir un comportement éthique, d'être empathique, d'aimer, et d'être capable de prendre des décisions[4].

Si l'adulte apaise chaleureusement un enfant en proie à des tempêtes émotionnelles, sans pour autant céder si ce n'est pas justifié, s'il l'aide à exprimer ses émotions, il favorise la maturation du cerveau. Le COF qui contrôle les cerveaux émotionnel et archaïque se développera plus favorablement, ce qui aura un impact jusqu'à sa vie d'adulte. Progressivement, l'enfant contrôlera mieux ses émotions sans crier, sans frapper[5].

Être « raisonnable » suppose une personne moins dominée par les cerveaux émotionnel et archaïque. Le cortex préfrontal et les circuits cérébraux qui nous permettent de nous « raisonner » ne commencent à maturer qu'à partir de 5-6 ans, et ce d'autant plus que l'enfant aura reçu une éducation chaleureuse et bienveillante au contact d'adultes qui auront montré l'exemple[6].

À l'inverse, un entourage dur, non empathique freine le bon développement de cette région et l'enfant (et l'adulte qu'il deviendra) continuera à manifester des tempêtes émotionnelles et des comportements agressifs à un âge où il devrait apprendre à réguler ses impulsions et ses émotions. Il aura des difficultés pour réguler ses émotions, être empathique, aimer, pour se comporter de façon éthique, et être capable de prendre des décisions[7].

||||||||||||||||||||||||||||||||||||||||||||||||||||||||||||||||||||||||||||||||||||||||||||||||||||||||||||||||

Ni bonnes ni mauvaises, les émotions sont agréables ou désagréables et sont le reflet de nos souhaits et besoins profonds

Il n'y a pas de jugement moral à porter sur les émotions : elles ne sont ni bonnes ni mauvaises. En revanche, elles sont agréables ou désagréables et peuvent nous avertir d'un danger. Elles sont là avant tout comme un signal, un message, et nous disent si ce que nous vivons correspond à nos souhaits et besoins essentiels.

Les émotions que nous ressentons quand nous sommes réjouis, curieux, enthousiastes, heureux, paisibles sont agréables et nous confirment que nous vivons en accord avec nous-mêmes, avec ce que nous souhaitons profondément.

A contrario, quand nous éprouvons des émotions désagréables, quand nous sommes inquiets, tristes, en colère, énervés, découragés, nous ressentons un mal-être, une vraie souffrance. Ces émotions nous signalent qu'une partie de notre être n'est pas du tout satisfaite et que ce que nous vivons ne correspond pas à nos désirs. Elles nous disent : « Fais attention à toi, prends soin de toi ! »

Les émotions : connaissance et conscience de soi

Les émotions sont donc extrêmement utiles et nécessaires à notre vie puisqu'elles nous renseignent sur ce que nous sommes, sur ce qui pourrait évoluer, changer en nous pour nous rapprocher de nos aspirations. Elles nous permettent de vivre en pleine connaissance et conscience de nous-mêmes, de faire les choix qui nous correspondent et ainsi de garder le fil directeur de notre vie.

Quand nous prenons le temps de nous demander deux ou trois fois par jour : « Comment je me sens, là, maintenant ? », comme le suggère Thomas d'Ansembourg, psychologue belge formé en Communication NonViolente, ou CNV (chapitre 7), nous constatons que les émotions sont extrêmement diverses, riches, nuancées, et que prendre le temps, même très court, de les analyser nous permet d'avoir conscience de ce que nous ressentons, de mieux répondre aux situations qui se présentent et de mieux nous connaître.

Quand les émotions désagréables deviennent envahissantes

Quand les émotions désagréables échappent à notre contrôle, elles peuvent parfois devenir très perturbantes. Il peut s'agir par exemple des émotions en lien avec la peur, qui colorent les troubles de l'anxiété et peuvent totalement inhiber la personne dans sa vie quotidienne, il peut s'agir de la colère qui conduit parfois à des actes que la personne regrettera, ou encore des émotions de tristesse et de honte que l'on retrouve dans la dépression.

Lorsque ces émotions deviennent excessives ou envahissantes, la personne souffre et ne peut plus mener sa vie normalement : par exemple, si le moindre souci se transforme en anticipation d'une catastrophe, si la personne n'arrive pas à réguler le sentiment « d'être nulle », ou « de ne jamais y arriver », ou enfin si la jalousie et le ressentiment occupent toutes ses pensées.

Le tempérament influence
l'expression de nos affects

N'oublions pas que le développement de l'être humain est très complexe et dépend de nombreux facteurs, dont le principal est l'influence de l'environnement et de nos gènes.

Par exemple, le tempérament, d'origine génétique, nous est transmis par nos ancêtres. Il va influencer notre façon de vivre et l'expression de nos affects. Les différences de tempérament peuvent être très grandes d'une personne à l'autre. Du tempérament dépendent de nombreux paramètres : l'émotivité, la sensibilité sensorielle, l'humeur, le niveau d'activité – beaucoup ou peu d'énergie –, la capacité d'attention, l'adaptabilité au changement, l'attirance ou non pour les personnes ou les situations nouvelles. Nous voyons que l'émotivité fait partie du tempérament, les personnes peuvent donc être, directement en lien avec leur patrimoine génétique, plus ou moins émotives, voire hypersensibles à ce qui leur arrive.

Une bonne intelligence de nos émotions

Nommer ce que nous ressentons
nous fait du bien

La recherche nous révèle que nommer ce que nous éprouvons agit positivement sur notre cerveau, donc sur nous-mêmes. Quand nous sommes stressés, l'amygdale cérébrale, centre de la peur, provoque la sécrétion du cortisol et de l'adrénaline, molécules qui en quantités importantes peuvent être très toxiques pour le cerveau et donc notre santé physique et psychologique. Quand nous parvenons à mettre des mots sur nos émotions désagréables en disant par exemple : « Là, maintenant, je suis vraiment très énervé, etc. », nous agissons sur l'amygdale cérébrale : elle devient moins active, la sécrétion de cortisol et d'adrénaline ralentit, notre stress diminue et nous nous apaisons [8].

> *Bruno, enseignant, se sent stressé, angoissé. Il entre dans sa classe la peur au ventre. Il ne veut pas en parler à ses collègues ni à sa compagne. « Que vont-ils penser de moi ? Ils vont me trouver nul ! » Et au fil du temps, sa peur augmente : il se sent de plus en plus incapable d'assurer son métier comme il voudrait. S'il savait qu'exprimer ses émotions fait du bien, il irait voir son meilleur ami et lui parlerait de ses peurs. Il s'apaiserait, ce qui l'aiderait à trouver progressivement les moyens de faire face à ce qu'il vit.*

Parler des émotions à un tout-petit renforce sa sociabilité naturelle

Dès la première année de leur vie, les enfants ressentent de l'empathie affective pour autrui, manifestant ainsi la nature profondément sociable de l'être humain. Vers 6-8 mois, les enfants savent partager, aider, réconforter les autres [9].

Quand l'adulte parle des émotions à l'enfant dès son plus jeune âge, quand il l'aide à les exprimer, à les comprendre, puis l'incite à comprendre celles des autres, il renforce sa sociabilité naturelle.

Celia Brownell en 2013 puis Jesse Drummond en 2014 ont étudié la socialisation d'enfants âgés de 18 à 30 mois.

Elles montrent que les parents qui parlent des émotions à leurs enfants aident ces derniers à mettre des mots sur leurs émotions et celles des autres, à les comprendre. Ils deviennent de plus en plus sociables, attentifs aux autres, soucieux de leur bien-être, coopérants. Ils aiment le partage et ont envie d'aider les autres dès tout petits [10].

Apporter du bien-être à l'autre nécessite de sentir, de comprendre ce qu'il ressent

Vouloir apporter du bien-être à une personne sans partager ni saisir ses sensations, ses émotions et sentiments peut être la source de beaucoup de conflits, de malentendus, d'erreurs.

Nathalie, enseignante, veut à tout prix que Quentin reste assis au moins une heure, sans se lever. C'est «pour son bien», pour qu'il se concentre, alors que Quentin, lui, éprouve le besoin de se lever de temps en temps pour ensuite s'atteler à sa tâche. Cette enseignante souhaite le bien-être de son élève, mais elle n'est pas à l'écoute de ce qu'il ressent. Quentin n'est pas «agité», il ressent physiquement, intuitivement que le mouvement lui est indispensable et l'aide à réfléchir. L'enseignante croit bien faire en imposant son point de vue. Cette attitude, qui ne tient pas compte du ressenti d'autrui, peut entraîner beaucoup de malentendus et de conflits inutiles. Quentin n'arrive plus à se concentrer. Au lieu de dire à Quentin : « C'est interdit de se lever. Tu dois rester assis. C'est comme cela qu'on réussit à travailler », elle aurait pu lui demander : « Que se passe-t-il ? Dis-moi, pourquoi te

*lèves-tu ?» Quentin lui aurait alors expliqué ce qu'il
ressent et que se lever, bouger de temps en temps l'aide
à travailler.*

Certains vont peut-être se dire : «Mais si chacun fait
ce qu'il veut dans la classe, cela va être le foutoir! L'individualisme!» Je peux comprendre ces interrogations, mais la
science progresse et nous apprend que nous avons tous un
cerveau différent et des manières d'apprendre particulières
à chacun. Quand l'enseignant parle avec les élèves qui ont
des comportements dérangeants, quand il demande ce qu'ils
ressentent, quand ils cherchent une solution ensemble, alors
les élèves imitent l'adulte et apprennent l'empathie.

L'enfant imite l'adulte

Beaucoup d'enseignants pensent que parler individuellement à un élève pendant la classe est une perte de temps
et que cela les détourne de leur mission d'enseignement.
«Mais cela va me retarder dans mon cours!» me disent-
ils souvent. Or l'adulte est un très puissant modèle que les
enfants et adolescents imitent. Quand, dans une classe, les
élèves voient un enseignant s'intéresser à eux individuellement, profondément, leur demander ce qu'ils ressentent, en
d'autres termes manifester de l'empathie à leur égard, ils sont
réellement captivés. Ils prennent l'enseignant pour modèle,
apprennent à exprimer ce qu'ils sont, comprennent mieux les
autres, acceptent les différences et, alors, ils se respectent et
coopèrent. L'ambiance dans la classe s'en trouve transformée :
la coopération est favorisée au détriment de l'individualisme,

des rivalités et de la compétition, et l'envie d'apprendre est stimulée.

Pour répondre à la question posée en tête de ce chapitre, « que viennent faire les émotions à l'école ? », eh bien, les émotions étant inhérentes à la vie, elles font donc partie de la vie à l'école – elles y sont d'ailleurs très présentes. Si l'on souhaite qu'elles ne soient pas perturbantes, on peut « travailler » ces émotions : reconnaître ses propres émotions et celles des autres, chercher à les comprendre. C'est ce qu'on appelle l'empathie.

3. L'empathie au cœur de la relation

L'empathie est au cœur de nos relations, avec nous-mêmes et avec les autres, puisqu'elle nous permet de sentir et de comprendre nos propres émotions et celles des autres.

Qu'est-ce que l'empathie ?

Jean Decety, neurobiologiste et chercheur à Chicago, définit l'empathie comme « une capacité innée qui permet de détecter et de répondre aux signaux émotionnels d'autrui, capacité nécessaire pour survivre, se reproduire et avoir du bien-être[1] ».

Il distingue trois facettes : l'empathie affective, l'empathie cognitive et la sollicitude empathique.

- **L'empathie affective** est cette capacité à *sentir et à partager* les sentiments des autres, à en être affecté sans être dans la confusion entre soi et les autres.
- **L'empathie cognitive** nous permet de *comprendre* les sentiments et pensées d'autrui.
- Enfin, **la sollicitude empathique**, elle, nous incite à *prendre soin du bien-être* d'autrui.

Parmi les très nombreuses définitions de l'empathie, j'apprécie tout particulièrement celle de Jean Decety notamment pour sa troisième facette, la sollicitude empathique. Car, à quoi bon sentir, par exemple, la détresse d'un enfant et en comprendre les causes, si l'on ne souhaite pas lui apporter du bien-être ?

Une autre remarque, à propos de l'empathie affective. Dans la définition de Jean Decety, la deuxième partie de la phrase est importante : « sans être dans la confusion entre soi et les autres ». Cela est possible et même souhaitable pour les professionnels. Mais quand un être cher, très proche, souffre, il est très difficile, voire impossible, de ne pas porter la souffrance de celui que nous aimons.

> *Myriam est recroquevillée dans un coin de la cour, elle sanglote. L'enseignant sera capable de faire la part des choses. Il sait que la souffrance de Myriam lui appartient et que, même s'il sent la tristesse de Myriam, s'il la comprend, il ne la porte pas. Si la mère ou le père de Myriam la voient dans cet état, il leur sera en revanche très difficile de ne pas souffrir avec elle, ils seront bouleversés.*

Pour être empathique, il serait donc souhaitable d'avoir intégré les trois facettes de l'empathie et ainsi être capable de : percevoir les signaux émotionnels (empathie affective), les interpréter correctement (empathie cognitive) et y répondre de façon appropriée (sollicitude empathique[2]).

Empathie et bienveillance : deux termes qui se rejoignent

Depuis peu, l'institution scolaire demande de façon officielle aux enseignants d'être bienveillants. Mais que signifie être bienveillant? Littéralement, cela veut dire «veiller sur quelqu'un de façon positive».

En fait, la bienveillance rejoint l'empathie dans la mesure où, pour être bienveillant, il est nécessaire de comprendre la personne qui est devant nous, donc de sentir et de comprendre ce qu'elle éprouve, puis de répondre de façon adéquate à ses besoins. Cette attitude rejoint alors la définition de l'empathie affective, de l'empathie cognitive et de la sollicitude empathique.

Une aptitude innée

L'être humain naît avec une empathie affective qui continue à croître si l'enfant en reçoit. Or, nous avons vu que la majorité des éducations ne sont pas empathiques. Beaucoup d'adultes, en croyant bien faire, ne répondent pas aux larmes, aux colères ou aux peurs de leur petit. Cette attitude engendre un grand stress chez l'enfant : il sécrète alors du cortisol qui bloque la production d'ocytocine. Or c'est l'ocytocine qui nous permet d'être empathiques.

Un enfant qui ne reçoit que peu ou pas d'empathie dès les premiers mois de vie produira par conséquent peu d'ocytocine et éprouvera de grandes difficultés dans ses relations : il restera maladroit, même s'il souhaite intellectuellement être empathique. Néanmoins, sa capacité à être empathique demeure au fond de son être, prête à se réveiller s'il reçoit de l'empathie : il sécrètera alors de l'ocytocine.

Ces mécanismes neurophysiologiques nous confirment l'immense influence de notre attitude sur autrui qui, dans le cas présent, agit directement sur la sécrétion (ou non) de molécules ouvrant (ou non) l'enfant à l'empathie.

L'empathie se développe
lorsqu'on reçoit de l'empathie

Si l'empathie est la pierre angulaire de toute relation, elle est au cœur de l'éducation. On sait aujourd'hui qu'elle permet de réguler les relations, qu'elle diminue l'agressivité et qu'elle favorise la coopération.

Quand les enseignants sont capables d'empathie, ils créent un lien de qualité avec leurs élèves qui génère un véritable cercle vertueux : les élèves se sentent compris, ils sont à l'aise, confiants, ils sont de plus en plus motivés et leur réussite scolaire augmente[3]. L'empathie de l'enseignant retentit sur le climat de la classe et favorise le comportement positif des élèves. Elle permet à l'enseignant de savoir réagir à l'agressivité[4]. À l'inverse le manque d'empathie de l'enseignant augmente les comportements agressifs des élèves.

L'empathie existe-t-elle dans nos écoles ? Oui, certains enseignants sont empathiques car ils ont la chance d'avoir reçu de l'empathie dans leur enfance, ils la transmettent alors de façon « naturelle ». Mais d'autres enseignants, élevés avec des humiliations verbales et/ou physiques, n'ont reçu que peu ou pas d'empathie. Malgré leur bonne volonté, ils se heurtent bien souvent à de grandes difficultés relationnelles avec leurs élèves.

L'empathie au quotidien

Guillaume, enseignant, vient me voir en consultation : les relations avec ses élèves sont très conflictuelles et retentissent sur sa famille. Il me dit :

« Je vais vous donner un exemple. Ce matin, le réveil a été difficile. J'étais de mauvaise humeur mais je n'ai pas voulu y faire attention. Toute mon enfance, on m'a dit : "Tu dois être fort : un garçon, ça ne pleure pas, ça ne montre pas ses émotions, tu ne dois pas parler de toi." Durant la matinée, un élève a été odieux, il n'a pas voulu m'obéir et venir au tableau comme je le lui demandais. Je me suis mis en colère, j'ai explosé, je l'ai traité de fainéant en lui disant qu'il n'arriverait jamais à rien et qu'il aurait une vie déplorable. Je suis rentré chez moi énervé par cet épisode et ma compagne et mon fils ont subi encore une fois ma mauvaise humeur. Ce soir, je suis totalement épuisé. Je ne sais plus quoi faire. Aidez-moi ! »

Quand j'entends Guillaume, je constate qu'il n'éprouve pas d'empathie, ni pour lui-même ni pour son entourage. Il vit dans le brouillard, sans prendre le temps de comprendre ce qui se passe en lui, sans écouter ses émotions. Son malaise s'accentue et retentit sur lui, ses élèves et ses proches.

S'il ressentait de l'empathie envers lui-même, il me raconterait autrement ce qui s'est passé :

« Ce matin, dès le réveil, j'ai senti que ça n'allait pas. La journée commençait mal, j'étais de mauvaise humeur. J'ai pris un peu de temps pour mieux identifier mon ressenti : était-ce de la fatigue, de l'inquiétude, de la colère ? En fait, j'ai réalisé que ma mauvaise humeur me concernait vraiment. Elle venait de ce que j'avais vécu la veille et de la perspective de la journée qui s'annonçait. Hier soir, je me suis disputé avec ma compagne, et ce matin, je me sentais triste de partir au travail sans avoir pu apaiser notre relation, et anxieux à l'idée de cette journée particulièrement surchargée à l'école. »

Si Guillaume éprouvait de l'empathie pour son entourage, voilà ce qu'il m'aurait relaté :

« Ce matin, je suis de méchante humeur. Je sais que l'humeur se propage et que ma compagne et mon fils sont probablement préoccupés, inquiets, voire en colère, de me voir ainsi. Je vais leur parler et aussi leur demander ce qu'ils éprouvent. Voilà ce que ma compagne me répond :

"Je suis préoccupée de te voir dans cet état-là. C'est à cause de notre dispute d'hier soir ?

— Oui, je me sens bouleversé, inquiet. J'aimerais qu'on prenne du temps pour se retrouver et échanger.

— Oui, moi aussi. On dîne en tête à tête ce soir, au restaurant ?"

J'étais soulagé ! Cela m'a fait un immense plaisir.

Quant à mon fils, il m'a confié en avoir "vraiment marre d'avoir un père toujours énervé, désagréable, qui fait la tête". Il était très en colère contre moi, mais s'est apaisé quand je lui ai expliqué que la dispute d'hier soir avec sa mère – qu'il avait évidemment entendue – me rendait très triste et que nous avions décidé de dîner, ce soir, en tête à tête, pour prendre le temps d'être ensemble. J'ai ajouté que j'étais particulièrement sous tension car en plus de cela une journée très difficile m'attendait à l'école. J'ai vu son visage se détendre : il avait compris ce qui m'avait mis de méchante humeur. Il m'a embrassé avec un grand sourire et m'a souhaité une belle journée. Je me suis senti tout à coup beaucoup mieux et je suis parti au travail soulagé et plein d'allant.

À l'école, un élève n'a pas voulu aller au tableau. Le sentant désemparé par ma demande, je lui ai dit :

"Tu es inquiet à l'idée d'aller au tableau, c'est ça ?

— Oui.

— Tu n'as pas travaillé cette question ?

— Non !

— C'est un sujet difficile pour toi ?

— Oui, j'aurais vraiment besoin que vous m'aidiez à mieux le comprendre."

Je me suis alors vraiment senti heureux dans mon rôle de professeur, satisfait de pouvoir aider et soutenir mes élèves. »

Pour Guillaume, ce moment d'auto-empathie et d'empathie envers sa compagne, son fils et son élève lui a permis de prendre le temps d'être à l'écoute de ses propres ressentis et de ceux de son entourage, de comprendre ce qu'ils signifiaient, et ainsi de ne pas réagir impulsivement. C'est une voie d'apaisement pour trouver ensuite les solutions adéquates aux situations problématiques.

L'empathie est donc une faculté qui aide à se connaître soi-même, à être plus conscient, à se comprendre, à réfléchir et à trouver des solutions pour se sentir mieux et vivre en fonction de ce que l'on souhaite vraiment.

Elle permet de comprendre les autres et leurs souhaits, et de vivre de façon plus harmonieuse avec eux. Sans empathie affective et cognitive, l'entente, la compréhension et la réciprocité sont difficiles. Le flux passe dans un seul sens, la personne ne s'intéresse qu'à elle-même. L'empathie nous permet en revanche de ressentir et de comprendre les émotions de l'autre, d'être vraiment tourné vers lui, attentif à qui il est et à ce qui le touche.

L'empathie commence par soi-même : c'est l'auto-empathie

Avoir de l'empathie pour soi-même est nécessaire pour se comprendre, se connaître et accepter les émotions qui nous traversent, sans porter de jugement sur elles. « Oui, aujourd'hui je suis anxieuse, en colère, triste. J'accueille ce que j'éprouve sans me culpabiliser. Mais en essayant de comprendre ce que ces émotions me disent. » Cette auto-empathie est aussi essentielle dans notre relation à l'autre, car sans ce sentiment, il est très difficile d'accepter que la personne devant nous puisse, elle aussi, être envahie d'émotions qui ne sont pas toujours agréables.

Dans la relation avec l'élève, ce travail d'auto-empathie est d'une grande aide pour les enseignants. Se poser des questions comme : « Qu'est-ce que j'éprouve, qu'est-ce que je ressens dans telle ou telle situation, ou avec tel ou tel élève ? », en accueillant les émotions sans jugement, sans se dire : « Je ne dois pas écouter ce que je ressens, je mets un couvercle dessus. Ce n'est pas bien d'éprouver cela, je ne devrais pas. » Si nous ne voulons pas entendre ce qui se passe en nous, nos émotions continuent à bouillonner, elles nous travaillent intérieurement, prennent de plus en plus de place et peuvent nous faire « disjoncter ». Ne comprenant pas ce qui se passe en nous, nous prenons de mauvaises décisions et, finalement, la colère, la tristesse ou l'anxiété explosent et nous submergent, détériorant ainsi la relation avec l'élève.

Le manque d'empathie est l'une des principales causes des difficultés relationnelles

La plupart du temps, les relations sont frustrantes du fait d'un manque d'empathie. Lorsqu'on ne se sent ni entendu ni compris, surgissent les ressentiments, la colère, la déception : « C'est incroyable, personne ne s'intéresse à moi, ne me demande ce que je ressens ! » Car tous les êtres humains, quel que soit leur âge, qu'ils soient enfants, adolescents, adultes, ou âgés, souhaitent profondément que leurs émotions, leurs sentiments et leurs désirs puissent être exprimés, entendus et compris.

L'empathie confère de la douceur, de la paix avec soi-même et avec les autres. Elle est indispensable pour créer un climat de confiance réciproque, une relation de qualité avec autrui et des liens d'affection.

En 2014, Eva Telzer, de l'université de l'Illinois, rappelle que les difficultés à identifier les sentiments et les émotions peuvent entraîner des difficultés relationnelles, des phénomènes dépressifs, anxieux et des comportements délinquants.

L'empathie est rare, pourquoi ?

L'empathie paraît simple, naturelle, évidente ! Or peu de gens en font preuve. Comment expliquer cela ? C'est la conséquence de tout un processus éducatif dont parents et enfants sont inconsciemment les victimes. Beaucoup d'êtres humains n'ont pas reçu d'empathie et se sont coupés de leur propre ressenti durant leur enfance. Mais comme nous l'avons déjà évoqué, dès que l'on reçoit de l'empathie, l'empathie se réveille : c'est un cercle vertueux.

Les conséquences de la répression des émotions

Il est fréquent que l'on interdise aux enfants d'exprimer des émotions jugées négatives (les chagrins, les colères, les inquiétudes, le découragement, la jalousie) ou même des émotions positives trop marquées, comme une joie excessive. Les émotions bruyantes dérangent les adultes qui incitent l'enfant à les réprimer. Elles sont bien souvent considérées comme une marque de faiblesse, contrairement à la raison souveraine.

Durant toute son enfance, voire son adolescence, on répète à l'enfant : « Arrête de t'écouter, arrête de pleurer ! Ce n'est pas grave, sois fort, ne fais pas la mauviette ! Va faire ta colère ailleurs ! N'aie pas peur ! Qu'est-ce que tu es excité ! Ris moins fort ! Fais moins de bruit ! Ne t'emballe pas trop vite ! » Dès le plus jeune âge, il a ainsi intégré qu'il n'était pas bien d'éprouver et d'exprimer des émotions : être bien élevé, c'est ne pas montrer ce qu'on ressent, cacher ses faiblesses, ses souffrances et même ses enthousiasmes, qui peuvent paraître suspects !

Les conséquences des humiliations

Certaines personnes ont subi des humiliations verbales ou physiques durant leur enfance. En réponse à l'expression spontanée de leurs émotions de colère, de tristesse, de peur, ils ont reçu moqueries, violences verbales, voire physiques (gifles, fessées). Pour ne pas souffrir, ces enfants se sont déconnectés de leurs émotions et se sont réfugiés dans le déni de leur souffrance : « Même pas mal ! »

Je reçois Nathan qui est l'objet de beaucoup de violences de la part de ses parents. Je lui demande : « Comment te sens-tu ? », et il me répond d'un ton très assuré : « Moi ? Très bien. » Il est évidemment beaucoup trop difficile pour lui de reconnaître sa souffrance et d'accuser ses parents. Ce déni le protège.

Le résultat est là : un grand nombre d'adultes vivent sans se soucier de ce qu'ils ressentent et cette attitude vis-à-vis d'eux-mêmes les conduit aussi à ne pas écouter les émotions de leur entourage.

Les conséquences d'une vie coupée des émotions

Enfin, bien souvent, nous ne sommes pas à l'écoute de nos émotions parce que nous méconnaissons leur importance et leur rôle. Nous agissons trop vite, inconsciemment, sans réfléchir aux conséquences de notre attitude.

Ainsi, quand je reçois des parents qui me disent : « Cela ne va vraiment pas avec mon enfant. Cela ne peut plus durer. Il faut faire quelque chose », je leur demande : « Et vous, comment vous sentez-vous ? » Le plus souvent, ils ne savent pas mettre des mots sur ce qu'ils ressentent. Ils me répondent : « Je ne me sens pas bien. — Mais quelle émotion éprouvez-vous ? — Je ne sais pas, je ne peux pas vous dire. »

Je leur propose alors un éventail d'émotions : « Vous me dites que cela ne va pas, mais plus précisément, pouvez-vous me dire si vous êtes fatigué, en colère, triste, anxieux, énervé ? » Progressivement, plus ou moins rapidement en fonction de ce qu'ils ont vécu dans leur enfance, ils prennent le temps de se connaître et parviennent à verbaliser ce qu'ils éprouvent. Quand enfin ils réussissent à sentir, et à comprendre ce qu'ils souhaitent vraiment, un grand pas dans la connaissance d'eux-mêmes est alors franchi.

Que se passe-t-il dans notre cerveau quand nous éprouvons de l'empathie ?

Nous naissons donc avec des capacités d'empathie affective puis cognitive qui vont croître et se développer si l'entourage est empathique et bienveillant. Ces connaissances sur l'empathie ont beaucoup progressé et nous en connaissons maintenant les mécanismes biologiques.

L'importance du regard

Comment percevoir les émotions de l'autre, base de l'empathie affective ? Lors d'une rencontre, beaucoup de sources d'information passent par le langage, l'attitude, les gestes, la posture, etc. Nous pouvons aussi demander à la personne ce qu'elle ressent, mais, parfois, elle ne le sait pas elle-même ou alors elle ne sait pas l'exprimer.

Nous pouvons alors tenter de décrypter, de «lire» ce que disent son visage et ses yeux. Car c'est au niveau du visage et surtout des yeux que transparaissent, le plus souvent de façon inconsciente, nos émotions et nos sentiments. Les yeux jouent un rôle majeur dans la communication affective. Véritable «fenêtre sur l'âme», ils sont le siège de nos expressions, ils reflètent l'éventail de nos émotions, de nos intentions mais aussi notre degré de réflexion, d'attention et d'intérêt. Ils envoient donc des indications précieuses. Savoir lire, interpréter ce que disent les yeux est donc essentiel dans la relation.

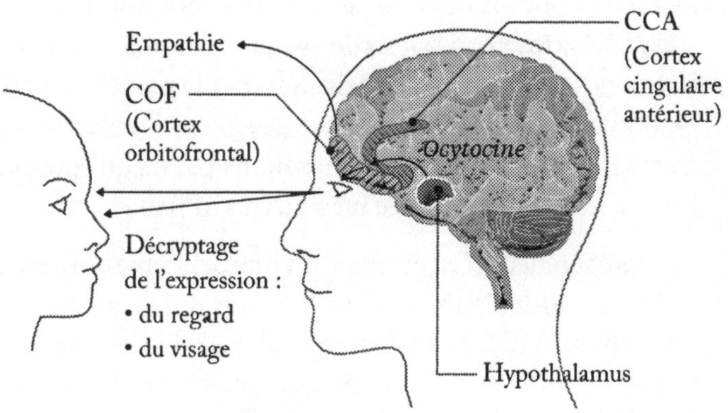

Fig. 3. Ocytocine et empathie. *L'ocytocine sécrétée par les neurones de l'hypothalamus active le COF et le CCA. Elle permet l'empathie.*

Les yeux sont la seule émanation directe du cerveau. Il est intéressant de constater qu'ils sont reliés au cortex orbito-frontal (COF) logé juste au-dessus de nos orbites, structure cérébrale qui participe à la genèse, à la perception et à la régulation des émotions.

‖‖

L'ocytocine permet de décrypter les expressions des yeux et du visage

Quand nous éprouvons de l'empathie, nous sécrétons de l'ocytocine, molécule connue comme «l'hormone de l'empathie» ou «hormone de l'affection».

L'ocytocine active plusieurs régions cérébrales impliquées dans les relations sociales. Elle contribue à l'empathie en agissant, entre autres, sur le cortex orbitofrontal, région du cerveau située au-dessus de nos orbites, qui nous permet de percevoir les signaux émotionnels, de les interpréter correctement et d'y répondre rapidement et de façon appropriée. Elle permet de décrypter de façon très précise les expressions des yeux, du visage. Elle favorise donc les relations satisfaisantes par la perception des émotions et des intentions de la personne avec qui nous interagissons. Si nous ne comprenons pas ce qu'éprouve l'autre, notre relation avec lui sera très difficile[5].

Les chercheurs ont constaté qu'une personne qui a reçu de l'ocytocine en pulvérisation intranasale (ce qui permet une diffusion rapide au niveau cérébral[6]) fixe les yeux de son interlocuteur avec plus de concentration et d'intensité et interprète mieux ce qu'il éprouve[7].

Pour ceux qui veulent aller plus loin, vous pouvez lire l'article de Sylvia Morelli, de l'université de l'Illinois, à Chicago, qui décrit les structures cérébrales et les voies neurales de l'empathie et de ses trois composantes majeures, l'empathie affective, l'empathie cognitive et la sollicitude empathique : le cortex cingulaire antérieur, l'insula, le striatum, le système des neurones miroirs, le lobe préfrontal et temporal, entre autres[8].

||||||||||||||||||||||||||||||||||||||||||||||||||||||||||||||||||||||||||||||||||||||||||||||||

Quand nous vivons des relations empathiques et bienveillantes, nous sécrétons de l'ocytocine

Un simple échange de regards, quand il est bienveillant, fait sécréter de l'ocytocine chez celui qui regarde comme chez celui qui reçoit ce regard. Plus nous sécrétons d'ocytocine, plus nous sommes capables de lire ce qu'éprouve l'autre, plus nous le comprenons, et plus nous entretenons des relations satisfaisantes. C'est un véritable cercle vertueux.

Cette empathie, nous la recevons des autres. Notre réservoir d'ocytocine se « remplit » proportionnellement à l'empathie que nous recevons et, de la même manière, notre empathie augmente. Nos relations sont donc capitales puisqu'elles façonnent une partie essentielle de notre être.

Le taux d'ocytocine s'accroît chaque fois que nous vivons des relations harmonieuses, que l'ambiance est chaleureuse, la conversation agréable, le plaisir partagé. L'ocytocine est aussi sécrétée lors de stimulations sensorielles comme des mots doux, un contact tendre, des caresses, des baisers, l'orgasme, la tétée, l'accouchement ou encore le contact avec l'eau chaude.

L'inverse est malheureusement vrai. Quand nous subissons du stress, des humiliations, le cortisol bloque la sécrétion d'ocytocine et notre empathie diminue. De plus, si le stress ou les humiliations sont intenses, répétés, le cortisol sécrété peut nous rendre anxieux, déprimés, agressifs et donc se répercuter négativement sur nos relations.

||||||||||||||||||||||||||||||||||||||||||||||||||||||||||||||||||||||||||||||||||||||||||||||||||||

Le cercle vertueux de l'empathie

Quand on n'a pas la chance d'avoir été élevé avec empathie, il peut être difficile d'être empathique. Car cette faculté se transmet. Chaque fois que nous recevons de l'empathie, nous sécrétons de l'ocytocine qui nous permet à notre tour d'être empathique. C'est un cercle vertueux : plus nous recevons d'empathie, plus nous avons un taux élevé d'ocytocine et plus nous sommes capables d'être empathiques. L'inverse est aussi vrai : moins nous recevons d'empathie, moins nous sécrétons d'ocytocine et moins nous sommes capables d'être empathiques.

De plus, l'ocytocine bloque la sécrétion du cortisol qui engendre les manifestations de stress. S'instaure alors un climat de confiance et de compréhension mutuelles entre les participants.

L'environnement joue donc un rôle majeur mais les gènes interviennent également dans notre capacité à être empathique. En 2017, Pingyuan Gong, de l'université de X'ian, mène une étude sur 1 830 personnes tout en reprenant 13 études sur l'empathie et le gène du récepteur de l'ocytocine (rs53576). Il montre que le polymorphisme du gène du récepteur de l'ocytocine (rs53576) conduit à des différences de capacité d'empathie selon les personnes.

||||||||||||||||||||||||||||||||||||||||||||||||||||||||||||||||||||||||||||||||||||||||||||||||||

Une relation de qualité déclenche la sécrétion d'ocytocine et d'autres molécules très importantes

Quand les adultes sont empathiques et chaleureux, il se produit un cercle vertueux. L'enfant sécrète de l'ocytocine qui déclenche la production successive de trois autres molécules : la dopamine, les endorphines, la sérotonine.

- **L'ocytocine** est la molécule de l'empathie, de l'amitié, de l'amour et de la coopération. Elle procure du bien-être et diminue le stress et l'anxiété en plus de rendre confiant.
- **La dopamine** stimule la motivation, donne du plaisir à vivre et favorise la créativité.
- **Les endorphines** sont des opioïdes qui procurent une sensation de bien-être.
- **La sérotonine** stabilise l'humeur[9].

On peut supposer qu'il en sera de même si l'enseignant encourage et soutient son élève. Les différentes molécules décrites ci-dessus aident l'enfant à devenir l'élève rêvé de tout enseignant : un enfant calme, non stressé, empathique, confiant, curieux, motivé et heureux d'apprendre. Celui-ci assimilera, retiendra et utilisera alors beaucoup mieux les nouvelles informations.

||||||||||||||||||||||||||||||||||||||||||||||||||||||||||||||||||||||||||||||||||||||||||||||||

L'ocytocine

L'ocytocine est un peptide formé de 9 acides aminés et synthétisé dans l'hypothalamus. L'ocytocine agit comme un neuromodulateur sur les fonctions socio-émotionnelles du cerveau. Elle agit sur l'amygdale, l'hippocampe, et sur le circuit de récompense incluant le noyau caudé, le noyau accumbens et le gyrus frontal inférieur. À travers son action avec l'axe hypothalamo-hypophysaire (HPA), l'ocytocine a une action anxiolytique, elle atténue la réponse au stress en diminuant la réactivité de l'amygdale et le taux de cortisol.

L'ocytocine module les circuits dopaminergiques impliqués dans les processus de la récompense et de l'empathie. L'ocytocine renforce les comportements sociaux, les liens, les facultés d'adaptation et de coopération avec les autres, surtout quand ces autres sont vus comme familiers et faisant partie du groupe.

L'ocytocine peut aussi augmenter les réactions de vigilance et de défense contre les agressions, dans le but de se protéger soi-même ou de protéger les membres du groupe contre des menaces extérieures. Ce qui est considéré comme positif et intéressant est amplifié et ce qui est considéré comme néfaste et répulsif devient encore plus négatif. Lorsqu'on administre de l'ocytocine en pulvé-risation intranasale à des hommes adultes, ceux qui avaient un attachement sécurisé à leur mère se souviennent davan-tage des événements positifs et ceux qui avaient un atta-chement anxieux se souviennent plus des expériences négatives. Ainsi, l'ocytocine stimule les réponses positives aux visages amis et les réponses négatives aux visages non amis.

Il est vraisemblable qu'à travers la combinaison de la diminution de la peur et de l'augmentation des compé-tences sociales, l'ocytocine agisse sur le désir de créer des liens (spécialement quand l'objectif souhaité est posi-tif), influe sur le circuit cortico-limbique pour diminuer l'appréhension d'une menace sociale et permette ainsi une réponse au danger ou à la menace autre que la fuite, l'attaque ou la sidération[10].

||||||||||||||||||||||||||||||||||||||||||||||||||||||||||||||||||||||||||||||||||||||||||||||||||||||

Les « Vous devez être bienveillants et empathiques » plongent les enseignants dans le désarroi

Nous comprenons mieux pourquoi il ne suffit pas de dire aux enseignants : « Il faut être bienveillant et empathique avec vos élèves ! » Ces injonctions ne servent qu'à les plonger dans le désarroi car ils souhaitent bien faire, mais ne savent souvent pas comment y parvenir.

Comme tous les humains, ils ont un besoin impératif de recevoir de l'empathie afin d'être eux-mêmes empathiques. Voilà le défi. Comment, dès lors, faire preuve d'empathie envers les enseignants pour que leur taux d'ocytocine soit suffisamment élevé et qu'ils puissent à leur tour sentir et comprendre les émotions de leurs élèves ? Comment les aider à éprouver une sollicitude empathique afin que leur métier prenne tout son sens ?

Depuis la prise de conscience de la place majeure des émotions et de l'empathie dans le développement des êtres humains, de nombreux chercheurs, éducateurs et enseignants ont réfléchi à la façon d'introduire ces nouvelles connaissances au sein de l'éducation.

Pour beaucoup d'enseignants, ce continent des émotions et de l'empathie reste à découvrir, à comprendre et à pratiquer, aussi bien pour eux-mêmes que dans la relation avec leurs élèves.

4. Les compétences socio-émotionnelles

Ces dernières années, de nouveaux concepts sont apparus à l'école tels que l'intelligence émotionnelle, les compétences socio-émotionnelles, les compétences psychosociales, le soutien émotionnel, la sensitivité[1], etc. Ces compétences sont nommées de diverses façons mais recouvrent le même domaine du ressenti et sont fondées avant tout sur la connaissance des émotions et de l'empathie. J'utiliserai pour ma part le plus souvent l'appellation de compétences socio-émotionnelles.

Lucie, 3 ans, est en maternelle, elle joue tranquillement lorsque brusquement Léna fonce sur elle et lui prend son jouet. Que va faire Lucie ? Crier, taper ou être sidérée et ne rien dire ? À cet âge, le cerveau émotionnel et archaïque domine l'enfant et les réactions fortement émotionnelles et impulsives sont très habituelles. Lucie sait-elle précisément ce qu'elle ressent et ce que ressent Léna ? Est-elle capable de l'exprimer verbalement et sait-elle faire face à ce qu'elle éprouve et ainsi trouver une solution ?

Être compétent émotionnellement et socialement, c'est connaître les différentes émotions qui nous traversent, savoir les exprimer et les réguler, savoir comprendre l'autre, l'écouter, coopérer, résoudre les difficultés qui surgissent dans la relation aux autres et savoir entretenir des relations satisfaisantes. Quand l'enseignant et l'élève acquièrent ces compétences, ils se transforment et se sentent vraiment à l'aise au sein de la classe.

Quelles sont ces compétences émotionnelles ?

Connaître les émotions – les siennes et celles des autres

Reconnaître les expressions émotionnelles, c'est être capable d'identifier un signal émotionnel, de l'exprimer verbalement et de sentir et comprendre ce que l'autre éprouve. Par exemple : « Je vois sur ton visage, dans tes yeux que tu es comblé, détendu, enchanté, etc. Ressens-tu cela ? »

Reconnaître les émotions qui surgissent dans certaines situations est plus subtil, car la perception et l'interprétation de ce qui se passe peuvent être moins claires et le ressenti peut être différent selon chaque personne :

> *« Ce matin, la réunion avec mes collègues a été particulièrement tendue, l'atmosphère était morose. Nous étions tous perplexes et, je dois le dire, découragés face à la situation que nous venons de vivre », dit Samuel à sa compagne.*

Exprimer ses émotions

Nous avons déjà vu dans le chapitre 2 que nommer ce que nous ressentons nous fait du bien.

En mettant des mots précis sur les émotions et en les exprimant, nous prenons conscience de l'immense richesse et de la complexité de la vie affective : « En ce moment, je me sens bouleversé, décontracté, ébloui, contrarié, débordé, intrigué, étonné, stimulé, fier, émerveillé, intimidé, embarrassé, dégoûté, culpabilisé, honteux, surpris, intéressé, déprimé, etc. »

Savoir exprimer ses émotions clarifie la connaissance et la conscience de soi. Réfléchir à l'impact de leur expression facilite les relations sociales.

L'adulte peut faire prendre conscience à l'enfant, dès son plus jeune âge, que partager des émotions peut être le point de départ d'échanges, de liens, et parfois le début d'une amitié profonde.

> « Comme je suis heureuse que tu me dises que tu es intéressée et motivée par ce que nous venons de travailler : le corps humain ! Tu veux en savoir plus ? » dit Valérie à Dabo. Dabo, elle, se sent satisfaite de constater qu'elle a enfin vaincu sa timidité. Grâce aux ateliers sur les émotions qu'elle a suivis, elle a osé parler à la professeure. De son côté, Valérie est soulagée et heureuse de savoir que Dabo est intéressée par ce sujet. Jusqu'à présent, elle n'arrivait pas du tout à entrer en contact avec son élève et ne pouvait de ce fait l'accompagner ni dans ce qui la motivait ni dans ses difficultés.

Comprendre les causes des émotions

Arriver à comprendre les causes des émotions conduit progressivement l'enfant à la connaissance de lui-même et de ce que l'autre peut éprouver. Habituellement, les enfants comprennent d'abord les expressions faciales et les causes de la joie, de la colère, de la tristesse et de la peur avant de comprendre les émotions plus complexes comme le fait d'être dépité, mal à l'aise, sceptique, exaspéré, amer, sur la défensive, inspiré, grisé, libre, enflammé, exalté, vivifié, touché, etc. [2].

> *Dabo maintenant se dit : « Ça y est, j'arrive à lui parler ! Mais pourquoi je n'osais pas, avant ? » Petit à petit, elle prend conscience qu'elle n'a jamais été habituée à ce qu'on l'écoute. Elle avait fini par croire que personne n'était intéressé lorsqu'elle parlait d'elle. Et elle s'était éteinte. Elle a été la première surprise de constater la joie et l'enthousiasme de sa professeure quand elle lui a parlé. Elle prend confiance : « Quelqu'un m'écoute et tient compte de ce que je ressens. Ça me donne vraiment envie de travailler à fond le cours de cette prof. »*

Réguler ses émotions

La régulation des émotions à l'école est un des éléments les plus importants dans la maîtrise des compétences émotionnelles : elle participe étroitement à l'apprentissage des relations avec les camarades de classe et à la possibilité d'entrer dans des étapes cognitives importantes. Les enfants qui régulent leurs émotions sont capables de coopérer avec les autres dans le travail scolaire, contrairement aux enfants qui sont agressifs, qui ont peur ou sont anxieux et qui, de ce fait, se mettent en retrait et participent peu aux tâches scolaires.

> *Damien rentre chez lui. Il se sent mal. Encore une fois, il s'est emporté et a explosé, traitant un élève de nul, et*

d'incapable. Il se dit qu'il ne peut plus continuer comme
cela. Il prend la décision de comprendre d'où vient cette
colère. Une de ses collègues lui a dit qu'il existe des forma-
tions pour apprendre à communiquer avec empathie. Un
autre collègue lui a parlé de relaxation, de sophrologie et
de méditation en pleine conscience. Il est décidé, il faut
juste qu'il se renseigne un peu plus sur ces formations.

||||||||||||||||||||||||||||||||||||||||||||||||||||||||||||||||||||||||||||||||||||||||||

Grâce à l'empathie, l'enfant régule progressivement ses émotions

Lors de la petite enfance, quand l'adulte crie, menace, punit ou humilie l'enfant, le stress provoqué peut altérer des circuits neuronaux essentiels. Or ces circuits, qui vont du cortex préfrontal à l'amygdale, sont fondamentaux pour que l'enfant puisse progressivement réguler ses émotions et son comportement, et qu'il apprenne ainsi à ne pas être dans l'agressivité et dans l'opposition permanente.

Une présence empathique et rassurante participe à la maturation de ces circuits et permet à l'enfant de gérer ses émotions. Si l'enfant est entouré d'adultes empathiques, soutenants et bienveillants, il contrôlera mieux ses émotions et n'agressera pas les autres, verbalement ou physiquement, et ce dès l'âge de 5-7 ans[3].

||||||||||||||||||||||||||||||||||||||||||||||||||||||||||||||||||||||||||||||||||||||||||

Comment entretenir des relations satisfaisantes et résoudre les conflits ?

On se trompe souvent sur ce qu'éprouve l'autre

Être sensible aux émotions des autres, comprendre ce qu'ils ressentent constitue le premier pas indispensable pour entrer en relation avec eux de façon satisfaisante. C'est le rôle de l'empathie affective et cognitive.

Si nous pouvons dire à l'autre qui se trouve en face de nous : « Là, il me semble que tu es confiant, n'est-ce pas ? Passionné ? Soulagé, sidéré, fasciné, rassuré, attendri, à l'aise, admiratif, abattu, agacé, angoissé, découragé, désenchanté, désorienté, jaloux, méfiant, soucieux, n'est-ce pas ? », il va non seulement sentir que nous tentons de nous connecter à ce qu'il éprouve, mais aussi comprendre que nous le laissons nous confirmer que notre perception est exacte. En effet, nous nous trompons souvent sur ce que peut ressentir l'autre. C'est donc à lui de nous confirmer que notre interprétation est juste ou non.

Une fois l'émotion exprimée et entendue, le dialogue est ouvert et l'échange sur la compréhension des causes de l'émotion peut commencer si la personne le souhaite : « Sais-tu pourquoi tu ressens cela ? »

La personne qui a développé ces compétences socio-émotionnelles sait comprendre l'autre, l'écouter, résoudre les conflits, et coopérer.

La réévaluation

La réévaluation est l'attitude délibérée que nous pouvons adopter face à un conflit relationnel. Nous réexaminons la situation et s'offre alors à nous la possibilité de donner une autre signification à ce que nous avons vécu, en prenant du recul et en cherchant des solutions pour sortir du conflit. Cette capacité de réévaluation a de très fortes implications dans nos relations sociales : elle nous permet de repenser notre attitude, notre façon de percevoir l'autre et ainsi d'améliorer la situation, si nécessaire.

Dans la salle des profs, la dispute a été explosive. Sonia et Jade se sont traitées de tous les noms, elles ont presque failli en venir aux mains. Rien que d'y penser, Sonia en a encore le cœur qui bat. Jade l'a poussée à bout en la traitant de poule mouillée parce qu'elle n'osait pas parler au proviseur. Elle lui a rétorqué que c'était faux et qu'elle disait n'importe quoi. Et puis le ton est monté. Vont-elles en rester là et ne plus se parler ou l'une d'elles va-t-elle réévaluer la situation et trouver un moyen de sortir de ce conflit ?

Le lendemain, Sonia repense à la dispute avec Jade et à la fureur qui l'a envahie quand Jade l'a traitée de poule mouillée. Elle se dit que c'est vraiment ridicule d'en être arrivé là ; c'est vrai qu'elle aimerait parler au proviseur et qu'elle n'ose pas. Elle souhaiterait vraiment vaincre cette timidité qui peut parfois la paralyser. En fait, elle prend conscience qu'elle apprécie beaucoup Jade et qu'elle n'a pas du tout envie de briser cette amitié. Elle se dit qu'elle va aller lui dire sa tristesse et son inquiétude à l'idée de ne plus l'avoir pour amie et qu'elle aurait besoin de son soutien pour oser parler au proviseur. Déjà, elle se sent soulagée.

En 2010, Harold Koenigsberg, professeur de psychiatrie à l'Icahn School of Medicine de l'hôpital de Mount Sinai, à New York, décrit le circuit cérébral responsable de cette réévaluation. Celui-ci est très complexe et implique en premier lieu le cortex préfrontal, ainsi que le cortex cingulaire antérieur, l'amygdale et l'insula.

Cette capacité de réappréciation qui nous permet de réexaminer une situation particulièrement émotionnelle avait été parfaitement décrite par Marc Aurèle, il y a fort longtemps, au IIe siècle : « La souffrance n'est pas due à la chose elle-même, mais à l'appréciation que nous en avons, et cela, nous avons le pouvoir de le modifier à tout moment. »

Ce circuit cérébral joue un rôle essentiel : quand il est immature ou qu'il dysfonctionne pour de multiples causes (troubles du développement cérébral, lésions traumatiques cérébrales, pathologies neurologiques et psychiatriques, défaut de maturation en relation avec des séquelles de maltraitance infantile), il nous est impossible de prendre du recul et de reconsidérer ce que nous vivons. Nous subissons alors de plein fouet les émotions négatives suscitées par des situations conflictuelles. Cette capacité de réappréciation a de très fortes implications dans nos relations sociales.

John Bowlby (1907-1990), psychiatre et psychanalyste anglais, avait compris l'importance de ces compétences socio-émotionnelles en montrant que le développement

optimal de l'enfant repose sur la capacité de l'adulte à décrypter ses signaux émotionnels et à y répondre de façon adaptée
avec sollicitude et rapidité : c'est ce qu'il a appelé « l'attachement sécurisé ».

5. L'attachement : comprendre la qualité du lien à l'enfant

Ceux qui s'intéressent au développement de l'enfant connaissent la théorie de Bowlby sur l'attachement. Pour John Bowlby, le développement de l'enfant est optimal lorsque s'instaure un attachement sécurisé avec un adulte.

Le rôle de l'attachement dans le développement de l'enfant

La théorie de l'attachement, petit rappel

Le petit naît avec le besoin vital, fondamental d'attachement, en d'autres termes la création d'un lien avec la personne qui prend soin de lui et *qui pourra le réconforter, le protéger et lui donner une proximité affective en cas de détresse.*

Pour John Bowlby, l'enfant a besoin, pour se développer harmonieusement, d'avoir des liens affectueux avec au moins une personne qui prend soin de lui et le protège de façon cohérente et durable. Cette personne constitue la base de sécurité affective vers laquelle l'enfant se tourne en cas de détresse. Il recherche sa proximité physique et affective qui lui apporte l'apaisement et le réconfort, puis, progressivement, la force et le désir d'explorer le monde qui l'entoure. Ce besoin de protection est une caractéristique innée, et le rôle de l'adulte est d'y répondre.

Ce lien se construit dans les premiers mois de vie avec la personne qui prend soin de lui. Le besoin d'attachement dure toute la vie. S'il y a toujours une figure d'attachement principale, un port d'attache, plusieurs autres personnes peuvent prendre le relais lorsque celle-ci est absente.

L'attachement est un processus réciproque, nécessitant des interactions entre l'enfant et la figure d'attachement.

La situation étrange

En 1963, Mary Ainsworth, collaboratrice de Bowlby, a mis au point une expérience qu'elle a nommée «la situation étrange». Il s'agit d'activer, auprès d'un enfant âgé de 12 mois, des comportements d'attachement, en induisant un léger stress par le départ et le retour à plusieurs reprises de son parent.

Quatre typologies d'attitude ont ainsi pu être définies :
- **Un attachement anxieux-évitant** (A) : l'enfant ne semble affecté ni par le départ du parent ni par son retour. Les demandes de l'enfant sont accueillies par de l'agressivité, du rejet ou de l'indifférence. L'enfant apprend qu'en montrant de la détresse, il n'en retire que des conséquences négatives. Il conclut qu'il ne mérite ni amour ni affection.
- **Un attachement sécurisé** (B) : protestation au départ du parent et soulagement à son retour avec recherche de proximité. Le parent répond de façon constante et appropriée aux signaux de l'enfant, surtout ceux de détresse.

Il est disponible, cohérent, aimant. L'enfant apprend qu'en exprimant ses besoins, on va s'occuper de lui. Il réalise qu'il mérite de l'affection.

- **Un attachement anxieux-ambivalent** ou **résistant** (C) : anxiété à la séparation et comportement à la fois de rapprochement et de rejet au retour. Les réactions parentales sont imprévisibles. Un même comportement de l'enfant peut être accueilli avec de l'enthousiasme une fois, et de la colère une autre fois. Étant dans l'impossibilité de décoder le comportement du parent, l'enfant n'arrive pas à déterminer ce qu'il doit faire pour lui faire plaisir. Il conclut qu'il ne mérite ni amour ni affection.

- **Un attachement insécurisant désorganisé** (D) : l'enfant est totalement désorienté, se fige lors du retour du parent dans une posture évoquant l'appréhension, la confusion, voire la dépression. Le parent est désorganisé et peut maltraiter l'enfant. L'enfant ne sait pas quoi faire, puisqu'il ne se sent pas en sécurité, ni lorsqu'il est loin du parent ni lorsqu'il s'en approche. Il en résulte que l'enfant a alors une image de lui non estimable. Cet attachement désorganisé survient le plus souvent dans un environnement familial très défavorable.

Généralement, on trouve, à l'âge de 12 mois :
- 55 % d'enfants sécurisés (B) ;
- 22 % d'enfants anxieux-évitants (A) ;
- 8 % d'enfants anxieux-résistants (C) ;
- 15 % d'enfants anxieux-désorganisés (D).

Le type d'attachement initial joue un rôle protecteur ou aggravant tout au long de la vie, notamment quand le sujet est confronté à des circonstances difficiles.

La qualité de l'attachement va dépendre de la rapidité et de la façon dont l'adulte répond aux signaux émotionnels de l'enfant. Nous avons vu que l'empathie permet de percevoir et d'interpréter de façon adéquate les signaux émotionnels, les demandes implicites de l'enfant et d'y répondre de façon appropriée et synchrone. C'est cette attitude empathique qui favorise un attachement sécurisant. Nous voyons à nouveau ici le rôle central de l'empathie dans l'éducation.

Empathie, attachement et émotions sont indissociables

L'attachement sécurisé peut se résumer à l'empathie éprouvée par l'adulte vis-à-vis de l'enfant. Or nous savons que comprendre les émotions est indispensable pour être empathique. On constate alors que ces trois notions que sont l'émotion, l'attachement et l'empathie sont vraiment indissociables et sont au cœur de la qualité de la relation.

En 2016, la chercheuse et psychologue roumaine Catrinel Ştefan étudie 212 enfants âgés de 3 à 5 ans. Elle souhaite savoir quels sont les liens entre l'attachement, la régulation des émotions et l'empathie. Elle conclut que lorsqu'on a vécu un attachement sécurisé on sait mieux réguler ses émotions et que l'on est ainsi davantage capable d'empathie.

La qualité de l'attachement durant l'enfance influence les relations ultérieures

L'attachement à ses parents dit sécure est un des facteurs qui contribuent au bon développement de l'enfant. Ce lien permet à l'enfant d'acquérir progressivement la certitude qu'il ne sera pas abandonné à sa détresse, il n'est pas anxieux, il sait que l'adulte va lui répondre, il peut alors patienter un peu plus. Un enfant sécurisé se montrera sociable, empathique, il manifestera une bonne estime de soi et deviendra autonome et non pas dépendant. Toutes ces caractéristiques persistent généralement à l'âge adulte[1].

L'adulte qui rejette ou ne comprend pas les demandes de l'enfant, qui manifeste de l'aversion pour le contact physique, qui n'exprime que peu d'émotions ou propose des réponses déphasées peut provoquer un attachement insécurisé ou insécure. Un enfant vivant un attachement insécurisé sera plus dans le retrait social, les plaintes somatiques, les comportements oppositionnels et agressifs.

Si les parents sont défaillants ou dans l'impossibilité de s'occuper de leur enfant, d'autres adultes peuvent prendre soin de l'enfant d'une façon affectueuse et permettre ainsi à l'enfant de se développer normalement, pour peu que le traumatisme initial n'ait pas été trop important ni trop durable.

Cette théorie de l'attachement suggère que les interactions répétées avec les figures d'attachement et leurs réponses aux recherches de proximité induiront la formation de différents schémas de représentation de soi et des autres : elles influenceront les relations pour la vie entière, constituant un style personnel d'attachement qui peut rester stable chez l'adulte.

Il n'y a pas de déterminisme

Nous ne sommes pas condamnés à reproduire les mauvaises relations que nous avons subies dans notre enfance. Les événements négatifs dans l'enfance ne prédisent pas automatiquement un attachement insécurisé dans les relations adultes.

Ces différents styles d'attachement dont nous avons parlé peuvent évoluer. Cette classification relativement stable au cours de la petite enfance a tendance à évoluer ensuite en fonction des stress sociaux (maladie, divorce, deuil, traumatismes divers) en allant de la sécurité vers l'insécurité ou, au contraire, en allant de l'insécurité vers la sécurité grâce à l'amélioration des relations parent-enfant ou enseignant-enfant.

Les recherches montrent que nous passons d'un attachement insécurisé à un attachement sécurisé en présence de personnes sécurisantes[2]. D'où l'importance des politiques sociales familiales, éducatives qui permettent aux adultes en contact avec les enfants de toujours approfondir et améliorer leur qualité de relation avec les enfants.

Pouvoir faire un récit juste de son enfance, sans l'idéaliser, mettre des mots sur les sentiments, les sensations vécues, exprimer les expériences négatives sans en être accablé permet également d'accomplir sa résilience. Cette autonomie gagnée à travers la guérison des blessures d'enfance semble interrompre la transmission des modes d'attachement insécure d'une génération à l'autre.

**Une relation insécurisée avec le père
a plus d'influence négative
qu'une relation insécurisée avec la mère**

En 2017, Jean-François Bureau, de l'université d'Ottawa, met en évidence qu'une relation insécurisée avec le père a une influence négative plus forte que lorsque c'est la mère qui suscite une relation insécurisante. Il observe les nombreux problèmes de comportement qu'elle entraîne chez l'enfant. Cela souligne le rôle du père, son impact et son importance cruciale dans la petite enfance.

L'attachement dans la relation enseignant-élève

Quelle surprise, pour moi qui n'appartient pas au monde enseignant, de constater que dans de nombreux pays, des chercheurs se sont penchés sur la relation d'attachement entre l'enseignant et l'élève. Dès 1992, Robert Pianta, doyen de la Curry School of Education de l'université de Virginie, élargit la notion d'attachement des enfants aux parents à d'autres adultes, dont les enseignants. Il est l'un des premiers à souligner le rôle essentiel de la qualité des interactions entre l'enseignant et ses élèves.

Le mode de relation enseignant-élève exerce une influence importante sur l'enfant et sur son devenir d'élève. Quand cette relation est de qualité, elle a de très nombreux effets positifs et peut même permettre à l'enfant qui a vécu des événements difficiles ou qui est issu d'une population à risque de devenir résilient. Mais cette interaction est complexe et dépend du mode d'attachement personnel de l'enseignant et de celui de l'enfant.

Le mode d'attachement initial de l'enfant influence les relations de l'enfant à l'enseignant

Les enfants à l'attachement insécurisé ont tendance à être fermés à tout enseignement. Quand l'enfant a développé un attachement insécurisé, il perçoit le monde comme hostile puisque personne ne répond correctement à ses émotions ou à ses besoins quand il est en détresse. Il vit la classe comme un combat et n'a aucunement le désir de la découvrir ni de l'explorer. Il est dans l'incapacité de nouer des relations sécurisantes avec ses professeurs et ses camarades de classe et n'a plus envie d'apprendre.

Il souffre, se dévalorise et développe de nombreux troubles du comportement comme de l'agressivité ou des manifestations anxieuses ou dépressives qui, à l'évidence, ne sont pas propices à l'apprentissage.

La concordance entre la nature des relations d'attachement parent-enfant et celles que nouent les enfants avec les enseignants est fréquente. En 2012, Karine Verschueren de l'université de Louvain, en Belgique, nous rappelle que les enfants ayant développé un attachement sécurisé avec leur mère entretiennent des relations plus proches et plus confiantes avec leurs premiers enseignants et leurs compagnons de classe, ce qui en retour favorise leur apprentissage. Elle souligne que ces bonnes relations dès la maternelle ont des effets positifs à long terme sur la scolarité.

En 2012 encore, Erin O'Connor de l'université de New York montre que l'attachement sécurisé ou insécurisé à la mère à l'âge de 3 ans affecte le comportement des enfants durant tout le premier degré. Quand l'enfant avance en âge, l'attachement sécurisé à la mère peut être un facteur moins important pour le comportement et la réussite scolaire que les relations que l'enfant noue avec ses pairs et avec l'enseignant.

Le mode d'attachement de l'enseignant

Notre style d'attachement est ancré dans notre propre enfance. Il dépend de ce que nous avons reçu de nos propres parents, de leur maturité émotionnelle, de leur capacité d'empathie, etc. Les souvenirs des modalités de l'attachement à nos parents sont en partie stockés dans notre mémoire inconsciente. Ainsi, nous agissons dans nos relations avec les enfants sans en avoir conscience.

Ces données particulièrement intéressantes suggèrent que l'enfance et le mode d'attachement que les enseignants ont vécus se reflètent dans leur façon d'être avec les élèves. Leur histoire personnelle génère des ressentis et des comportements qui façonnent leurs relations au sein de leur classe.

Le mode d'attachement que présente l'enseignant lui-même dans sa vie d'adulte joue un rôle dans sa capacité ou non à développer des relations proches avec ses élèves. L'enseignant qui présente un attachement sécurisé entretient des relations plus proches avec ses élèves qu'un enseignant qui a un attachement insécurisé[3].

Une source d'inspiration pour améliorer les relations enseignant-élève

L'enseignant peut représenter cette figure d'attachement indispensable pour se construire

Cette nécessité de pouvoir compter sur une personne qui comprend nos émotions et nos besoins et qui, en cas de détresse, sait y répondre, est évidemment fondamentale, surtout pour l'enfant et l'adolescent, êtres fragiles et en construction[4].

Quand l'enfant ou l'adolescent sont humiliés verbalement ou physiquement dans leur propre famille, quand ils n'y trouvent pas le réconfort suffisant pour y puiser les forces leur permettant de faire face aux défis quotidiens, quand leurs parents ne leur montrent pas le chemin, ne leur transmettent pas les valeurs et le cadre qui leur permettraient de se structurer, alors l'enseignant peut représenter cette figure d'attachement indispensable à la construction.

L'attachement sécurisé procure à l'enfant les meilleures conditions d'apprentissage

L'enfant ou l'adolescent rencontrant des difficultés et se sentant anxieux, triste ou en colère pourra – au lieu de se dévaloriser en se disant «Je suis nul d'être angoissé, accablé, énervé» – reprendre confiance en lui s'il trouve auprès de l'enseignant quelqu'un capable de l'écouter et de le comprendre sans jugement ni humiliation, condition indispensable pour apprendre.

Il améliore le développement affectif et intellectuel de l'enfant. En 2013, Elena Commodari, de l'université de Catane en Italie mène une étude sur 152 élèves âgés de 4 à 5 ans. Elle souhaite savoir s'il existe un lien entre trois paramètres :
- l'attachement de l'enfant à son enseignant ;
- la capacité de l'enfant à entrer dans les apprentissages ;
- les difficultés d'apprentissage.

Être prêt à participer à l'école dépend non seulement de compétences académiques telles que le niveau de vocabulaire et de langage, mais aussi des compétences sociales et émotionnelles qui permettent de suivre les indications données par l'enseignant, de travailler en groupe, de s'engager dans des activités et de contrôler ses impulsions[5].

Les résultats de son étude montrent que les enfants qui présentent un attachement sécurisé à leur enseignant améliorent leur socialisation, ont envie de découvrir, d'apprendre et réussissent mieux.

Les enfants « sécures » tendent à avoir de grandes facultés d'attention, ils améliorent leurs capacités psychomotrices, ils présentent un haut niveau de compétences phonologiques et de langage, ils développent de meilleures compétences en prélecture et en lecture que les enfants « insécures ».

Les enfants « insécures » montrent quant à eux une moindre socialisation, de faibles capacités verbales et mathématiques et des difficultés dans tous les autres domaines scolaires.

Ces faits soulignent que l'attachement sécurisé à l'enseignant augmente l'acquisition des compétences de base pour entrer dans l'apprentissage, confirmant ainsi l'importance de développer les compétences socio-émotionnelles de l'enseignant et de l'élève pour contribuer à l'amélioration de la socialisation, mais aussi des compétences linguistiques et cognitives.

Il peut contrecarrer les effets d'un attachement insécurisé avec la mère. En 2011, Evelien Buyse, chercheuse à l'université de Louvain, étudie 127 enfants en classe de maternelle qui présentent un attachement insécurisé à leur mère et des problèmes d'agressivité. Elle montre que l'enseignant peut contrecarrer les difficultés engendrées par cette insécurité. Lorsque l'enseignant est chaleureux et empathique, l'enfant noue des relations intimes avec lui et devient moins agressif.

L'attachement sécurisé avec l'enseignant favorise donc le développement de l'enfant. Mais comment, concrètement, développer cette empathie indispensable pour créer un attachement sécurisé ?

6. La relation avec l'élève se travaille et s'apprend

Les adultes sont de très puissants modèles pour les enfants, ils ne peuvent leur demander d'être empathiques ou de réguler leurs émotions si eux-mêmes n'en sont pas capables. Il est donc illogique de chercher à développer les compétences émotionnelles et l'empathie chez les élèves si les enseignants (ou les parents) ne sont pas eux-mêmes d'abord formés. C'est ce que préconisent de nombreux spécialistes de ces questions.

L'empathie peut-elle s'apprendre?

Actuellement, il existe de nombreuses formations à l'empathie, ouvertes à tous et qui combinent diverses méthodes : les participants expérimentent l'empathie par de multiples ateliers, jeux de rôle, lectures ou films suivis de réflexions autour de l'empathie, puis d'une mise en pratique.

Emily Teding van Berkhout de l'université de New England, en Australie, effectue en 2016 une méta-analyse d'essais randomisés contrôlés de 18 études portant sur 1 018 participants venant de tous horizons pour savoir si ces formations à l'empathie sont efficaces. Elle en conclut que oui, l'empathie peut s'apprendre, et que ces formations permettent effectivement aux personnes de devenir plus empathiques. La chercheuse remarque que les formations qui comprennent plusieurs approches, théoriques et pratiques, sont les plus efficaces.

On peut devenir empathique, même si l'on a un a priori négatif envers quelqu'un

Comment réagissons-nous face à la douleur d'autrui ? Généralement, plus une personne nous est proche, plus notre empathie est intense. Quand il s'agit d'un parent, notre empathie est plus grande que pour un ami. En présence d'un inconnu qui nous ressemble, nous éprouvons un peu moins d'empathie, et face à une personne très éloignée de ce que nous sommes, nos capacités empathiques diminuent encore. De fait, si un individu n'appartient pas à « notre groupe » – social, familial ou culturel – et qu'il diffère de nous par son âge, son comportement, ses idées, sa religion ou sa provenance, nous n'éprouvons le plus souvent que peu ou pas du tout d'empathie. Ce déficit d'empathie envers ces personnes « étrangères » peut avoir des conséquences sociales très négatives et provoquer des conflits.

En 2016, Grit Hein, alors chercheuse à Zurich, réalise une étude avec ses collègues anglais et néerlandais pour savoir si l'empathie envers des personnes « étrangères » peut se développer et, dans l'affirmative, si elle modifie l'activité de l'insula, l'une des structures cérébrales impliquées dans l'empathie. Pour cela, ils analysent l'insula de personnes témoins de la souffrance physique d'une personne étrangère.

Cette étude porte sur 40 personnes originaires de Suisse et des Balkans. Avant l'intervention, les participants ont une opinion beaucoup plus positive des membres de leur groupe que des membres du groupe étranger.

Durant l'expérimentation, l'un des participants reçoit des chocs douloureux sur le dos de la main. Monsieur X, originaire de Suisse, assiste à la scène. Quand un Suisse voit un autre Suisse souffrir, son insula s'active fortement : il éprouve de l'empathie, ce qui n'est pas le cas quand il voit les personnes étrangères subir l'épreuve, et réciproquement.

Puis une personne vient en aide à celle qui reçoit des chocs. Quand la personne des Balkans aide le cobaye suisse, son compatriote qui assiste à la scène est très surpris : il n'imaginait pas qu'une personne étrangère puisse venir soutenir un Suisse. Dans cette étude, deux ou trois expériences d'entraide comme celle-ci suffisent pour susciter chez le Suisse des émotions positives à l'égard de la personne étrangère, son insula s'active et il éprouve alors de l'empathie pour la personne étrangère qui souffre.

Cette étude nous montre qu'en voyant des personnes envers lesquelles nous avons un a priori négatif se comporter positivement deux ou trois fois, nous pouvons changer d'opinion sur elles : notre insula s'active et nous éprouvons alors de l'empathie pour elles.

On peut développer ses compétences socio-émotionnelles

Depuis plus de vingt ans et dans le monde entier, de nombreux programmes ont été mis en place pour promouvoir l'apprentissage des compétences socio-émotionnelles[1], les améliorer et les développer. Comme on l'a vu, développer des compétences socio-émotionnelles produit des effets positifs sur le développement social et cognitif de l'enfant et de l'adulte, sur le bien-être psychologique, ainsi que sur les résultats scolaires et le travail[2].

Je rêve que les enseignants bénéficient, dans leur formation initiale puis tout au long de leur parcours, de modules d'apprentissage de la relation avec les élèves. Ils auraient ainsi le soutien dont ils ont besoin dans leur profession, les connaissances et les capacités pour améliorer la qualité de leurs relations avec leurs élèves.

En revanche, la prudence est de mise : comme la demande de formation est forte, l'apprentissage de ces compétences se développe partout dans le monde et de multiples formations plus ou moins fiables voient le jour. C'est pourquoi il vaut mieux se renseigner sur le parcours des formateurs et sur la durée de la formation.

Parmi les nombreux travaux récents, Jan Hughes, professeure en psychologie à l'université du Texas, souligne dans un article de 2012 que les interventions qui permettent aux enseignants de réfléchir à leur comportement, à leurs intentions et à leurs sentiments vis-à-vis des élèves accroissent leur capacité à répondre de façon sensible et empathique, augmentent leur sentiment de sécurité au sein de la classe et diminuent ainsi les conflits. Elle recommande que les enseignants puissent parler de leurs difficultés relationnelles avec certains élèves, qu'ils mettent en commun ensuite leurs pratiques, y réfléchissent et soient aidés dans leur relation par des formateurs soutenants.

Lorea Martinez, enseignante en Espagne et aux États-Unis, est allée plus loin.

L'exemple d'un programme de formation des enseignants à l'intelligence émotionnelle

Lorea Martinez effectue un travail de conseil et de soutien auprès des enseignants. Elle publie en 2016 une étude dans laquelle elle s'interroge sur les conditions nécessaires à l'apprentissage théorique et pratique des compétences socio-émotionnelles chez les enseignants pour qu'ils puissent à leur tour les transmettre à leurs élèves. Elle constate que le succès dépend en grande partie de l'engagement des enseignants, de ce qu'ils pensent de cette approche, mais aussi du soutien de l'institution tout entière, c'est-à-dire de tout le personnel de l'école y compris les administratifs[3].

L'étude qu'elle réalise concerne des enseignants venant de 16 classes (soit 400 enfants) depuis l'école maternelle jusqu'à la classe de 5ᵉ. Elle se déroule en Californie dans une banlieue au contexte socioéconomique difficile – 90 % des enfants sont issus de familles vivant en dessous du seuil de pauvreté.

Pour commencer, les enseignants participent à plusieurs sessions de réflexion sur la question suivante : quelles sont les compétences qui permettent aux élèves de progresser et de pouvoir entrer au collège dans de bonnes conditions ? La réponse est claire, les élèves doivent savoir :
• travailler en groupe ;
• avoir confiance en leurs capacités ;

• savoir faire face aux difficultés et tenter de les résoudre ;
• être autonomes.

Les enseignants réalisent alors que ces compétences sont bien des compétences socio-émotionnelles et qu'elles améliorent vraiment le travail scolaire.

Les obstacles au développement de ces compétences

Les enseignants soulignent qu'il existe plusieurs obstacles au développement de ces compétences : en premier lieu le manque de temps, puis les problèmes de comportement des élèves et l'absence d'échange à propos de ces difficultés. Ils se sentent en outre stressés par les programmes scolaires et les évaluations. Leur priorité reste que leurs élèves puissent maîtriser les standards académiques. La plupart des enseignants sont tiraillés entre le désir de répondre aux attentes académiques et leur souhait de développer ces compétences émotionnelles.

Le climat dans la classe

Avant de se lancer dans l'apprentissage de ces compétences, les enseignants ont voulu évaluer le climat réel qui règne dans leur classe et qui selon eux repose sur quatre piliers, rapportés ici selon leur ordre d'importance :
• la confiance réciproque ;
• le fait que chacun se sente responsable ;
• le respect ;
• l'empathie.

Ces quatre facteurs conditionnent l'apprentissage, les comportements éthiques et donc le sentiment d'être en sécurité dans l'école. Les enseignants estiment que le respect et le sentiment de sécurité sont peu présents dans leur établissement.

Les enseignants exposent ensuite les difficultés spécifiques de leur classe, réfléchissent aux améliorations qu'ils pourraient apporter puis choisissent l'approche qu'ils souhaitent pour développer les compétences émotionnelles.

Les bénéfices de ce programme

Durant la mise en place du programme de Lorea Martinez, les enseignants continuent à réfléchir avec un formateur, en groupe et individuellement. Beaucoup d'entre eux remarquent déjà les effets positifs sur leurs élèves : ils développent une compréhension émotionnelle de leur vie, ils savent mieux résoudre les conflits sans demander d'aide extérieure et sont beaucoup plus autonomes. Les enseignants constatent qu'eux-mêmes se transforment positivement : ils se connaissent mieux, comprennent mieux ce que signifie enseigner, ils comprennent également davantage leurs élèves et communiquent beaucoup plus avec eux.

Après plusieurs mois d'expérimentation, les enseignants constatent l'impact très positif de cette approche sur les résultats scolaires de leurs élèves, sur leur rapport à l'école et sur leurs relations. Ils prennent conscience que cette approche n'est *pas un ajout à leur programme scolaire*, mais fait *partie intégrante de leur pratique*, ce qui modifie profondément *leur façon d'enseigner*.

Pour conclure, Lorea Martinez souligne qu'introduire cette approche dans un établissement scolaire requiert que les enseignants soient soutenus et accompagnés par des formateurs tout au long de leur apprentissage. Ils doivent pouvoir réfléchir à leur pratique et en recevoir des retours réguliers. Elle insiste également sur la nécessité pour les enseignants d'avoir du temps et des espaces où ils peuvent collaborer, se soutenir et échanger autour de leurs pratiques.

7. La Communication NonViolente (CNV)

Parmi toutes les formations qui permettent de développer ces compétences socio-émotionnelles, je préconiserai personnellement des stages de Communication NonViolente, ou CNV. C'est pourquoi j'ai voulu la traiter dans un chapitre à part. Je peux parler de la CNV car j'y suis moi-même formée. J'ai pu apprécier la grande compétence de ses formateurs – on ne devient formateur en CNV qu'au terme de nombreuses années de formation – et expérimenter la puissance et la profondeur de ses enseignements, qui nous permettent de progresser dans la connaissance de nous-même et dans nos relations aux autres. En tant que médecin, je déplore que nous n'ayons aucune formation à la relation avec nos patients comme il en existe actuellement dans de nombreux pays.

Le fondateur : Marshall Rosenberg

Marshall Rosenberg, psychologue américain, est né en octobre 1934 et mort en février 2015. Directeur du Centre pour la Communication NonViolente, organisation internationale à but non lucratif, il a enseigné dans une soixantaine de pays et a œuvré dans des lieux où les conflits s'avéraient inextricables et où le dialogue entre les différents acteurs n'existait plus – dans des prisons, des écoles, etc. Il a également animé des formations visant à améliorer les relations dans les couples, les familles ou encore les milieux scolaire et professionnel. Actuellement, la CNV est un réseau mondial qui diffuse cet art de vivre, vecteur de changement social et de paix.

Marshall Rosenberg fut l'élève de Carl Rogers, père de la psychologie humaniste (voir page 13).

IIIIIIIIIIIIIIIIIIIIIIIIIIIIIIIIIIIIIIIIIIIIIIIIIIIIIIIIIIIIIIIIIIIIIIIIIIIIIIIIIIIIIIIIIIIIIII

Carl Rogers
et la relation enseignant-élève

Carl Rogers a placé la qualité de la relation, le non-jugement, l'attitude chaleureuse et encourageante – en d'autres termes l'empathie – au cœur de son travail de psychologue

Dans son livre *Le Développement de la personne*, publié en 1961, il évoque la *personne* de l'enseignant. Il est frappant de lire que, pour lui, il serait souhaitable que l'enseignant soit « congruent », c'est-à-dire :

« Qu'il pense ce qu'il dit, et que ce qu'il dit exprime ses sentiments les plus profonds [...] Qu'il soit véritablement lui-même, pleinement conscient des attitudes qu'il adopte, acceptant ses sentiments. Il devient alors une personne authentique dans sa relation avec les étudiants. Il est une personne et non pas l'incarnation abstraite d'une exigence scolaire. Il accepte l'étudiant tel qu'il est et comprend les sentiments que celui-ci éprouve. L'enseignant qui peut accueillir avec chaleur, qui peut accorder une considération positive inconditionnelle, qui peut avoir de l'empathie pour les sentiments de crainte, d'attente et de découragement inclus dans la rencontre d'une nouvelle matière aura fait beaucoup pour établir les conditions d'une véritable connaissance. »

||||||||||||||||||||||||||||||||||||||||||||||||||||||||||||||||||||||||||||||||||||||||||||

Marshall Rosenberg s'est inspiré du travail de Rogers et a mis au point un formidable dispositif théorique et pratique autour des émotions et de l'empathie au service d'une relation humaine de qualité.

Les travaux de Marshall Rosenberg n'ont été traduits que récemment en France, près de quarante ans après la création de son approche. Voici comment il présente la CNV dans son livre, *Les mots sont des fenêtres (ou bien ce sont des murs)*, paru en 1999 :

« J'ai mis au point la CNV pour apprendre à porter mon attention – ou pour orienter ma conscience – sur ce qui pourrait me livrer ce que je recherche. Or, ce que je recherche dans la vie, c'est la bienveillance […].

« La CNV repose sur une pratique du langage qui renforce notre aptitude à conserver nos qualités affectives, même dans des conditions éprouvantes. Elle n'innove pas, et tous ses principes sont connus depuis des siècles. Son objectif est de nous rappeler ce qui fait la valeur profonde des inter-actions humaines et de nous aider à les vivre avec conscience. La CNV nous engage à reconsidérer la façon dont nous nous exprimons et dont nous entendons l'autre. Les mots ne sont plus des réactions routinières et automatiques, mais deviennent des réponses réfléchies, émanant d'une prise de conscience de nos perceptions, de nos émotions et de nos désirs. Nous nous exprimons alors sincèrement et claire-ment, en portant sur l'autre un regard empreint de respect et d'empathie. Dans tout échange, nous sommes à l'écoute de nos besoins les plus profonds et de ceux de l'autre. […] Nous apprenons aussi à définir et à formuler clairement ce que nous souhaitons dans une situation donnée. Pour élémentaire qu'elle paraisse, cette démarche est un puissant moyen de transformation.»

Plaidoyer pour la Communication NonViolente à l'école

Je rêve de faire entrer la CNV à l'école. Je rêve que les enseignants, les enfants et tous les adultes qui participent à l'école se forment en CNV.

Pourquoi ? Parce que cette façon de communiquer ne va pas de soi : la plupart d'entre nous ne savent pas parler de ce qu'ils éprouvent ni réguler les conflits. Il peut paraître surprenant de prendre conscience que communiquer avec empathie est une capacité qui, lorsqu'elle n'a pas été soutenue et développée lors de la première année de vie, peut s'acquérir (et ce à tout âge), et que nous pouvons toujours progresser dans la qualité de nos relations avec les autres. « Mais moi, je suis empathique, je comprends les gens, je n'ai pas besoin de formation ! » disent certains qui ne se rendent pas du tout compte que dans leurs échanges, ils veulent toujours avoir raison et que leurs jugements, leurs reproches ou leurs critiques enveniment bon nombre de leurs relations. Nous apprenons tout, sauf à savoir communiquer avec l'autre sans rejeter sur lui notre détresse, notre colère, notre inquiétude, notre impuissance.

Le terme *violence* dans l'appellation CNV peut heurter : « Mais moi je ne suis pas violent dans mes relations », aura-t-on tendance à rétorquer. Je préfère personnellement l'expression « communication bienveillante, empathique ou consciente ». Le plus souvent, les critiques, les petites provocations ou l'ironie sont des automatismes de pensée, elles s'expriment inconsciemment. Même si notre intention n'est pas de blesser, il se peut que l'autre le vive comme une humiliation et alors il ne veut plus échanger. Le travail de la CNV nous rend conscient de nos paroles.

La CNV est un fantastique outil de transformation personnelle et d'amélioration de la relation aux autres. Elle apporte une connaissance et une conscience de soi. Elle permet de retrouver ce qui donne sens à nos vies.

Quand les adultes prennent le temps de s'interroger, ils constatent qu'ils se sentent heureux et enthousiastes quand leurs relations sont harmonieuses et qu'à l'inverse ils souffrent terriblement quand elles sont violentes et chaotiques. Beaucoup d'adultes s'épuisent dans des conflits familiaux, au travail, à l'école, qui laissent tout le monde K.-O. La plupart du temps, les relations sont envenimées par les jugements, les critiques et les reproches que nous adressons à l'autre et qui ferment tout échange. Les accusations du type « C'est de ta faute si je me trouve dans cet état » nous empêchent de comprendre que les sentiments « désagréables » que nous éprouvons – la perception d'un certain mal-être – sont le reflet de nos besoins profonds insatisfaits.

Nathalie, enseignante, me dit : « Mes élèves m'épuisent, ils sont infernaux et je le leur dis. Ils se font remarquer sans arrêt, ils m'interrompent, font des commentaires sur tout ce que je dis. Ils m'empêchent de faire mon travail qui est d'enseigner. Il faut que les élèves m'écoutent sans parler, sans m'interrompre. »

En pratiquant la CNV, Nathalie prendrait d'abord le temps de sentir et de comprendre ce qu'elle éprouve, y compris cette sensation de fatigue. Progressivement, elle serait plus consciente d'elle-même, de ses élèves et de ce qu'elle souhaite profondément. Elle y verrait plus clair sur la façon d'orienter sa vie d'enseignante et pourrait alors trouver une façon d'être qui améliorerait la situation. Elle parlerait avec des mots qui ne blessent pas ses élèves et apprendrait à ne pas les juger ni les critiquer.

Quand cette enseignante parle de cette façon, que ressent-elle ? Elle dirait peut-être qu'elle se sent dépassée de voir que les élèves ne sont pas tous « sages », qu'ils demandent beaucoup d'attention, ce à quoi elle ne s'attendait pas du tout. Elle exprimerait sa colère contre elle-même et ses élèves, puis sa déception de ne pas parvenir à avoir des relations apaisées avec eux. Ensuite, elle réaliserait qu'elle s'est perdue, oubliée et qu'elle ne vit plus sa profession comme elle le souhaiterait. Ayant pris conscience de tous ses ressentis, elle pourrait petit à petit trouver elle-même une façon d'enseigner qui la satisfasse profondément et qui tienne compte de ses besoins à elle autant que de ceux de ses élèves. Elle deviendrait empathique et bienveillante avec ses élèves, elle serait à leur écoute. Elle me dirait alors qu'à sa grande surprise, elle ne se sent plus épuisée comme avant et que ses élèves ne sont plus insupportables.

||||||||||||||||||||||||||||||||||||||||||||||||||||||||||||||||||||||||||||||||||||||||||||||||||||

Les recherches en neurosciences affectives et sociales confirment les intuitions de Marshall Rosenberg

Les recherches en NAS confirment toutes les intuitions de Marshall Rosenberg : la CNV nous dit que l'être humain a besoin d'une qualité de relation faite d'empathie, d'être connecté à ses émotions et à celles de l'autre, de savoir exprimer ses émotions et de comprendre quels sont les besoins satisfaits ou non en lien avec telle ou telle émotion. Conclusions qui correspondent en tout points avec celles des neurosciences affectives et sociales qui montrent qu'une relation de qualité avec l'enfant, c'est-à-dire empathique et bienveillante, se révèle être la condition fondamentale pour permettre au cerveau affectif et intellectuel d'évoluer de manière optimale.

Pouvoir exprimer ses sentiments, ses émotions, dire qui l'on est, ce que l'on souhaite profondément, être entendu, compris, c'est ce à quoi aspirent tous les êtres humains. La CNV nous donne le moyen de réaliser ce rêve et de le partager avec les enfants.

||||||||||||||||||||||||||||||||||||||||||||||||||||||||||||||||||||||||||||||||||||||||||||||||||||

Diminuer la violence, pacifier les relations et favoriser la coopération

On l'a vu, parler des émotions et comprendre leurs causes est indispensable pour le vivre-ensemble, la compréhension d'autrui et la coopération[1].

Dans les écoles où la CNV est mise en place, l'ambiance change. Les enseignants comprennent mieux leurs propres sentiments et ceux des enfants. Ils sont apaisés. Ils ne critiquent plus les enfants, ne les jugent plus et parviennent à réguler les conflits. Ils aident les élèves à exprimer leurs émotions, leurs souhaits. Ils les écoutent avec empathie. Ils savent dire non devant un comportement inadéquat tout en comprenant ce qui anime les enfants et en leur faisant confiance dans leur capacité à évoluer.

Cette empathie dont les enseignants font preuve transforme le climat dans l'école. Ils ne mettent plus leurs élèves en compétition, ne les comparent plus et créent ainsi un climat au sein duquel les enfants sont heureux d'apprendre : ils sont en confiance, savent qu'ils ne seront pas punis pour leurs erreurs, leurs hésitations ou leurs questions mais que, bien au contraire, ils seront aidés quand ils se trouveront en difficulté.

Quand les enfants reçoivent une formation en CNV, ils s'épanouissent, expriment leurs émotions, leurs souhaits, se comprennent mieux et comprennent les autres. Ils savent dire non à la violence. Ils n'éprouvent plus le besoin de se montrer « le plus fort », de dominer, de dévaloriser l'autre. Au contraire, ils deviennent attentifs à celui qui subit des humiliations et le protègent. Ils prennent plaisir à coopérer.

Cet apaisement est bien sûr favorable à l'apprentissage. Les enfants heureux et non stressés sont motivés, curieux. Ils ont envie d'apprendre, de comprendre, d'entreprendre et deviennent créatifs.

L'art du dialogue

La CNV est l'apprentissage d'une approche et d'une conscience de notre façon de communiquer. Elle vise à intégrer la compréhension et le respect mutuels dans les échanges. C'est l'art du dialogue. Le but est de communiquer de façon empathique avec l'autre, c'est-à-dire de comprendre ses émotions, ses sentiments, ses besoins. On ne peut être empathique avec l'autre que si on l'est avec soi-même.

L'intention de la CNV est donc de créer une qualité de relation à soi-même et aux autres qui permette de satisfaire les besoins fondamentaux de chacun, de manière harmonieuse et pacifique. Elle nous apprend à « décoder » ce que veut vraiment dire l'autre derrière des propos ou des comportements qui nous dérangent au premier abord. Sa force est d'apporter de la clarté dans ce que nous vivons, voulons et disons, et de nous permettre d'écouter l'autre avec une plus grande conscience, avec une qualité de présence et de cœur.

La première étape consiste à être vraiment connecté à soi-même, à comprendre ce qui se passe en soi : ses sentiments, ses émotions et ses besoins.

La démarche de la CNV : observation, sentiments, besoins, demandes (OSBD)

La démarche de la CNV dans le but d'instaurer une qualité de relation repose sur quatre temps que Marshall Rosenberg a identifiés comme suit :

- J'observe un comportement concret qui affecte mon bien-être.
- Je réagis à ce comportement par un sentiment.
- Je cerne les désirs, besoins ou valeurs qui ont éveillé ce sentiment.
- Je demande à l'autre des actions concrètes qui contribueront à mon bien-être.

Exprimer ses émotions dans le cadre de la CNV

Cet échange est un éveil à la conscience et à la connaissance de soi-même et de l'autre. Il ne s'agit pas de se montrer à tout prix « gentil », mais de savoir exprimer les émotions et les sentiments qui nous traversent (la colère, l'inquiétude, la déception, la tristesse, la jalousie, etc.) et d'essayer de les comprendre. Mais, à l'opposé du langage courant, cet échange se déroule sans agression ni accusation. La personne s'exprime sur ses ressentis puis formule ce qu'elle souhaite. Elle s'affirme réellement, mais sans agressivité.

Faire l'effort d'exprimer nos propres émotions et sentiments en réalisant qu'ils font partie intégrante de notre univers intérieur et comprendre que l'autre n'est pas la cause première de ce que nous ressentons, que les vraies raisons de nos sentiments sont en nous et pas dans l'autre, aident à la compréhension mutuelle, ouvrent à l'empathie et modifient radicalement notre rapport à nous-même et à autrui. Cela nous dispense d'accuser l'autre et nous incite à mieux nous connaître. L'empathie éveille notre conscience et notre sens des responsabilités. Nous endossons la responsabilité de nos ressentis, de nos intentions et de nos actes.

Le non-jugement instaure un climat d'ouverture

Les jugements portés sur les autres sont souvent des expressions détournées de nos propres souhaits insatisfaits. Les étiquettes collées sur l'autre coupent la communication : l'autre se sent critiqué, ce qui entraîne des réactions de défense et de fermeture. Le non-jugement instaure au contraire un climat d'ouverture. C'est là la grande intelligence de ce rapport à l'autre. Dans la relation empathique, les deux personnes prennent le temps à la fois de s'exprimer et ensuite d'être dans une écoute mutuelle attentive et bienveillante, sans critique ni jugement. Celui qui écoute s'enrichit du vécu de l'autre en tentant de le comprendre. Celui qui parle a le sentiment apaisant d'être entendu et compris. La relation est alors plus profonde, plus sereine et plus nourrissante.

> « Vous laissez toujours tout traîner, j'en ai assez de ce désordre et de passer mon temps à ranger ! Rangez immédiatement ! » Cette enseignante de grande section de maternelle exprime ici un besoin : elle aimerait plus d'ordre dans la classe et souhaiterait partager la responsabilité du rangement.

Au lieu de se plaindre, d'accuser les enfants et de leur donner des ordres, ce qui ne les incitera pas à l'aider, elle aurait pu leur dire : « Je suis fatiguée de tout ce désordre et j'aimerais vraiment ne pas me sentir seule à ranger la classe, seriez-vous d'accord pour m'aider ? »

C'est une demande d'aide et non pas une exigence. La majorité des élèves comprendrait alors la maîtresse et l'aiderait probablement avec plaisir.

Dans cet exemple, la première façon de parler, habituelle, se situe dans la victimisation, la plainte ou l'accusation de l'autre. Conséquence : celui-ci se ferme ou explose de colère : « Tu te plains tout le temps, j'en ai plus qu'assez ! Tu m'accuses sans arrêt ! » La relation s'envenime et la situation est bloquée. La deuxième manière d'échanger est toute différente. Elle peut être d'abord dans l'auto-empathie. La personne parle alors d'elle-même. Elle exprime ses propres sentiments puis émet un souhait en relation avec ce qu'elle éprouve. L'autre, ne se sentant pas accusé, reste disponible pour l'écouter. Ou alors, la personne ne parle pas de ce qu'elle-même ressent, mais est directement dans la compréhension de ce qu'éprouve et souhaite l'autre, sans l'accuser.

Ce changement dans notre façon de communiquer améliore grandement la qualité de la relation, apportant clarté et apaisement dans nos échanges. Nous modifions alors la signification de ce que nous percevons et nous changeons radicalement son impact émotionnel sur nous et sur l'autre.

Être conscient de ses émotions
permet de comprendre ses besoins essentiels

Reprenons l'exemple, vu plus haut (page 108), de l'enseignante en colère qui trouve ses élèves bruyants et inattentifs qui lui font dire : « Ils sont insupportables ! » Elle peut rester avec cette grande colère contre ses élèves et se dire : « C'est à cause d'eux que je suis en colère... Ils sont entièrement responsables de mon mal-être. Je n'y peux rien. »

Elle peut aussi prendre le temps de se relier à tous les sentiments que cette situation provoque chez elle. Petit à petit, elle réalise que derrière cette colère, se cachent beaucoup d'autres émotions : « En fait, je me sens fatiguée, et même, certains jours, je sors de la classe totalement épuisée, découragée, et parfois déprimée. Je me rends compte que je me sens dépassée, impuissante, et même incompétente. Je ne sais plus comment faire. Je me dis que je ne suis pas capable de tenir ma classe, cela me donne envie de tout laisser tomber et de changer de métier. » Que souhaiteriez-vous profondément ?

Progressivement, elle voit la situation autrement : « J'ai besoin de reprendre confiance en moi, de retrouver le sens de mon métier, de me sentir de nouveau compétente. Ma matière, le français, c'est ma passion. Je la connais bien, je m'y sens à l'aise et j'aimerais vraiment pouvoir la transmettre. Je sens que c'est vraiment cela qui m'anime : transmettre aux élèves tout ce que j'ai compris d'essentiel dans la littérature car pour moi ce qu'il y a dans certains livres est fondamental pour vivre. En fait, ce qui me manque, c'est de savoir comment parler à mes élèves. Quand je vous dis cela, je ne me sens plus en colère contre eux. Je me rends bien compte que je ne sais pas comment faire pour entrer en relation avec eux. Vous pensez vraiment qu'il y a des outils, que cela s'apprend ? »

Une fois la personne au clair avec ce qu'elle souhaite, elle peut demander des actes concrets pour répondre à ses besoins. Cette enseignante pourra demander où et comment se former pour apprendre à avoir une relation de qualité avec ses élèves.

Comprendre vraiment l'autre

Les illusions, les fausses croyances sont quotidiennes dans nos relations. On s'imagine rencontrer l'autre puis le connaître plus ou moins rapidement. En fait, la rencontre reste souvent à la surface, sans désir réel de vraiment connaître ou de comprendre la personne. Est-ce volontaire ou par pudeur, par manque d'intérêt ou par peur ? Dans la relation à l'autre, l'écoute est fréquemment inattentive, distraite. Nous l'interrompons, nous rebondissons à ses paroles en parlant de nous-même. L'autre se sent alors incompris.

> *Le père de Soizic, 11 ans, me raconte :*
>
> *« Depuis la rentrée, Soizic ne veut plus aller à ses cours de sport. Pourtant, jusqu'à présent, elle adorait ces cours. Elle ne sait vraiment pas ce qu'elle veut. Elle est vraiment instable et capricieuse.*
>
> *— Lui avez-vous demandé ce qu'elle éprouve ? Que se passe-t-il pendant les cours ?*

— Elle dit juste que les cours lui donnent mal au ventre. »

Le père trouve alors un moment de disponibilité et prend le temps d'écouter sa fille. Soizic peut lui dire sa peur face au nouveau professeur d'EPS qui crie, menace et se plaint. Elle est très en colère contre lui car elle aime les activités physiques mais ce prof la terrorise. Dès qu'elle le voit, elle se sent nouée, elle a mal au ventre et ne se sent plus la force de participer à ses cours.

Savoir s'exprimer clairement

Une autre illusion, source de nombreux malentendus, consiste à croire que notre interlocuteur devine ou sait qui nous sommes, ce que sont nos sentiments, nos souhaits, sans qu'il soit besoin de le lui dire.

Caroline, enseignante en 4ᵉ, vient me trouver :

« Je n'en peux plus, je suis fatiguée. Je me sens seule avec mes élèves, je ne sais pas toujours si j'utilise la bonne pédagogie.

— Vous ne discutez pas avec vos collègues de vos élèves, de votre façon d'enseigner ?

— Je ne leur demande jamais. Ils sont aussi harassés que moi. Et le soir et le week-end, je ne les dérange pas, je pense qu'ils veulent avoir la paix. Ils devraient comprendre que j'ai besoin de leur avis sans que j'aie besoin de le leur demander. C'est quand même incroyable de ne pas faire attention aux autres et que chacun vive dans son coin ! »

Caroline pense de façon illusoire qu'elle n'a pas besoin d'exprimer ce qu'elle souhaite à ses collègues et que c'est à eux seuls de le deviner. Elle est dans l'attente et dans le reproche : « Ils devraient comprendre ce que je ressens et sentir que j'ai besoin d'échanger avec eux. » Le ressentiment grandit et envenime leur relation sans que rien ne soit dit, jusqu'au jour où Caroline explose de colère. Si elle leur avait dit ce qu'elle m'a confié en consultation, sans agressivité, elle aurait probablement été entendue.

Cette illusion de pouvoir être compris sans avoir à l'exprimer clairement est la source de beaucoup de méprises. Quand nous ne prenons pas le temps d'être à l'écoute de notre vie affective, de nos besoins profonds, l'image que nous avons de nous-même reste floue et son expression ne peut être que confuse.

Transmettre aux autres ce que nous sommes, ce que nous souhaitons profondément et ce qui est essentiel pour nous demande d'avoir pris le temps d'être relié à ce qui se passe en nous, d'être dans l'auto-empathie. Une fois cette étape de connaissance de nous-même accomplie, nous pouvons nous exprimer plus clairement sur nous-même. Notre interlocuteur peut ainsi plus facilement nous comprendre, avec nos doutes, nos questionnements, nos certitudes, nos sentiments, nos besoins fondamentaux. La relation devient beaucoup plus claire, plus riche et plus satisfaisante.

Il faut du temps pour changer notre façon d'être

Quand on lit la démarche de la CNV avec ses quatre composantes : observer d'abord la situation sans jugement, dire ce que nous ressentons en présence de ces faits, puis préciser les besoins à l'origine de ces sentiments pour enfin demander des actes concrets qui répondront à nos besoins, on peut se dire : « C'est facile, c'est le b. a.-ba ! Il ne me faut que quelques heures pour apprendre cela… Je vais lire un livre sur la CNV et je vais faire un stage. Je n'ai pas besoin de plus. »

En fait, la CNV est un changement radical de notre façon d'être qui demande beaucoup de temps. Car se débarrasser des automatismes de langage, des habitudes de jugement, des étiquettes que nous posons sur les uns et sur les autres n'est pas simple. Cela nécessite de pouvoir expérimenter cette démarche concrètement encore et encore, en faisant de multiples essais et erreurs. Ce n'est que progressivement qu'on intègre cette nouvelle façon d'être en relation avec soi et avec l'autre. Les enfants, eux, apprennent beaucoup plus vite que les adultes car ils n'ont pas derrière eux de nombreuses années de relations « négatives ».

La CNV est donc une véritable formation qui nous transforme en profondeur qui, à mon avis, devrait s'étaler sur deux ou trois ans, comprenant des stages entrecoupés d'expérimentations dans la vie de tous les jours, et qui se poursuit toute la vie… car on peut toujours progresser dans nos relations avec les autres.

Durant les stages de CNV, on reçoit de l'empathie et donc de l'ocytocine

L'empathie peut donc se travailler et s'apprendre dans des groupes de Communication NonViolente (CNV). Durant ces stages, la personne affermit son identité en étant empathique avec elle-même et en se rapprochant de plus en plus de ce qu'elle désire vivre. Elle progresse dans sa relation à l'autre en le comprenant de mieux en mieux. Elle apprend à écouter en étant réellement présente, sans faire de remarque, sans interrompre. Les relations s'apaisent et deviennent une source d'enrichissement mutuel. Ayant fait le plein d'empathie, on sort de ces stages heureux, apaisé, confiant et plein d'énergie.

Durant le stage de CNV, il existe une règle commune qui est de suspendre nos jugements sur les autres, de ne pas leur apposer d'étiquettes, de faire l'effort de les comprendre et de leur permettre d'être eux-mêmes. On reçoit alors beaucoup d'empathie, ce qui permet de sécréter l'ocytocine.

Il existe maintenant, au sein de la CNV en France, une association spécifique dédiée à l'éducation, appelée Déclic, avec des formations pour les parents et les professionnels de l'enfance. Pour se former en CNV, vous pouvez vous reporter aux différents sites internet qui y sont consacrés : declic-cnveducation.org ; www.cnvformations.fr ; ou encore www.nvc-europe.org.

Le témoignage d'une enseignante : « La CNV a changé ma relation à ce métier »

La CNV est entrée dans ma vie comme une évidence, mon évidence. Maman solo qui élevais seule mes garçons, élevée dans la violence de l'alcool et les diktats d'une éducation d'avant Mai 68, j'ai toujours eu peur de reproduire la violence que j'avais vécue petite, assistant impuissante à des scènes qui m'ont traumatisée.

À cette époque-là, mon fils aîné avait 14 ans et les conflits entre nous étaient récurrents et m'étaient insupportables. Je ne voulais pas être cette mère-là, cette mère à bout qui ne sait plus que hurler pour se faire entendre, cette mère qui aime ses enfants et qui les voit s'éloigner d'elle inexorablement.

Et, en 2003, après avoir lu toutes sortes d'ouvrages sur l'éducation des enfants, je suis tombée sur le livre de Thomas d'Ansembourg, Cessez d'être gentil, soyez vrai!, *dans lequel l'auteur présente la CNV comme clé de notre paix intérieure et donc de notre paix avec les autres. La révélation de ce processus m'a provoqué un tel déclic que j'ai décidé de m'inscrire aux modules d'initiation et, depuis ce jour-là, je n'ai eu de cesse d'approfondir encore et encore !*

Aujourd'hui j'ai radicalement changé. Comment sait-on que l'on a changé? me direz-vous. Eh bien, tout simplement parce que les relations que j'ai avec mes fils sont désormais paisibles et respectueuses de part et d'autre. Un soir, en rentrant de mon dernier module d'initiation, mon fils m'a demandé de lui raconter ce que je faisais dans ces fameuses formations, et plutôt qu'une théorie je lui ai proposé de « jouer » avec moi à se parler paisiblement d'un de nos sujets « favoris » : les devoirs… Et en appliquant le processus OSBD, auquel il a adhéré sur-le-champ, nous avons communiqué paisiblement. J'ai enfin compris pourquoi il me disait constamment « non ! », ce qui m'a apaisée.

Il a conclu notre conversation en m'embrassant et en me disant : « C'est chouette, ton truc ! »

Évidemment, il existe toujours des échanges où nous ne sommes pas d'accord ! Et c'est tant mieux ! La CNV n'est pas là pour nous museler dans un semblant de paix où chacun approuverait l'autre en oubliant ses propres convictions.

Le bénéfice ne s'est pas arrêté à mes enfants… Eh oui ! je suis enseignante !

Depuis que je pratique la CNV, j'enseigne différemment. À partir du moment où je suis consciente de ce que je ressens, l'attitude des élèves se traduit pour moi en besoins insatisfaits ou en besoins satisfaits (et ça j'adore !) ; je n'ai pas à imposer « la force » de ma fonction pour maîtriser la vie qui s'exprime devant moi.

Concrètement, comment cela se traduit-il ? Eh bien, prenons l'exemple, vécu, de cet élève de 15 ans qui me dit à voix haute et péremptoirement devant les 29 autres adolescents, alors que je venais de leur donner à faire un exercice : « Je ne ferai pas votre travail ! C'est complètement con ! » Avant la CNV, je serais passée par toutes les couleurs face à ces 30 paires d'yeux, avant de hurler au manque de respect, à la provocation et j'aurais sorti l'arme fatale de la punition ! J'aurais obtenu mon travail de force et non de gré et, surtout, je me serais fait mal. Quand ce genre de scène se déroulait dans la journée, je me gâchais la soirée, la nuit et parfois plusieurs jours à ressasser sur l'autre, qui était évidemment devenu une difficulté, et surtout sur moi-même qui ne savais pas faire mon travail correctement !

En fait quand cette histoire m'est arrivée, j'en étais à une dizaine de jours de formation. Mon premier réflexe a été de respirer, afin de savoir comment je me sentais d'entendre ces paroles. Comme je me sentais véritablement très stimulée et trop novice en CNV pour aller vers lui, je suis restée avec ce que je vivais sur le moment et cela a donné ceci : « Quand je t'entends me parler ainsi, je suis triste, je pensais que nous avions une autre sorte de relation. » Et je me suis assise, désolée.

Le reste de l'heure s'est déroulé dans un silence impressionnant, les élèves ont tous fait leur exercice, je dis bien: tous. La correction s'est passée sans encombre et à la fin de l'heure, l'élève est venu me présenter ses excuses et surtout m'expliquer le sens de cette phrase, qui d'après lui ne m'était absolument pas destinée, et qu'il n'avait pas voulue blessante... Ce jour-là, j'ai touché en plein cœur la différence entre faiblesse et vulnérabilité.

Des anecdotes comme celle-là, j'en ai des tonnes. Jour après jour, ma relation à ce métier et donc aux enfants s'apaise. Quand il y a des chamailleries, quand il y a des plaintes, quand il y a des refus de collaborer, je me dis que l'être humain devant moi exprime un besoin, et que même si je n'ai pas toujours le temps de m'y arrêter, ce n'est pas dirigé contre moi ni contre les autres, c'est juste vivant ! Et la vie chez un enfant, c'est magique et précieux ! Envisager les choses de cette façon, ça me détend.

Donc la CNV m'a fait comprendre que j'étais maîtresse de ma vie et, forte de cette autonomie, que j'étais libre d'entrer en relation ou pas...

Un autre témoignage :
« Passer du pouvoir *sur* au pouvoir *avec* »

Développer l'état d'esprit de la CNV dans ma pratique d'enseignante est avant tout une démarche d'intégration personnelle. Prendre l'habitude d'être centrée et à l'écoute de mes propres besoins me permet de me rendre disponible pour rester à l'écoute de ce qui se joue chez mes élèves. Cela demande de la patience et une dose régulière d'auto-empathie, car ce changement se fait pas à pas, et le processus n'est pas linéaire. Heureusement, les effets sont rapidement visibles, ce qui est très encourageant. Par exemple, lors d'une urgence émotionnelle (cris, pleurs), j'ai facilement constaté à plusieurs reprises à quel point s'assurer de ce que vit un adolescent en nommant l'émotion qui le traverse et prendre une minute pour l'accueillir dans ce moment de vulnérabilité est un levier puissant pour l'aider à se reconnecter à sa maîtrise de soi.

Voir mes missions d'enseignement à travers le filtre des besoins humains change radicalement mon approche, à commencer par admettre que cela remet en cause le fonctionnement de notre système éducatif. Je revisite le cadre implicitement en place (punitions, menaces, compétition), donc le fonctionnement concret du groupe classe, les modalités pédagogiques et le rôle de l'évaluation.

Outre le fait de vivre la puissance de l'empathie dans des cas d'urgence émotionnelle, la principale aspiration que la CNV m'a permis de concrétiser a été de passer du « pouvoir sur » au « pouvoir avec ». En acceptant de ne pas avoir réponse à tout, en accueillant la créativité lorsqu'elle s'exprime, en reconnaissant la puissance de l'intelligence collective. J'arrive de plus en plus à me vivre comme une facilitatrice d'apprentissages, et c'est avec une joie et une fierté immenses que j'observe parfois le groupe classe fourmiller en autonomie et en coopération, avec un enthousiasme en ébullition, dès que la majorité des élèves ont pu connecter la proposition d'activité à leur élan de vie. Je me sens alors réellement au service de leur épanouissement, disponible pour les aider individuellement, à la demande, dans le respect du rythme de chacun.

Passer du « pouvoir sur » au « pouvoir avec » est un contrat de groupe qui rencontre évidemment des résistances chez certains adolescents sécurisés par l'étiquette d'une enseignante qui aurait les pleins pouvoirs. Je le constate en particulier lorsque, après un acte qui ne respectait pas le cadre de la classe, je dialogue avec l'élève auteur et l'amène à se responsabiliser. Demander à l'élève de proposer une solution pour réparer l'acte lui est souvent déconcertant. Par exemple, l'un d'entre eux m'a un jour répondu : « Je ne sais pas, madame, c'est vous la chef, c'est vous qui décidez. » Refusant cette étiquette, j'ai alors réaffirmé que nous allions chercher une solution ensemble et que j'étais en attente d'une proposition. Ce changement de paradigme provoque de prime abord un

désarroi certain, mais rapidement l'élève trouve une ou
deux propositions et semble fier d'avoir pu contribuer à
la résolution d'une situation conflictuelle.

Que se passe-t-il quand les enseignants sont formés et qu'ils ont développé leur empathie pour eux et pour leurs élèves ?

8. Quand les enseignants développent leurs compétences socio-émotionnelles

J'ai choisi de consacrer deux chapitres distincts (chapitres 8 et 9) aux bénéfices de l'apprentissage des compétences socio-émotionnelles : le premier analyse les conséquences de la formation des enseignants tandis que le second est consacré aux bénéfices de ces compétences quand ce sont les élèves eux-mêmes qui les ont développées. Cette distinction peut paraître un peu artificielle car ces apports sont très proches, mais je tiens à transmettre strictement ce que publient les chercheurs.

Dans ce chapitre, nous verrons donc ce qui se passe lorsque l'enseignant vit une relation de qualité avec ses élèves.

De très nombreuses études analysent ce qu'est une qualité de relation enseignant-élève. Elle est définie par des termes variables : c'est avant tout une relation proche, chaleureuse, empathique, soutenante et encourageante. D'autres études analysent l'impact du soutien émotionnel et de l'empathie. Ces deux notions recouvrent à mon avis la même capacité à sentir, à comprendre ses émotions et celles des autres, et à faire preuve de sollicitude empathique.

Les bénéfices pour l'enseignant

Quand un enseignant est empathique, il se sent plus compétent

Marina Goroshit, chercheuse et enseignante en Israël, s'interroge dans un article de 2014 sur la compétence émotionnelle des enseignants et pose cette question précise : « La compétence émotionnelle des enseignants prédit-elle des enseignants plus compétents et plus empathiques ? »

Elle analyse deux variables : la compétence et l'empathie. Son étude porte sur 273 enseignants de classes de différents niveaux ayant en moyenne douze ans d'expérience. Au terme de son analyse, elle observe que la compétence émotionnelle des enseignants les rend effectivement à la fois plus empathiques et plus compétents dans leur façon d'enseigner.

Dans son article, elle cite Andrea Penrose qui, déjà en 2007, montrait un lien très important entre le sentiment de compétence de l'enseignant et sa propre intelligence émotionnelle. Il précise que ni le sexe, ni l'âge, ni la longueur de l'expérience professionnelle ne modèrent la relation entre ces deux variables.

Marina Goroshit rappelle que la compétence émotionnelle est la conscience et la sensibilité à ses propres émotions et à celles des autres, la capacité de les comprendre et de les utiliser pour penser et agir. Les personnes qui possèdent cette compétence sont ouvertes et acceptent les expériences émotionnelles négatives, sont capables de s'adapter à ces situations et de gérer leurs émotions. Elles sont généralement plus satisfaites de vivre, ont de bons résultats scolaires et des compétences sociales développées[1].

Puis elle souligne que cette compétence émotionnelle chez les enseignants provoque plusieurs effets :
- ils se sentent bien dans leur rôle d'enseignant ;
- ils améliorent leur enseignement ;
- et ils aident leurs élèves à développer ces compétences émotionnelles[2].

L'empathie de l'enseignant est donc une capacité fondamentale qui crée un environnement favorable à l'apprentissage des élèves.

Quand l'enseignant est proche de ses élèves, il ressent du bien-être

Anne Milatz, de l'université de Vienne en Autriche, s'interroge sur les conditions du bien-être des enseignants. En 2015, elle entreprend une étude auprès de 83 enseignants d'école élémentaire. Elle analyse leur niveau de satisfaction dans leur travail, leur sentiment d'accomplissement personnel et leur degré de proximité avec leurs élèves. Anne Milatz rappelle comme nous l'avons vu que 30 % des enseignants souffrent de burn-out ou de mal-être psychologique, et que le métier d'enseignant est l'une des professions les plus stressantes, car elle exige beaucoup de compétences émotionnelles et relationnelles. Le burn-out et l'épuisement sont dus le plus fréquemment aux relations difficiles avec les élèves quand ceux-ci ont des comportements perturbateurs et manquent de respect à leur égard[3]. Lors de son étude, la chercheuse montre que les enseignants qui ont développé un attachement sécurisé dans leur enfance ont davantage de compétences socio-émotionnelles et entretiennent des relations proches avec leurs élèves, contrairement aux enseignants présentant un attachement insécurisé. Elle constate également que les enseignants proches de leurs élèves éprouvent un sentiment d'accomplissement personnel, de la joie et du bien-être, et ont le sentiment d'être compétents professionnellement, contrairement aux enseignants qui n'ont pas de bonnes relations avec leurs élèves et qui présentent davantage de signes de burn-out.

D'après Anne Milatz, savoir développer des relations proches avec les élèves peut donc être un des éléments essentiels qui protègent les enseignants du burn-out[4].

Les bénéfices pour l'élève

Un enseignant qui a développé ses propres compétences socio-émotionnelles modifie sa pratique. Les travaux de chercheurs mettent en évidence des bénéfices d'une importance remarquable pour les élèves.

La motivation des élèves et leur réussite scolaire augmentent

En 2016, Erik Ruzek, de l'université de Virginie, rappelle que le soutien émotionnel de l'élève est essentiel à un enseignement de qualité ainsi qu'à la motivation et à l'engagement des élèves[5].

De quoi s'agit-il ? L'enseignant qui apporte un soutien émotionnel à ses élèves, exprime chaleureusement ses sentiments, se sent réellement concerné par eux. Il se préoccupe de savoir s'ils se sentent bien ou non au sein de la classe. Il les respecte, il est empathique, il désire comprendre leurs sentiments, leurs points de vue et sait répondre de façon appropriée et individuellement quand ils ont besoin d'aide. Il connaît les enfants comme des personnes et non pas uniquement comme des élèves.

Ce soutien favorise le lien social et la cohésion du groupe. Les élèves développent alors un sentiment d'appartenance à leur classe. Leur motivation et leur engagement augmentent, ce qui est favorable à l'apprentissage.

L'autonomie et le sens des responsabilités des enfants dans la classe sont favorisés. Par exemple, l'enseignant les laisse faire des choix selon leurs centres d'intérêt, gérer la bibliothèque, etc. Les effets sont très positifs : les élèves présentent de meilleures compétences sociales, une plus grande satisfaction d'être à l'école, ils ont peu de problèmes de comportement et manifestent une grande motivation, plus de persévérance, ils font plus d'efforts[6] et obtiennent de meilleurs résultats scolaires[7].

Les élèves sont plus autonomes et responsables

En 2013, Timothy Curby, de l'université George-Mason en Virginie, et ses collaborateurs mènent une étude dans 24 écoles. 181 enseignants de classes de CE2-CM1 y participent pendant un an.

Cette étude montre l'impact décisif de la qualité de la relation enseignant-élève sur la réussite scolaire. Quand l'enseignant est proche et chaleureux avec les enfants individuellement, qu'il prête attention à leurs émotions et à leurs propres besoins d'apprentissage, il rend les élèves plus autonomes et responsables dans la classe. Ce soutien affectif a des répercussions positives dans plusieurs domaines : les résultats scolaires sont meilleurs, les élèves sont motivés, ils ont une meilleure attitude vis-à-vis des mathématiques, leur compétence sociale augmente, ils sont satisfaits d'être en classe et les problèmes de comportement diminuent.

Les comportements perturbateurs diminuent

Les problèmes de comportement des élèves sont un grand facteur de risque d'inadaptation sociale, incluant le décrochage scolaire, les comportements antisociaux ou encore la délinquance. Les enfants manifestant des problèmes de comportement tels que l'hyperactivité, l'impulsivité ou l'agressivité ont généralement de moins bons résultats scolaires que les autres. Ces problèmes de comportement commencent durant les premières années d'école, tendent à persister dans les années suivantes et peuvent se prolonger jusqu'à l'âge adulte avec des conséquences importantes sur leur vie : plus de comportements agressifs et de risques de chômage[8].

||||||||||||||||||||||||||||||||||||||||||||||||||||||||||||||||||||||||||||||||||||||||||||||

Les troubles du comportement

Les troubles de comportement externalisés, ou problèmes externes de comportement. Ils sont dits externalisés parce qu'ils s'expriment envers autrui.

Ils se manifestent chez les enfants ou les adolescents par de l'agitation, de l'impulsivité, un manque d'obéissance ou de respect des limites, de l'agressivité, de la dissimulation, voire de la délinquance. Ces enfants violent les règles sociales ou les règles du comportement, ce qui conduit à des effets nocifs pour eux-mêmes, pour les autres ou pour la société. Ces comportements perturbent – parfois gravement – le fonctionnement normal d'une classe. Cette indiscipline est souvent due au fait qu'on ne leur a jamais transmis la moindre règle sociale, mais elle peut être aussi la conséquence de véritables troubles comportementaux comme :

- le trouble déficitaire de l'attention avec hyper-activité (TDAH), qui touche trois fois plus les garçons que les filles, et dont les symptômes sont l'inattention, l'hyperactivité et l'impulsivité ;
- le trouble des conduites (TC), qui touche deux fois plus les garçons que les filles, et qui se traduit par des comportements d'agression, la destruction de biens matériels, des actes de fraude ou de vol et par de graves violations des règles établies ;
- le trouble oppositionnel avec provocation (TOP), qui se manifeste par des colères fréquentes, une contestation de l'autorité et une tendance à être irrité par les autres.

Les troubles de comportement internalisés (ou problèmes internes de comportement) se révèlent par une humeur et des émotions négatives qui conduisent à des désordres émotionnels comme la dépression, l'anxiété, le retrait et la culpabilité.

Ces problèmes internes de comportement augmentent quand l'enseignant est peu chaleureux, distant[9].

On observe qu'une relation enseignant-élèves de qualité peut permettre de diminuer les effets néfastes des troubles du comportement chez ces élèves et d'améliorer leur santé. Quand les enfants violents entretiennent des relations positives avec leurs enseignants, leur comportement perturbateur diminue et ils ont de meilleurs résultats scolaires, en particulier en lecture. Ce qui n'est pas le cas des enfants qui ont des relations plus distantes ou conflictuelles avec leur enseignant[10].

Une étude sur les troubles externes de comportement des élèves de l'Est et de l'Ouest

En 2016, Hao Lei, de l'université de Shanghai, et ses collègues chinois et américains conduisent une méta-analyse de 57 études concernant 73 933 élèves. Ils veulent savoir si la relation affective enseignant-élève a des conséquences sur les troubles de comportement externalisés des élèves.

Il ressort de cette méta-analyse qu'une relation positive, c'est-à-dire proche, affective, soutenante et confiante de la part du professeur diminue les problèmes de comportement chez les élèves. Cependant, la culture, l'âge, le sexe et le type de troubles du comportement modulent ses effets. Ainsi, on remarque une différence pour :

- **Les élèves de l'Ouest et les élèves de l'Est** : les élèves « de l'Ouest » viennent des États-Unis et de l'Europe. Les élèves « de l'Est » sont originaires de Chine, de Corée, des Philippines et de Singapour. Une relation positive réduit plus fortement les troubles du comportement externe chez les élèves de l'Ouest que chez ceux de l'Est, qui attendent de leur enseignant des relations strictes. En contraste, une relation négative (faite de conflit, de colère, voire d'antipathie) peut accroître davantage les troubles du comportement externe chez les élèves de l'Est que chez les élèves de l'Ouest.

- **L'âge des élèves :** les élèves âgés de 6 à 9 ans montrent une plus forte corrélation entre des relations positives et la diminution des troubles de comportement externes que les élèves plus jeunes ou plus âgés. À cet âge, les élèves sont souvent plus aptes à écouter les suggestions de leur enseignant pour modifier leur comportement. Par contre, quand les relations sont négatives, ce sont les enfants âgés de 9 à 12 ans qui montrent le plus de troubles de comportement externes[11].

- **Les filles/garçons :** les relations positives réduisent davantage les troubles du comportement externe chez les filles que chez les garçons. Peut-être est-ce parce que les filles prennent plus soin de leurs relations avec les enseignants, sont plus attentives aux émotions positives venant de leur part et sont plus influencées par eux que les garçons. Ce résultat suggère d'être plus attentif aux relations avec les garçons pour réduire leurs troubles du comportement.

L'enseignant lui-même peut être un facteur de résilience

Les effets d'une relation de qualité sur les enfants considérés à risque (enfants issus de minorités ethniques, enfants dont la mère a un faible niveau d'études, enfants qui ont subi divers traumatismes) s'avèrent très protecteurs, avec des effets bénéfiques sur le langage et le comportement.

Dans son étude de 2012, Terri Sabol conclut que la plupart des relations enseignants-élèves soutenantes et proches sont associées à une amélioration des résultats scolaires et du comportement socio-émotionnel chez les élèves considérés comme à risque. Alors qu'au contraire, les relations conflictuelles s'accompagnent d'une augmentation des résultats négatifs chez les enfants qui présentent des troubles du comportement.

Une relation soutenante, proche et chaleureuse avec au moins un adulte est peut-être l'élément le plus important pour un jeune qui a vécu de nombreuses expériences négatives[12]. Cette relation peut lui permettre d'être résilient, et pour beaucoup d'enfants l'adulte qui peut les aider en ce sens est un enseignant[13].

Une relation conflictuelle augmente les problèmes de comportement

Une relation conflictuelle a un impact sur le développement de troubles de comportement internes et externes. Plus la relation est conflictuelle, plus les problèmes de comportement augmentent chez l'enfant.

En 2017, Brian Andrew Collins, chercheur à l'université de la ville de New York, étudie 262 jeunes garçons issus de quartiers défavorisés et les conséquences des relations enseignant-élève proches ou conflictuelles. Il analyse leur comportement du CP à la 6e et fait le point lorsqu'ils atteignent l'âge de 11 ans. Il montre que des relations enseignant-élève conflictuelles engendrent des problèmes de comportement externes et internes qui augmentent au fur et à mesure que l'enfant grandit.

Une étude sur des élèves agressifs de 10-12 ans : la bibliothérapie

Zipora Shechtman dirige le département du développement humain à la faculté d'éducation de Haïfa. Ses recherches portent sur les causes et les traitements des difficultés émotionnelles, sociales des adultes et des enfants. Elle s'intéresse tout particulièrement à l'agressivité et à la violence chez l'enfant en préconisant un traitement original : la bibliothérapie. Cette thérapie est habituellement menée par des professionnels de santé.

En 2016, la chercheuse publie une étude dans laquelle ce sont les enseignants eux-mêmes qui se forment et aident leurs élèves souffrant de problèmes d'agressivité. Cette étude porte sur 44 enseignants, 165 élèves de 10 à 15 ans et dont la majorité a 10-12 ans.

Dans son article, Zipora Shechtman rappelle que :

L'agressivité est généralement définie comme l'intention de blesser les autres physiquement ou psychologiquement. Cette agressivité est de plus en plus fréquente dans les écoles, elle est verbale, physique et/ou elle utilise internet. De multiples facteurs sont à l'origine de cette agressivité : facteurs sociaux, familiaux, culturels, psychologiques, neurologiques.

Ces enfants utilisent l'agression en pensant que le pouvoir, la domination de l'autre est un avantage. En fait, les conséquences de leurs actes sont très souvent négatives et ces enfants souffrent d'anxiété, de colère, d'un sentiment d'impuissance, de solitude, d'une très grande difficulté à exprimer leurs sentiments et, par là même, ils présentent une grande résistance à changer de comportement. Ils souffrent souvent d'un déficit d'expression verbale, et ont beaucoup de difficultés à parler de leurs besoins. *Le déni de leurs émotions est considéré par beaucoup comme une stratégie de survie les aidant à surmonter les circonstances difficiles de leur vie, leur stress et leurs échecs.*

Ces enfants présentent un déficit d'empathie pour la souffrance d'autrui[14]. Comme ils sont déconnectés de leurs propres sentiments, ils ne peuvent l'être pour ceux des autres. Ils sont souvent indifférents, insensibles à la souffrance de leurs victimes. Quand il leur arrive parfois d'éprouver de la honte, de la culpabilité ou de la peur, ils la masquent en donnant une fausse image de force et d'arrogance.

Ils approuvent le pouvoir. Comme ils ont subi dans leur vie beaucoup d'humiliations et de désespoir venant de personnes importantes pour eux, il leur est impossible de faire confiance à des étrangers et ils pensent que, lors d'un conflit, la seule option est l'attaque. C'est une réaction spontanée, impulsive, reproduisant ce qu'ils ont vécu : des conditions de socialisation souvent médiocres et des attachements insécurisés. Ils n'arrivent pas à se contrôler. Ils n'ont pas appris à réguler leur comportement, à coopérer et à s'affirmer autrement que par la force.

Ce travail se fait en petit groupe de 3 ou 4 élèves, sur 12 sessions de 45 minutes et se déroule en 2 phases :
* La première phase correspond au moment de formation des enseignants. Ils apprennent les principales caractéristiques des enfants agressifs. Ces enfants sont

extrêmement colériques, ont de grandes difficultés à se contrôler, affichent un fort besoin de puissance et ont très peu d'empathie. Pendant 12 sessions de 4 heures, l'enseignant apprend à utiliser des œuvres littéraires, cinématographiques et dramatiques dans un but thérapeutique.

- Durant la deuxième phase, les enseignants sont avec les enfants. Ils les aident à prendre conscience de leur agressivité, à saisir ce qui la déclenche et à développer l'envie de changer et de se contrôler.

La bibliothérapie

Les thérapies sont particulièrement difficiles lorsqu'elles concernent des enfants agressifs. C'est pourquoi une méthode indirecte, par le biais d'histoires contées dans les livres ou les films, peut s'avérer très utile. Les enfants adorent les histoires, ils s'identifient aux personnages qui portent toute une gamme d'émotions très variées, dans lesquels ils peuvent se reconnaître et ainsi se connecter à leurs propres sentiments.

Ils comprennent alors ce qu'est un comportement agressif et ses conséquences, tout en instaurant une distance très sécurisante pour eux. Ce sont les personnages qui sont agressifs, pas eux. Puis, progressivement, on les aide à décrire ce qu'ils éprouvent vis-à-vis de ces protagonistes. Ils se connectent alors à leurs propres sentiments, puis tentent de les exprimer.

Les histoires utilisées comportent quatre composantes :
- de la colère et son expression ;
- une adhésion du personnage au pouvoir ;
- de l'empathie pour la souffrance des autres ;
- et de l'autorégulation.

Chaque session commence avec un poème, une histoire ou un film. Le récit est discuté. Puis, après avoir exploré le comportement du personnage, ses raisons et ses conséquences, on demande à l'enfant de partager sa propre expérience, de comprendre son propre comportement et de s'engager à changer.

Les enseignants bénéficient aussi de ce processus : ils s'identifient aux personnages, comprennent les conflits, deviennent conscients de leurs difficultés face aux enfants agressifs et développent de l'empathie pour eux.

L'empathie de l'enseignant diminue l'agressivité des élèves

Au terme de cette étude, Zipora Shechtman déduit que pour faire face aux comportements déviants de leurs élèves, les enseignants ont besoin de développer d'abord de l'empathie pour eux-mêmes puis ensuite de l'empathie pour leurs élèves. Cette étude montre que *l'empathie de l'enseignant diminue l'agressivité des élèves*. Plus l'enseignant comprend l'enfant agressif, plus il est prêt à l'écouter de façon intime et plus il sera enclin à le soutenir. En retour, plus les enfants sentent l'attention et l'empathie de l'enseignant, plus ils sont prêts à coopérer et à renoncer à leur comportement négatif.

Zipora Shechtman conclut son article en rapportant le témoignage d'un enseignant : « Je suis prof de maths. Je n'avais jamais imaginé établir des relations intimes avec mes élèves. Maintenant que je les ai entendus, je ne suis plus en colère contre eux. J'ai appris à les aimer. »

Des bénéfices pour l'ensemble de la société

Investir dans le développement des compétences socio-émotionnelles est extrêmement « rentable » économiquement, comme le montrent les études de deux économistes.

Le Prix Nobel d'économie James Heckman a analysé les conséquences économiques des formations visant à améliorer les compétences socio-émotionnelles des professionnels de l'enfance. Il souligne, dans un rapport de 2007, qu'investir un dollar dans la formation de ces professionnels permet d'économiser 100 dollars à l'âge adulte, en prévenant les risques de chômage, de délinquance et autres types de déviance. Il remarque également que plus on investit tôt, meilleurs sont les résultats. Il faudrait donc investir au maximum dans la petite enfance.

En 2015, l'économiste Richard Belfield et ses collaborateurs ont chiffré les bénéfices du programme SEL (Social and Emotional Learning) à l'école (voir page 150) concernant l'amélioration des comportements prosociaux et de la réussite scolaire, et ils estiment qu'ils sont extrêmement importants d'un point de vue financier. Rappelons que les comportements prosociaux sont généralement définis comme des actes volontaires pour promouvoir le bien-être d'autrui : aider, partager, réconforter, coopérer. La compétence émotionnelle et la compétence sociale sont intimement liées et permettent de coopérer.

L'étape clé de la maternelle

L'école maternelle est une étape cruciale pour le devenir de l'enfant et peut combler beaucoup d'inégalités socioculturelles. À cet âge, le cerveau est extrêmement plastique, malléable, et l'enfant, quand il va bien, a soif d'apprendre, d'explorer, de comprendre le monde qui l'entoure. Il acquiert les compétences de base qui le préparent à parler, lire, écrire et compter. Il apprend à vivre avec les autres et à contrôler ses émotions.

Dès l'école maternelle, beaucoup de difficultés sont dues aux relations sociales. Or les enfants à cet âge peuvent développer leurs compétences socio-émotionnelles, apprendre à parler des émotions, les comprendre et développer des comportements prosociaux.

Le niveau de langage à 3 ans est décisif

En maternelle, le niveau de langage des enfants et leur compétence en alphabétisation déterminent fortement leur réussite scolaire ultérieure et leurs compétences sociales[15].

En 2017, Laura Lee McIntyre, de l'université d'Oregon, confirme le caractère prédictif du niveau de langage des enfants à 3 ans sur leur avenir scolaire. Cette recherche menée auprès de 731 enfants a d'abord testé leurs compétences langagières à 3 ans, puis leurs compétences académiques à 5 ans. Ensuite les chercheurs ont noté si ces enfants ont eu besoin de soutien scolaire, d'une prise en charge spécifique, s'ils ont redoublé à 7 ans et demi puis à 8 ans et demi et à 9 ans et demi.

Les résultats montrent clairement que les enfants avec le plus faible niveau de langage à 3 ans avaient beaucoup plus de risque de présenter ensuite un retard sur le plan des apprentissages scolaires ou de redoubler une classe, quels que soient le sexe, l'origine ethnique, le milieu familial, le niveau de revenus des parents ou le mode éducatif. Les chercheurs estiment qu'une prévention précoce des difficultés de langage pourrait réduire le recours ultérieur à des services d'éducation spécialisée.

Le soutien émotionnel améliore le contrôle inhibiteur, le langage et l'alphabétisation

Pour qu'un élève se sente à l'aise à l'école, il doit développer ses fonctions exécutives, éléments clés pour apprendre et réussir en classe. Les fonctions exécutives, dont nous reparlerons plus en détail par la suite (page 205), comprennent le contrôle inhibiteur, la mémoire de travail, l'attention, etc.

Or, les études montrent que le contrôle inhibiteur en maternelle est un facteur de réussite scolaire ultérieure et permet d'avoir une qualité de relation avec les enseignants et les camarades de classe[16]. Les enfants de maternelle qui savent se contrôler progressent fortement en maîtrise du langage et en alphabétisation[17].

Ce contrôle inhibiteur est à son tour affecté par les interactions en classe. Les fonctions exécutives sont mieux développées chez les élèves des classes où l'enseignant apporte un soutien émotionnel face aux problèmes de comportement, est attentif aux interactions, encourage l'autonomie et organise le temps de façon adaptée aux enfants.

Développer les capacités d'attention et de concentration : le contrôle inhibiteur

Le contrôle inhibiteur fait partie des compétences exécutives et représente la capacité à se contrôler, à se concentrer et à inhiber les distractions. Lorsque l'enfant sait se concentrer, attendre son tour, inhiber un comportement inapproprié, il peut alors répondre aux conditions de l'école et apprendre. Généralement, les enfants qui présentent ces capacités d'autorégulation aiment l'école, sont motivés et ont de bons résultats scolaires.

En 2016, Bridget Hatfield, de l'université d'État d'Oregon, publie une étude portant sur 222 enseignants et 875 élèves, ces derniers ayant une moyenne d'âge de 4 ans et comptant 42 % d'Afro-Américains, 35 % de Latino-Américains, et 14 % d'Euro-Américains. Elle analyse la qualité des interactions enseignant-élève, le langage, l'alphabétisation, la conscience phonologique, le contrôle inhibiteur des enfants.

Dans son étude, les enfants qui reçoivent un soutien émotionnel important augmentent fortement leur contrôle inhibiteur et leurs compétences phonologiques. Ces enseignants entretiennent des relations chaleureuses avec leurs élèves, s'expriment positivement, répondent de façon appropriée aux demandes des enfants et encouragent leur autonomie.

Elle montre que plus les enseignants favorisent l'autonomie, sont ouverts aux échanges et empathiques, plus les enfants savent s'autocontrôler ; et que des échanges fréquents, chaleureux et stimulants développent le langage et les compétences en alphabétisation[18].

Le soutien émotionnel, en renforçant le contrôle inhibiteur, est donc un élément crucial dans la réussite des élèves.

S'il y a une chose à retenir de ce chapitre, comme le rappelait la professeure Jan Hughes en 2012, c'est tout simplement que toutes les recherches sur les relations enseignant-élève des deux dernières décennies concluent que lorsque l'enseignant entretient une relation proche, encourageante et soutenante avec son élève, il favorise chez celui-ci un bon comportement et une meilleure réussite scolaire. Ces connaissances doivent inciter à former et à aider les enseignants dans le développement d'une relation de qualité avec leurs élèves.

9. Comment transmettre les compétences socio-émotionnelles aux élèves?

Une fois les enseignants formés, il est fondamental de transmettre ces compétences aux élèves.

Enseigner les compétences socio-émotionnelles à l'école

Un objectif éducatif

Ron Astor, professeur à la School of Social Work et à la Rossier School of Education de l'université de Californie du Sud (Los Angeles), répond en mars 2013 à une interview menée par Nathalie Anton et explique que :

> L'apprentissage social et émotionnel (SEL) dans les écoles enseigne les compétences dont nous avons tous besoin pour nous comporter de façon éthique et respectueuse, avec les autres et nous-même. Il aide les élèves à reconnaître et à gérer leurs émotions, à prendre des décisions responsables, établir

des relations positives et respectueuses, résoudre les conflits, agir avec honnêteté, équité et coopération.

Il rappelle que « promouvoir l'éducation à la citoyenneté n'est nullement en contradiction avec d'autres objectifs éducatifs. Certaines études montrent que l'enseignement socio-émotionnel peut améliorer les résultats scolaires, diminuer le stress psychologique, les problèmes de comportement et améliorer les relations entre les élèves ». Cet apprentissage contribue en effet à favoriser un environnement d'apprentissage sûr. « Ce sont des valeurs qui doivent être visibles, promues et partagées par l'ensemble de la communauté scolaire. »

Pour développer l'acquisition des compétences socio-émotionnelles, Ron Astor explique que « les écoles peuvent favoriser des activités telles que le tutorat par les pairs, les clubs, le service communautaire, les campagnes de santé dirigées par des pairs, des compétitions sportives… ». Bref, tout ce qui améliore la vie sociale et affective globale d'une école : « Une école centrée sur l'apprentissage social et émotionnel encourage l'élève à obtenir un A+ à ses examens, mais aussi un A+ d'ami et de citoyen. »

Une politique d'établissement

Il serait souhaitable que l'apprentissage socio-émotionnel soit une politique d'établissement et ne soit pas cantonné à l'éducation civique, où l'exposé se fait de manière théorique. Tous les éducateurs se sentiraient alors soutenus et encouragés pour le promouvoir :

L'apprentissage social et émotionnel peut être intégré dans les matières scolaires telles que des cours de littérature !

Beaucoup de romans parlent d'amour, de haine, de trahison, de désespoir... Utilisons-les pour aborder avec les élèves leur ressenti face à ces questions [...]. On peut apprendre beaucoup sur la situation sociale et affective actuelle des élèves à travers l'étude des classiques.

La formation des élèves passe d'abord par l'imitation de leur enseignant

Beaucoup d'enseignants que j'ai rencontrés s'interrogent : « Si je vois un élève très en colère, triste, anxieux, je ne vais quand même pas arrêter mon cours ? C'est une perte de temps ! » Or nous avons vu que prendre le temps de répondre individuellement de façon empathique aux besoins d'un élève n'est pas une perte de temps, au contraire.

Il faut voir l'extraordinaire attention que déploient les élèves quand ils observent un adulte faisant preuve d'empathie pour un élève. Encore une fois, c'est en voyant comment l'enseignant répond à un élève en difficulté que les autres élèves commencent à développer progressivement leurs propres compétences émotionnelles.

Les formations pour transmettre les compétences socio-émotionnelles aux élèves

En fait, les interventions à l'école visant à favoriser l'empathie des élèves sont très nombreuses. Dans un article de 2016, Tina Malti, professeure de psychologie à l'université de Toronto, passe en revue 19 programmes pour développer l'empathie en milieu scolaire et souligne que plus on introduit ces programmes tôt, plus les effets positifs sont importants.

J'ai longuement évoqué la Communication NonViolente car je la connais personnellement. Mais il existe de très nombreuses autres formations que je n'ai pas expérimentées. Voici quelques noms de formations : SEL, RULER, Banking Time, Teacher-Child Interaction Training (TCIT[1]), My-TeachingPartner (MTP), Making the Most of Class-room Interactions (MMCI[2]), The Peaceful Cooperation in Conflict Situation[3].

Voici deux études qui évaluent les programmes SEL et RULER.

Le programme SEL
(Social and Emotional Learning)

En 1997, Maurice Elias, professeur à l'université Rutgers dans le New Jersey, définit l'apprentissage des compétences socio-émotionnelles comme l'acquisition des facultés qui permettent de :
- reconnaître ses émotions et celles des autres ;
- savoir les gérer, comprendre leurs causes et leurs conséquences ;
- se fixer des objectifs et les atteindre ;
- être conscient de ce que pensent les autres ;
- établir et maintenir des relations positives ;
- prendre des décisions responsables.

Le SEL cherche également à réduire les facteurs de risque qui amènent le jeune à décrocher du système scolaire. Ce programme ambitieux agit sur les compétences cognitives, affectives et comportementales. Son but est d'améliorer cinq composantes interdépendantes :

- la connaissance de soi ;
- l'autonomie ;
- la conscience sociale ;
- les compétences relationnelles ;
- les prises de décision responsables.

Il utilise des méthodes variées : jeux de rôle, activités artistiques, etc.

L'impact de la formation SEL de la maternelle au secondaire

En 2011, Joseph Durlak, professeur de psychologie à l'université Loyola de Chicago, présente les résultats d'une méta-analyse portant sur 213 études. Il s'agit d'évaluer l'impact du programme SEL, mené par les enseignants, de l'école maternelle au secondaire, sur 270 034 élèves, en comparant ceux-ci à ce qu'on appelle un « groupe contrôle », c'est-à-dire un groupe qui n'a pas suivi la formation.

Les résultats montrent que les élèves qui ont participé à une formation pour développer leurs compétences socio-émotionnelles améliorent leurs résultats scolaires, la qualité de leurs relations avec les enseignants, et diminuent leurs problèmes de comportement.

Ces interventions peuvent être intégrées dans le programme classique et transmises par les professeurs. Les conditions essentielles pour une transmission réussie sont d'adopter des méthodes d'enseignement actives faisant participer les élèves, les aidant à coopérer, utilisant des jeux de rôle et expliquant clairement les objectifs à atteindre.

Le programme RULER

Marc Brackett, directeur du Center for Emotional Intelligence à Yale, aux États-Unis, travaille sur le rôle de l'intelligence émotionnelle dans l'apprentissage, la prise de décision, la qualité des relations humaines et la santé mentale. Il est le coauteur d'une approche visant à développer les compétences socio-émotionnelles chez les élèves, appelée RULER et qui inclut toute la communauté scolaire : enseignants, personnel de l'école, administratifs et parents.

Ce terme RULER se réfère aux cinq compétences émotionnelles qu'il souhaite développer :

- *Recognizing* : reconnaître ses émotions et celles des autres ;
- *Understanding* : comprendre les causes et les conséquences des émotions ;
- *Labelling* : savoir nommer les multiples émotions par un vocabulaire riche ;
- *Expressing* : exprimer ses émotions de façon socialement appropriée ;
- *Regulating* : savoir réguler ses émotions.

Les élèves acquièrent une profonde compréhension des expériences humaines à travers la richesse des diverses émotions. Ils réfléchissent à leur rôle dans les relations. Ils reçoivent une formation spécifique et ils apprennent à mettre en pratique ces compétences dans la vie de tous les jours. Cette formation s'adapte à l'âge des enfants et utilise une approche très variée : le dessin, le vocabulaire, la lecture, l'écriture, l'échange, les jeux, etc. Le programme RULER influence les programmes scolaires existants et dispense des cours pour améliorer les résultats des compétences émotionnelles (comportements prosociaux, relations saines, meilleure capacité décisionnelle) et académiques (progrès en vocabulaire, compréhension écrite, écriture et créativité). Actuellement, des milliers d'écoles utilisent cette approche.

En 2012, Marc Brackett réalise une étude pour connaître l'impact de ce programme. Elle se déroule sur une année scolaire, pendant 7 mois (30 semaines), et porte sur 273 élèves en dernière année de primaire et première année de collège, dans 5 classes provenant de 3 écoles de New York. Le cadre est celui du cursus académique normal, le plus souvent dans les cours de langue anglaise et d'histoire.

Les enseignants reçoivent une formation interactive d'une journée et demie. Ils ont à leur disposition un manuel détaillé et des fiches correspondant à chaque session. Ensuite, les enseignants travaillent ces cours en petits groupes. Enfin, chacun présente son propre cours au groupe qui lui fait des retours et des propositions pour l'améliorer. Le formateur accompagne l'enseignant durant toute l'année mais le laisse seul dans sa classe. Les élèves sont évalués six semaines avant le début du programme et six semaines après. Ils apprennent à réfléchir et à écrire sur leurs propres émotions, sur celles des personnages de la littérature, mais aussi sur les émotions de leurs proches.

Travaux pratiques sur le thème de l'empathie

Par exemple, une classe travaille sur *Le Journal d'Anne Frank* lors d'un projet sur l'empathie. Les élèves relèvent les personnages qui éprouvent de l'empathie puis explorent comment ce sentiment modifie leur comportement. Cela nécessite de comprendre les causes et les conséquences des émotions aussi bien que leurs diverses manières de les exprimer et d'y faire face.

Travaux pratiques sur le thème : « Être transporté de joie, être ravi »

- La première étape consiste à comprendre la signification du mot, à l'expliciter puis à se souvenir et à décrire ses propres expériences, à écouter ses pairs et l'enseignant raconter les leurs. Ensuite les élèves analysent les causes et les conséquences de cette émotion et cherchent des synonymes.
- Lors de la deuxième étape, on explique le concept de façon abstraite, théorique et on en donne des représentations symboliques, puis on l'exprime de façon non verbale.
- La troisième étape consiste à associer cette émotion au monde réel, scolaire et autre. Les élèves évaluent comment, dans différentes sociétés ou à d'autres époques, les personnes envisagent et expriment cette émotion.
- Durant la quatrième étape, les élèves associent leur famille. Ils demandent à leurs parents de leur parler de situations où ils se sont sentis transportés de joie. Les élèves comprennent alors mieux leurs parents : leurs sentiments, leurs pensées, leurs actions et leur passé. Cette étape permet aux élèves de se mettre à la place des adultes, de comprendre les causes et les conséquences de leurs expériences émotionnelles, de savoir s'exprimer et communiquer avec eux et de découvrir qu'ils ont eu différentes manières d'être face à ces émotions.

- Pendant la cinquième étape, les élèves échangent entre eux. L'enseignant demande par exemple aux élèves ce qu'ils éprouvent quand ils accomplissent quelque chose d'important. Les élèves développent leur point de vue sur comment exprimer, augmenter, maintenir ou écourter leurs émotions et y faire face.
- Enfin, durant la sixième étape, les élèves écrivent une histoire comprenant un début, un milieu et une fin autour des émotions d'un personnage. Au début de l'histoire, le personnage est désespéré puis à la fin de l'histoire il va vivre une joie intense, il se sentira heureux, comblé.

En écrivant, les élèves intègrent leurs propres idées et leur vécu, ce qui les amène à comprendre comment les émotions évoluent et transforment leurs expériences de vie. Ils réalisent que l'écriture les aide à mieux reconnaître les émotions et à analyser de façon approfondie comment les personnes sentent, regardent, pensent et agissent lors des expériences émotionnelles. Ainsi, ils comprennent mieux pourquoi les sentiments du personnage évoluent et les conséquences de ce changement d'attitude. Enfin, ils apprennent à utiliser une grande variété de mots pour décrire ces émotions.

Les bénéfices du programme RULER

Avec ces travaux pratiques sur les émotions, les élèves prennent conscience que leurs émotions et leurs comportements affectent les autres. Ils ont moins de comportements perturbateurs et régulent mieux leurs émotions afin de se concentrer sur leur travail.

Les résultats de cette étude montrent que les élèves qui suivent le programme RULER présentent de très bons résultats scolaires en langue anglaise et en compétences émotionnelles par rapport au groupe d'élèves qui ne suit pas ce programme.

Deux programmes d'apprentissage des émotions avec les histoires

Maternelle : l'échange après lecture d'une histoire

En 2016, Ilaria Grazzani, chercheuse à l'université de Milan, étudie 105 enfants âgés de 2 à 3 ans. Tous les jours, pendant deux mois, 37 enseignants réunissent les élèves en petits groupes de 4 à 6 enfants.

L'enseignant veille tout d'abord à ce que chacun s'installe confortablement, puis il lit une histoire suivie d'un échange à propos des émotions éprouvées par les personnages. Sont évoqués les différentes expressions des émotions, leurs causes, la façon dont les personnages régulent leurs émotions, leurs comportements prosociaux : leur manière d'aider et d'apporter du réconfort.

Dans ces histoires, les personnages vivent des situations cruciales suscitant diverses émotions (ils sont effrayés, tristes, joyeux, en colère). Pour résoudre ces difficultés, ils agissent en ayant le souci de l'autre, ils aident, soutiennent, réconfortent.

Puis, Ilaria Grazzani donne un exemple d'histoire très simple pour ces enfants de 2-3 ans :

Myriam est à la plage et joue avec son seau et sa pelle. Elle est très contente et tranquille. Survient Tom qui lui arrache son seau et s'enfuit. Myriam est furieuse et lui dit : « Rends-le-moi, il est à moi ! » Mais Tom ne l'écoute pas et joue avec le seau. Myriam est très en colère ! Quentin voit Myriam furieuse et essaye de l'aider. Il va vers Tom et lui dit : « C'est le seau de Myriam. Elle voudrait que tu le lui rendes. Voudrais-tu venir construire un immense château de sable avec nous ? » Tom dit oui et les trois enfants jouent ensemble. Alors Myriam ne se sent plus furieuse.

L'enseignant pose ensuite des questions aux enfants pour les aider à :

- Exprimer leurs émotions : Comment est votre visage quand vous êtes furieux ? Que dites-vous quand vous êtes furieux ? Quand nous sommes furieux, nous pouvons dire aussi que nous sommes en colère... Que pouvons-nous dire d'autre ?
- Trouver la cause de ces émotions : Pourquoi Myriam est-elle furieuse ? Vous arrive-t-il aussi d'être furieux si quelqu'un vous prend votre jouet ? Y a-t-il d'autres situations qui vous mettent en colère ?
- Réguler leurs émotions : Faites-vous quelque chose pour ne pas vous sentir furieux ? Quand vous êtes très en colère, comment faites-vous pour vous sentir mieux ?
- S'entraider : Avez-vous vu comment Quentin aide Myriam ? Si un de vos amis est furieux, qu'allez-vous faire ? Qu'est-ce qui peut aider votre ami à retrouver son calme ?

Voici un extrait de l'échange entre l'enseignant et les enfants :

« Pourquoi Myriam est-elle furieuse ? — Parce que Tom a pris son seau », répond un enfant. L'enseignant approuve et complète la question : « Il lui prend sans lui demander. Nous sommes furieux quand quelqu'un nous prend quelque chose que nous utilisons sans nous demander la permission. » Et il ajoute : « Qui a raison ? »

« Myriam », répondent en chœur tous les enfants. L'enseignant continue : « Mais Tom veut jouer avec le seau, vous arrive-t-il de vouloir jouer avec le jouet qu'un autre enfant utilise ? — Oui. — Alors que pouvons-nous faire à ce sujet ? » Les enfants ne répondent pas. L'enseignant attend avant de dire : « Nous avons besoin de trouver une solution. Par exemple, Tom pourrait dire : "S'il te plaît, est-ce que je peux jouer avec ton seau ?" Les enfants écoutent pensivement. Après quelques secondes, Marco demande : « Qu'est-ce qui se passerait si Myriam ne lui donnait pas ? » L'enseignant : « Ils peuvent jouer ensemble, n'est-ce pas ? Qu'est-ce que fait Quentin à la fin de l'histoire ? » Un des enfants répond : « Il les aide, il demande à Tom de jouer avec eux et ils se réconcilient. »

Une formation à 7 ans : échanger ou dessiner autour des émotions

Après la lecture d'une histoire, qu'est-ce qui favorise davantage le développement des compétences socio-émotionnelles, échanger ou dessiner ?

En 2014, Veronica Ornaghi, chercheuse italienne à l'université de Milan, mène une étude conjointe avec le chercheur canadien Jens Brockmeier sur 110 enfants d'une moyenne d'âge de 7 ans. Il s'agit d'aider les enfants à comprendre les émotions. Cette formation s'étale sur deux mois.

Les enfants écoutent une histoire puis sont séparés en deux groupes : un groupe d'enfants discute et échange avec l'enseignant pour comprendre les émotions des personnages. Le deuxième groupe n'échange pas mais dessine l'histoire. Les résultats sont clairs : le groupe d'enfants qui échange obtient des résultats bien meilleurs que celui qui dessine. Ils comprennent mieux les émotions, ils ont une meilleure capacité à se mettre à la place de l'autre et à éprouver de l'empathie. Toutes ces acquisitions restent stables six mois après ces échanges autour des émotions.

Après une histoire, l'échange autour des émotions aide beaucoup plus les enfants à développer leurs compétences émotionnelles que le dessin.

Un programme autour des émotions pour les adolescents

En 2013, Ruth Castillo, professeure de psychologie à l'université Camilo José Cela, à Madrid, entreprend une étude sur 590 adolescents âgés de 11 à 17 ans, d'une moyenne d'âge de 13 ans et demi, issus de 8 écoles publiques ayant reçu une formation visant à développer l'intelligence émotionnelle.

Comment concrètement s'est déroulée cette formation ?

Les formateurs sont des psychologues, ils reçoivent 22 heures de formation. De plus, le coordinateur du projet rencontre chaque formateur individuellement 10 à 12 fois pendant 30 minutes. Les enseignants de la classe assistent à la formation.

Ces adolescents ont été divisés en deux groupes : un groupe qui suit la formation et un groupe contrôle. Cette formation longue est répartie en 12 sessions d'une heure par an pendant deux ans.

Les élèves participent à des activités centrées sur les émotions : activités ludiques, jeux de rôle, projets artistiques, films, ateliers de réflexion avec plusieurs axes :

• **Avoir une perception précise des émotions, savoir les évaluer et les exprimer**

Les élèves travaillent en groupe sur des images, des sculptures, des scénarios, des pièces de théâtre, de la musique pour reconnaître les émotions exprimées. Chaque élève donne des exemples spécifiques d'émotions et explique pourquoi elles sont représentées de cette façon-là. Ce travail est complété par un débat sur les différentes expressions émotionnelles pour connaître la gamme complète des émotions.

• **Avoir conscience que les sentiments et les émotions aident à réfléchir, à penser**

Le but est de comprendre la fonction des émotions. Durant cette session, des émotions sont induites par de la musique, des poèmes ou des histoires. Puis les élèves débattent et réfléchissent au sens des émotions, leur rôle dans la vie quotidienne, comment les émotions focalisent l'attention, l'apprentissage, les choix et la créativité. Cette session se termine par une introduction à la compréhension des causes et des conséquences des émotions.

- **Comprendre et analyser les émotions et acquérir un riche vocabulaire pour les définir**

Le but est d'améliorer la communication émotionnelle et de comprendre le processus des émotions. L'enseignant parle avec une grande richesse lexicale pour exprimer les sept émotions de base : joie, tristesse, peur, colère, surprise, dégoût et honte. Les élèves travaillent les différents mots évoquant les émotions qui correspondent le mieux à leur âge (fierté, culpabilité, jalousie, frustration, curiosité, etc.) à travers un court métrage, un poème ou un texte expliquant pourquoi les personnages éprouvent tels sentiments, l'évolution de leurs émotions, la différence entre les émotions simples et complexes et les conséquences de ces émotions.

- **Réguler de façon réfléchie les émotions pour se développer émotionnellement et intellectuellement**

Le but est de trouver comment réguler ses émotions. Les élèves doivent élaborer un répertoire de ce qui favorise de meilleures relations sociales. L'enseignant discute avec les élèves de ce qui est efficace et inefficace pour réguler ses émotions et comment et pourquoi il est important de réguler ses émotions. Les élèves sont invités à réfléchir à une situation émotionnelle durant laquelle ils se sont sentis à l'aise et à noter quelles stratégies ils ont utilisées pour réduire, éviter ou augmenter telles émotions. Ils classent ensuite leurs stratégies dans un quadrant avec deux axes : faire face/éviter ; penser/agir. Puis les meilleures stratégies de régulation sont discutées selon des situations concrètes, des personnages de films ou des jeux de rôle. Enfin, chaque semaine, les élèves travaillent sur des situations relationnelles difficiles vécues dans leur classe et ils rapportent comment et pourquoi ils ont fait face à ces situations.

Pendant cette formation, le groupe contrôle n'est pas inactif. Il suit l'enseignement officiel du gouvernement espagnol pour l'école secondaire sur le climat et l'organisation scolaires, la coordination avec les familles, le développement de l'auto-évaluation personnelle et de l'estime de soi, la prévention des addictions, l'éducation aux valeurs morales, l'éducation affective et sexuelle, les conseils académiques et professionnels et le développement officiel des compétences sociales.

Contre le harcèlement...
éveiller l'empathie

En 2016, Claire Garandeau, chercheuse en sciences de l'éducation à l'université d'Utrecht aux Pays-Bas, mène une étude randomisée avec des collègues finlandais dans 28 écoles primaires et secondaires en Finlande. Il s'agit d'analyser 341 cas de harcèlement pour lesquels on a utilisé des méthodes différentes afin de tenter de faire cesser le harcèlement.

Les résultats montrent qu'il est très important de distinguer le fait de blâmer un comportement du fait de blâmer l'enfant lui-même, car condamner un comportement entraîne des effets positifs alors que blâmer l'enfant ne change pas son comportement.

Pour faire cesser le harcèlement, il est essentiel que les interventions vis-à-vis du harceleur associent une condamnation très claire de son comportement à des efforts pour éveiller son empathie vis-à-vis de la victime.

En 2012, le chercheur turc Mustafa Şahin a montré également qu'une formation visant à éveiller l'empathie chez des enfants harceleurs diminuait significativement le harcèlement par rapport à un groupe contrôle. Ce travail s'est déroulé sur trois mois avec 11 sessions de 75 minutes. Il s'agissait d'une formation à la fois théorique et pratique avec des jeux de rôle et des temps d'échange et de réflexion.

Une expérimentation en France

Un article du journal *Le Monde* du 1ᵉʳ février 2017 relate une expérimentation lancée par l'agence régionale de santé (ARS) des Pays de la Loire et le rectorat de Nantes, en partenariat avec l'enseignement catholique. Le but de cette expérience : permettre aux enseignants (CM1, CM2 et 6ᵉ) de développer les compétences socio-émotionnelles chez leurs élèves. L'Ireps [instance régionale d'éducation et de promotion de la santé] a conçu un Cartable des compétences psychosociales, forme les enseignants et co-intervient en classe.

Béatrice Lamboy, docteure en psychologie clinique et présidente de l'Association francophone d'éducation et de promotion de la santé (AFEPS), enseigne les compétences psychosociales à l'université. Dans ce même article du *Monde*, elle dit :

On ne dispose pas de bilan national. Ce sont encore des expérimentations, des initiatives locales. Le point d'achoppement reste la rencontre entre le monde scientifique, qui développe et utilise des programmes validés à l'international depuis plus de vingt ans, et le monde local francophone, qui expérimente des approches de terrain. [...] Ni l'école ni l'enseignement de la pédagogie ne peuvent faire l'impasse sur les compétences psychosociales. Mais ce sont des apprentissages en rupture avec l'enseignement magistral à la française. On ne peut pas rester dans une transmission verticale des savoirs. Quand il s'agit d'éduquer à la régulation de la colère, par exemple, on travaille des savoir-faire, on touche au savoir-être : cela nécessite de passer par l'expérience, la pratique, les jeux de rôle... L'enseignant est, de fait, impliqué. Ainsi, intervenir dans les cursus d'enseignement publics ou privés des maîtres d'école reste un défi. [...] Le renforcement de ces compétences est destiné à tous, dans une logique de bien-être et de réussite éducative. Il a même été montré que l'insertion professionnelle et le bien-être au travail étaient meilleurs chez les adultes qui en ont bénéficié dans l'enfance. C'est un enchaînement vertueux qui est impressionnant.

10. Quand les élèves acquièrent ces compétences socio-émotionnelles

Comme je l'ai mentionné plus haut, il n'est pas logique de cultiver les compétences socio-émotionnelles chez les élèves sans que les enseignants les aient eux-mêmes développées. Le plus souvent, ce sont les enseignants et non des intervenants extérieurs qui sont formés et qui eux-mêmes transmettent ces compétences à leurs élèves.

Le développement personnel, les relations sociales et la réussite scolaire s'améliorent

De nombreuses études montrent que l'acquisition de ces compétences permet à l'élève de progresser dans tous les domaines[1].

Il est reconnu actuellement qu'un élève qui a développé ses capacités socio-émotionnelles devient plus empathique, a des relations sociales plus satisfaisantes et diminue ses comportements agressifs. Il améliore son développement personnel global mais aussi ses performances scolaires.

Ces trois paramètres, le développement personnel de l'élève, les relations sociales et la réussite scolaire sont intimement liés.

Plus récemment, deux études de 2016 analysent avec davantage de finesse les effets du développement de ces compétences à l'école. Kimberly Kendziora, chercheuse à l'American Institutes for Research, à Washington, prône ainsi le développement des compétences socio-émotionnelles en rappelant qu'elles aident réellement les élèves à s'engager dans leur travail et qu'ainsi ils réussissent mieux[2]. Les élèves deviennent plus conscients et aussi plus confiants dans leur capacité à apprendre. Ils sont motivés, savent faire face au stress et organiser leur travail[3]. Lori Nathanson, professeure à Yale, remarque quant à elle que les bénéfices de ces compétences à l'école vont bien au-delà de la seule réussite scolaire car elles permettent, aussi bien pour les enseignants que pour les élèves, d'améliorer la persévérance face aux challenges[4], la réflexion et le raisonnement déductif[5], de faire face au stress[6], de s'entendre avec les autres[7], d'inspirer fiabilité et confiance[8], de réduire les agressions, la détresse personnelle et d'augmenter les comportements prosociaux.

Les comportements prosociaux sont généralement définis, ainsi que nous l'avons déjà vu, comme des actes volontaires pour promouvoir le bien-être d'autrui : aider, partager, réconforter, coopérer. Or, la compétence émotionnelle et la compétence sociale sont intimement liées et permettent de coopérer. Les enfants compétents émotionnellement ont des attitudes générales plus positives vis-à-vis de l'environnement scolaire et apprennent mieux. De nombreux chercheurs nous disent que plus les élèves savent partager, aider, coopérer avec leurs pairs, meilleure est leur réussite scolaire[9]. La capacité à prendre la parole, à chercher de l'aide quand c'est nécessaire, à écouter les autres enfants ou les adultes, à coopérer est cruciale pour le bien-être dans la classe. De plus, un enfant socialement compétent est généralement évalué positivement par ses enseignants et ses camarades.

Parmi les très nombreuses publications qui étudient les conséquences des compétences émotionnelles chez les élèves, en voici quelques-unes selon l'âge des enfants.

Les bénéfices
chez les enfants de maternelle

Cette période est fondamentale pour le devenir de l'enfant, sa socialisation et sa réussite scolaire ultérieure.

Des enfants qui parlent mieux et ont des comportements d'entraide

J'ai déjà évoqué plus haut le travail effectué par Ilaria Grazzani, chercheuse à l'université de Milan. Tous les jours pendant deux mois, les enseignants lisent une histoire à un petit groupe de quatre à six enfants âgés de 2 à 3 ans, puis échangent avec eux autour des émotions éprouvées par les personnages. Les enfants du groupe contrôle écoutent les mêmes histoires, mais sans échange verbal après la lecture. Ils jouent aux Lego, construisent des tours, font des puzzles ou jouent librement.

Le résultat de ce travail avec ces enfants très jeunes montre, par rapport au groupe contrôle, un impact positif sur le développement global du langage et de l'expression verbale des émotions, de leur compréhension, et sur les comportements d'entraide. Les résultats sont d'autant plus importants que les enfants sont plus âgés.

Des enfants qui progressent dans tous les apprentissages même s'ils viennent de milieux très défavorisés

Psychologue à l'université d'État de Pennsylvanie, Karen Bierman a montré en 2008 que les enfants de maternelle qui reçoivent une formation pour développer ces compétences ont envie d'apprendre et réussissent beaucoup mieux en vocabulaire et dans tous les apprentissages scolaires comparés à un groupe d'enfants n'ayant pas reçu cette formation. En 2017, elle confirme ces données en étudiant des enfants venant de quartiers très pauvres.

En 2015, Timothy Curby, de l'université George-Mason en Virginie, étudie 91 enfants âgés de 3 à 5 ans venant de sept écoles maternelles des quartiers pauvres de la banlieue de Washington. Il observe que les enfants qui présentent des compétences socio-émotionnelles sont plus coopérants et sensibles aux émotions des autres et qu'ils apprennent mieux les éléments nécessaires à la préalphabétisation (qui préparent à la lecture, à l'écriture et au calcul). Ils ont une meilleure connaissance de l'alphabet, de l'écrit et de la conscience phonologique, contrairement aux enfants qui n'ont pas développé ces compétences – beaucoup d'enfants de ces quartiers en difficulté sont en effet anxieux et restent en retrait.

De la maternelle au secondaire : des élèves motivés, confiants dans leurs capacités et qui apprennent mieux

Nous avons déjà mentionné l'étude que Joseph Durlak, professeur de psychologie à Chicago, a menée en 2011. Il évalue l'impact d'un programme d'apprentissage des compétences sociales et émotionnelles (SEL) de l'école maternelle au secondaire sur 270 034 élèves en comparant ceux-ci à un groupe contrôle.

Il observe que les relations entre les enseignants et les élèves s'améliorent, ce qui rend l'ambiance dans l'école plus sécurisante, augmente la motivation de ces élèves qui adoptent alors une attitude positive vis-à-vis de l'institution scolaire. Les élèves deviennent également plus conscients et plus confiants dans leurs capacités d'apprentissage et de persévérance face aux efforts à fournir. De plus, ces élèves savent mieux comment résoudre les difficultés et prendre des décisions pour mieux étudier.

Il constate également que le SEL améliore les fonctions exécutives telles que savoir inhiber les distractions, planifier, résoudre les problèmes, réguler ses émotions et être attentif.

Vitor Coelho, de l'université de Coimbra au Portugal, constate dans une étude de 2016 (1 237 élèves de 37 écoles publiques) que travailler les compétences émotionnelles chez des enfants en primaire a des effets positifs importants sur le contrôle de soi, la conscience sociale, la socialisation et l'estime de soi.

Grâce aux compétences socio-émotionnelles, l'agressivité diminue

Les comportements agressifs sont un des problèmes majeurs dans les écoles puisqu'ils perturbent le climat scolaire et diminuent la qualité de l'enseignement, de l'apprentissage et des relations avec les pairs et les enseignants. De plus, ces comportements sont souvent associés à une augmentation du niveau de stress et des burn-out chez les enseignants qui peut conduire à leur démission. Très souvent, les enseignants sont désemparés, ne savent pas quelle attitude adopter et un certain nombre utilise les punitions, les réprimandes verbales, les renvois. Il y a donc un impérieux besoin de prévention et d'intervention le plus tôt possible.

Y aurait-il un moyen pour diminuer cette agressivité? Les formations pour développer l'intelligence émotionnelle auraient-elles un impact positif sur la capacité d'empathie et sur l'agressivité des adolescents? Tel est l'objet de la recherche déjà évoquée plus haut que Ruth Castillo a menée en 2013 sur des adolescents. Elle rappelle plusieurs points essentiels : les adolescents agressifs ne savent pas identifier et réguler leurs émotions négatives, l'agressivité dans les classes crée un mauvais climat qui réduit la qualité de l'enseignement et l'apprentissage et, enfin, le manque d'empathie chez les adolescents est associé à des problèmes de harcèlement et de victimisation, de dépression et de difficultés sociales[10].

Au terme de son étude, Ruth Castillo observe que cette formation aide les élèves à augmenter leur empathie, compétence fortement liée au comportement altruiste et prosocial.

Ensuite, elle diminue le sentiment de détresse personnelle, sentiment qui réduit les comportements prosociaux. Les élèves développent alors des stratégies pour faire face à leur hostilité et leur colère, leur permettant de résoudre les conflits plus pacifiquement et de se comporter de manière moins agressive.

L'étude montre donc l'efficacité de cette formation, par rapport au groupe contrôle, pour augmenter chez les adolescents la capacité d'empathie et réduire leur agressivité physique et verbale, leur colère, ainsi que leur détresse personnelle. Ce programme est particulièrement efficace pour développer l'empathie chez les garçons. Ces faits confirment que travailler sur les compétences émotionnelles et sociales est efficace, et que développer l'empathie permet de diminuer les comportements agressifs.

Beaucoup d'autres études montrent que le développement de l'intelligence émotionnelle à l'école favorise l'empathie et les relations sociales satisfaisantes et diminue les comportements agressifs[11].

11. Complimenter ou encourager ?

Dès son plus jeune âge, l'enfant a besoin de soutien pour grandir, surmonter les obstacles, persévérer. Il est très dépendant de son entourage qui lui donne ou non la confiance et l'estime de lui-même pour progresser.

Mais de quel genre de soutien a-t-il besoin ? Est-il nécessaire de l'encourager ou de le complimenter pour qu'il ait confiance en lui, entretienne des relations satisfaisantes et soit motivé pour apprendre et entreprendre ? Cette question est très importante, car l'attitude des adultes peut produire des effets contraires à ce qu'ils espèrent.

Comment donner confiance ? Est-ce en complimentant ?

Les compliments et la confiance en soi

Les compliments peuvent rendre dépendant, anxieux et passif

« Tu es vraiment formidable, merveilleux », « Élève doué et intelligent », « Tu es si courageux ! », « Tu es le plus fort ! » : beaucoup d'adultes pensent que complimenter un enfant est bénéfique. Or les compliments rendent dépendant du jugement des autres, ils ne conduisent pas à l'autonomie. Ils donnent une motivation et une confiance extrinsèque, c'est-à-dire que la confiance et la motivation ne viennent pas de la personne elle-même mais de ce qu'attendent et pensent les autres.

Par ailleurs, les compliments perturbent profondément les relations adultes-enfants. Certains enfants ou adolescents ne reçoivent de l'attention, voire de l'affection, que lorsqu'ils réussissent à l'école, ont de bonnes notes ou de bonnes appréciations (« Élève sérieuse et agréable, bravo »). Ils étudient alors non pas parce que le travail les intéresse, mais uniquement pour que les enseignants ou les parents les considèrent ou les remarquent. Ils sont alors désorientés, ne savent plus qui ils sont. Ils se perdent et ne se vivent plus que comme une « machine à réussir » : avoir de bonnes notes, être le premier à tout prix. Quand, en classe terminale, on leur demande ce qui les passionne, quel sens ils voudraient donner à leur vie, ils ne savent pas répondre car ils ne se connaissent pas.

Ne pas se sentir estimé pour soi-même mais pour ce qui satisfait les parents ou les enseignants est un conditionnement qui peut conduire ces enfants, une fois adultes, à n'exister que dans le regard des autres ou à éprouver une soif inextinguible de reconnaissance. Comme ils ont intégré dans leur scolarité qu'être le premier était la valeur essentielle, ils recherchent les positions dominantes, de pouvoir, sans choisir ce qui est essentiel, c'est-à-dire un travail qui aurait du sens pour eux et qui leur correspondrait.

Bien souvent, les compliments rendent anxieux, car comment rester à la hauteur de ces compliments ? L'enfant sait pertinemment qu'il se trompe, fait des erreurs, a des faiblesses, des failles. On croit susciter la motivation des enfants, mais cette logique les conduit à être conscients de leur valeur quand ils réussissent et à penser qu'ils ne valent rien quand ils échouent. Cette attitude instaure une pression étouffante pour réussir et mine la motivation personnelle des élèves. En outre, les compliments peuvent faire croire aux enfants qu'ils sont réellement formidables, intelligents ou forts, ce qui peut les rendre arrogants et méprisants vis-à-vis des autres. Enfin, se penser « naturellement » intelligents peut dispenser certains enfants de faire le moindre effort, les rendre très passifs et les conduire à ne plus travailler : « Moi je suis intelligent, très doué, je n'ai pas besoin de faire d'effort. »

On critique les enfants plus qu'on ne l'imagine

Force est de constater que l'usage de la critique est plus commun que celui du compliment.

En 2016, Stephanie Swenson, du Centre pédiatrique de Washington, étudie 128 couples parents-enfants d'un quartier défavorisé, dont la majorité des parents sont des mères, à 67 % afro-américains, sans emploi et qui viennent consulter à l'hôpital pour des troubles du comportement de leurs enfants. Les enfants sont âgés de 2 à 5 ans. Avec leur consentement, les parents sont filmés pendant 15 minutes tandis qu'ils jouent librement avec leurs enfants. Stephanie Swenson constate que – bien que les parents disent qu'ils félicitent souvent, voire très souvent leur enfant et ne le critiquent que rarement, voire jamais – les enregistrements prouvent le contraire : les parents critiquent trois fois plus qu'ils ne complimentent. Les parents surestiment donc leur utilisation des compliments alors qu'ils sous-estiment leurs critiques qui sont, elles, beaucoup plus fréquentes.

Je fais l'hypothèse que les résultats seraient les mêmes quelle que soit l'origine socioculturelle des parents.

Comment aider l'enfant à développer une confiance intrinsèque ?

Un des buts de l'accompagnement des enfants et des adolescents est qu'ils développent une confiance en eux et que cette confiance ne soit plus dépendante du jugement des autres, qu'elle devienne donc intrinsèque. C'est-à-dire qu'ils puissent acquérir progressivement une profonde connaissance d'eux-mêmes, être conscients de leurs failles, de leurs capacités, qu'ils sachent accueillir comme normaux les erreurs et échecs, qu'ils expérimentent, se découragent et repartent.

Bien entendu, c'est avec le soutien et la confiance des adultes que l'enfant va acquérir petit à petit cette connaissance de lui-même, cette motivation intrinsèque qui lui permettra de progresser : « Là, je vois que tu as travaillé à fond ce sujet, peux-tu me dire de façon précise ce qui t'a passionné exactement dans ce travail ? », « Apparemment cette matière te rebute, peux-tu me dire pourquoi, et as-tu besoin d'aide ? »

L'enfant, ou l'adolescent, trouvera en lui-même la motivation pour travailler parce qu'il aura conscience de ce qui l'intéresse et, très progressivement, il saura dans quelle direction orienter sa vie.

C'est donc de soutien, d'encouragements et d'une aide pour se connaître que l'enfant et l'adolescent ont besoin.

Féliciter l'enfant pour ses efforts, ses actes et non pour ses qualités

Haim Ginott, médecin américain, psychologue et enseignant (1922-1973), distingue les compliments descriptifs – qui sont utiles – des compliments évaluatifs – qui sont inutiles. Un compliment évaluatif concerne le caractère, la personnalité, le physique. Un compliment descriptif porte, quant à lui, sur le travail, les efforts, les réalisations de l'enfant. Pour cela, l'adulte doit être précis : ses descriptions doivent être formulées de telle sorte qu'on reconnaît ce que l'enfant a accompli et qu'on le respecte. L'idée est que l'enfant puisse évaluer lui-même ses actes et ses aptitudes. Il y a deux volets dans un compliment descriptif : ce qu'on dit à l'autre et ce que l'autre se dit à lui-même.

Par exemple, un enseignant peut s'exprimer ainsi : « Je vois que tu as beaucoup travaillé ce sujet, tu as fait des recherches, tu as lu, tu as réfléchi, tu t'es posé des questions, tu as interrogé ton entourage, tes camarades, bravo, c'est comme cela qu'on progresse, continue ! » L'enseignant guide l'élève qui se sentira alors conforté et encouragé à continuer. En revanche, un compliment comme « Bon élève » ou « Élève doué, intelligent » n'aidera en rien l'élève.

Transmettre aux élèves qu'on peut toujours progresser... en travaillant

Nos qualités intellectuelles et morales sont-elles immuables ou peuvent-elles s'améliorer ? Dans un article publié en 2013, Elizabeth Gunderson, alors chercheuse à l'université de Chicago, rappelle les nombreuses recherches qui s'interrogent sur le caractère immuable ou flexible des qualités intellectuelles et morales des êtres humains. Elle montre les façons très différentes d'envisager l'être humain. Certains pensent que les capacités intellectuelles et morales sont immuables, d'autres estiment qu'elles sont flexibles. Or cette façon d'envisager l'être humain peut avoir des conséquences importantes sur la manière dont on envisage la motivation, la cognition et le comportement.

En effet, les personnes qui pensent que les êtres humains peuvent progresser voient l'effort comme positif. Ainsi, quand les adultes transmettent aux enfants et aux adolescents que l'intelligence est malléable, les résultats scolaires s'améliorent[1].

Il en est de même pour les jugements moraux. Les enfants persuadés que les personnes dites méchantes ne peuvent changer sont moins motivés pour résoudre les conflits de façon positive.

Savoir que les traits sont malléables et peuvent s'améliorer, aussi bien pour l'intelligence qu'en ce qui concerne les qualités morales, permet d'avoir plus d'attitudes positives que lorsqu'on pense qu'il est impossible d'évoluer.

Encourager les efforts favorise la motivation. Encourager les efforts des enfants favorise leur motivation : ils se disent que leurs capacités sont malléables, ils attribuent leur succès au fait de travailler dur, d'avoir des stratégies pour progresser, ils se réjouissent des défis, et tout cela conduit à une nouvelle augmentation de leur motivation qui se traduit par des progrès.

Comment ces croyances se développent-elles ? Une des réponses est la façon dont les enfants sont encouragés dès le plus jeune âge. Quand on les complimente pour ce qu'ils sont, on leur signifie implicitement que leurs qualités sont innées et fixes, ce qui ne les encourage pas à travailler ni à faire des efforts, alors que les féliciter pour leur travail et leurs efforts leur montre qu'ils peuvent progresser[2].

Soutenir l'enfant accroît le taux de dopamine, molécule du plaisir de vivre et de la motivation

Soutenir et encourager l'enfant fait sécréter de l'ocytocine qui elle-même entraîne la sécrétion de dopamine, molécule cérébrale qui donne du plaisir à vivre, stimule la motivation et la créativité. Quand l'enfant entame une activité avec enthousiasme et motivation, il décuple ses capacités d'apprentissage et les chances de réaliser son projet[3].

Encourager l'enfant ou l'adolescent dans ses efforts, l'aider à se connaître pour qu'il sache évaluer lui-même ses capacités et ses faiblesses et identifier ce qui l'intéresse est une piste lui permettant de se développer socialement et intellectuellement.

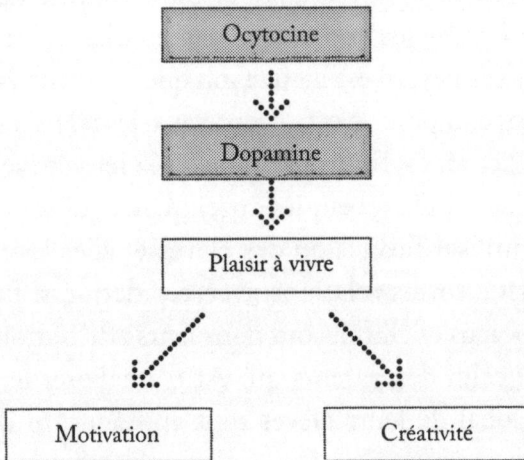

```
        ┌──────────────┐
        │   Ocytocine  │
        └──────────────┘
               ↓
        ┌──────────────┐
        │   Dopamine   │
        └──────────────┘
               ↓
        ┌──────────────┐
        │ Plaisir à vivre │
        └──────────────┘
          ↙         ↘
 ┌─────────────┐  ┌─────────────┐
 │  Motivation │  │  Créativité │
 └─────────────┘  └─────────────┘
```

Fig. 4. Ocytocine et dopamine. La dopamine est sécrétée grâce à l'ocytocine.

Renvois, encouragements et récompenses : les différences entre les écoles américaines, chinoises et japonaises

En 2016, George Bear, de l'université du Delaware à Newark (États-Unis), entreprend avec ses collègues chinois et japonais une vaste étude internationale portant sur 3 588 écoles élémentaires et collèges. Ils constatent que les renvois définitifs, les mises à pied provisoires, les punitions et les problèmes de comportement sont fréquents dans les écoles américaines alors qu'ils sont rares dans les écoles chinoises et japonaises. Les raisons de cette différence sont probablement culturelles.

En Asie, la recherche de « l'harmonie sociale, valeur suprême », de la « piété filiale » et du « contrôle de soi » est héritée de Confucius et partagée par les Chinois et les Japonais. Dans ces pays, il est bien établi que la norme est de promouvoir les comportements prosociaux, les relations sociales, le respect des aînés, l'autodiscipline et la réussite scolaire.

Ces valeurs influencent les enseignants qui sont réticents à l'idée d'utiliser l'exclusion des élèves et elles les incitent à entretenir de fortes relations avec ces derniers. Les enseignants japonais et chinois ont dans leurs attributions un rôle proche de celui des parents qui est d'améliorer le développement global de leurs élèves tout en énonçant des règles claires[4].

Quant aux enfants, ces valeurs leur sont transmises dès leur plus jeune âge et durant tout leur développement. Ils respectent plus leurs parents et leurs enseignants et ont de meilleures relations avec eux que les enfants américains. Beaucoup de recherches montrent que les élèves ont peu de problèmes de comportement en classe et de meilleurs résultats scolaires quand ils respectent leurs enseignants et quand les relations enseignants-élèves sont positives[5].

Les encouragements et les récompenses sont plus habituels dans les écoles chinoises que dans les écoles américaines. Par contre, il n'existe pas de différence sur cette question entre les écoles élémentaires américaines et japonaises.

Cette étude souligne l'existence de très grandes différences dans la façon d'être des enseignants et des élèves en fonction des cultures d'origine.

12. Le cerveau se modifie grâce à la neuroplasticité et à l'épigénétique

Chaque relation, chaque rencontre nous affecte dans un sens positif ou négatif et transforme notre cerveau. C'est un des messages essentiels des neurosciences affectives et sociales et il s'agit là d'une véritable révolution dans la compréhension de l'humain.

L'enseignant joue un rôle majeur dans l'environnement de l'enfant au vu de son rôle et des nombreuses heures qu'il passe avec lui. Ce qu'il est, sa personne elle-même et sa façon de transmettre sont primordiaux et influencent probablement le développement du cerveau de l'enfant. En effet, de nombreuses recherches actuelles montrent les effets des relations avec les parents sur le cerveau de leurs enfants et adolescents. Mais il n'existe pas encore d'étude sur les effets des relations enseignants-enfants sur le cerveau des élèves.

Par ailleurs, nos cerveaux sont construits à l'interface de l'expérience et de la génétique. Mais nos expériences relationnelles ont une influence prépondérante car elles transforment en permanence notre cerveau de façon profonde et peuvent même modifier l'expression de certains gènes.

Ces modifications cérébrales liées aux expériences de la vie surviennent grâce à deux mécanismes : la neuroplasticité et l'épigénétique.

La neuroplasticité

Le cerveau de l'enfant est extrêmement malléable, « plastique »

Le cerveau est un organe « plastique ». La notion de neuroplasticité signifie que le cerveau est capable de remodelages sous l'effet des expériences, et ce tout au long de la vie. La très grande particularité de l'enfant et de l'adolescent est d'avoir une plasticité beaucoup plus importante que celle de l'adulte.

La vie intra-utérine et les deux premières années de vie sont considérées comme les périodes les plus déterminantes pour le développement du cerveau, qui reste ensuite sensible à son environnement durant toute l'enfance, puis redevient très vulnérable durant l'adolescence, comme nous le verrons.

La plasticité cérébrale modifie le cerveau en profondeur

La plasticité cérébrale est un processus complexe qui permet au cerveau de s'adapter face à un environnement en perpétuel changement. Apprendre, mémoriser et intégrer dans notre vie ce qui a été compris et appris sont des processus dépendant des modifications chimiques et architecturales du cerveau.

L'expérience agit sur le cerveau en modifiant l'activité vasculaire, le métabolisme, les molécules cérébrales, le développement des neurones, leur myélinisation, la force des connexions entre les neurones, les synapses, l'activité des cellules gliales, les réseaux neuronaux, les structures cérébrales, et même l'expression de certains gènes. Ces remaniements, cette plasticité se manifestent par l'émergence, la disparition ou la réorganisation des synapses mais également des neurones et des circuits neuronaux.

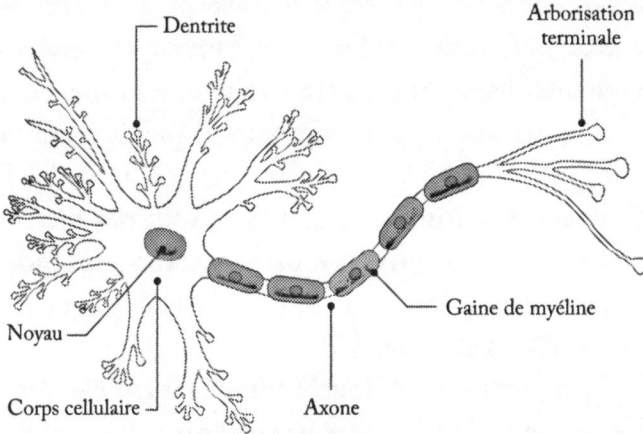

Fig. 5. Neurone.

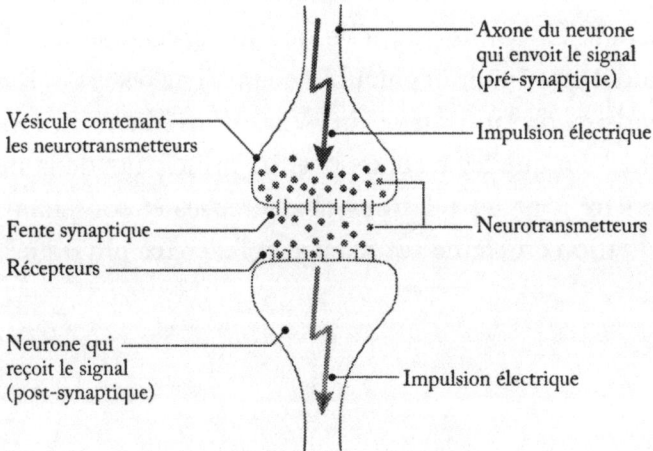

Fig. 6. Échanges synaptiques.

Chaque cerveau est unique

À travers la biochimie, l'expérience façonne l'architecture de nos circuits neuronaux, faisant que chaque cerveau est unique et le produit de nos expériences individuelles mais aussi de notre bagage génétique transmis par nos ascendants.

Toutes les expériences affectives, intellectuelles, sensorielles ou motrices que l'enfant traverse, les relations qu'il tisse avec sa famille, ses amis, ses camarades de classe, ses enseignants, l'ambiance, l'atmosphère, le milieu social et culturel, la situation pécuniaire dans lequel il est élevé, à la maison, à l'extérieur, dans les divers lieux d'accueil, à l'école, la stimulation cognitive, la nutrition, sont des facteurs qui remanient son cerveau, en permanence, très profondément, et qui par là même jouent un rôle considérable dans ses aptitudes cognitives et sociales[1].

Cette plasticité est à double tranchant car elle peut faire évoluer l'enfant favorablement ou non en fonction de l'environnement dans lequel il vit.

Louis Cozolino rappelle que le cerveau se développe quand il est stimulé et s'affaiblit quand il ne l'est pas[2]. Richard Davidson, de l'université du Wisconsin-Madison, souligne quant à lui que les facteurs positifs principaux de la neuroplasticité sont les relations chaleureuses et soutenantes, la méditation en pleine conscience et l'exercice physique[3].

Développer une relation de qualité avec les élèves, les soutenir, les encourager favorise la neuroplasticité, stimule les circuits neuronaux et améliore l'apprentissage

En 1986, Luis Baptista mène une étude fort intéressante qui nous incite à la réflexion. Il constate que les oiseaux apprennent mieux leur chant quand on les expose à des oiseaux qui chantent et non pas à des chants enregistrés. Ces oiseaux montrent qu'ils ont besoin d'interactions sociales pour déclencher la neuroplasticité. Qu'en est-il alors de ces cours proposés aux élèves par l'intermédiaire de différents médias sans la présence réelle de l'enseignant face à ses élèves ?

Les humains, comme les oiseaux, s'engagent de façon plus effective dans l'apprentissage quand ils sont face à face, esprit à esprit, cœur à cœur avec leur enseignant, quand ils peuvent échanger avec lui, le questionner.

La transmission des savoirs et l'environnement social agissent en synergie sur l'apprentissage. L'enseignant, par la transmission de ses connaissances, bien sûr, mais aussi par son attitude, optimise la plasticité cérébrale de son élève. La personnalité des enseignants, leur enthousiasme, leur façon d'être sont des composantes vitales de ce processus neurobiologique. Les enseignants qui utilisent leur personnalité, leurs compétences personnelles, leurs méthodes pour créer un environnement enrichi mais aussi soutenant, encourageant et bienveillant stimulent la plasticité neurale, améliorent le développement du cerveau de l'élève et facilitent son apprentissage. Dans une classe, les relations sécurisantes et soutenantes entre l'enseignant et l'élève favorisent le développement du cerveau mais permettent aussi à l'enfant de réguler ses émotions, ce qui favorise l'apprentissage[4].

Chaque fois que nous apprenons, les circuits neuronaux sont modifiés

Le site canadien «Le cerveau à tous les niveaux» nous fait voyager dans la profondeur du cerveau et comprendre comment s'effectuent ces modifications cérébrales. Voici ce que l'internaute peut y découvrir :

> *L'apprentissage* repose sur la plasticité des circuits de notre cerveau, c'est-à-dire la capacité des neurones à modifier de façon durable l'efficacité de leur transmission synaptique. [...] Chaque fois que nous apprenons quelque chose, des circuits nerveux sont modifiés dans notre cerveau. [...] Ce sont les synapses qui augmentent leur efficacité suite à un apprentissage, facilitant ainsi le passage de l'influx nerveux dans un circuit particulier. [...] En variant la quantité de neurotransmetteurs émis, de récepteurs disponibles ou encore de l'affinité entre les deux, nos synapses se modifient constamment pour nous permettre d'apprendre. *La transmission synaptique est donc un mécanisme omniprésent à l'origine de la grande plasticité de notre cerveau*[5].

La réussite de l'apprentissage nécessite un minimum de stimulation, d'exigence, de défis

Depuis plusieurs décennies nous savons que des environnements stimulants, enrichis ont des impacts positifs sur la croissance neuronale et l'apprentissage. Les animaux élevés dans des environnements complexes et stimulants montrent une augmentation de la plasticité et un meilleur développement du cerveau, qui présente des neurones plus longs et des synapses plus nombreuses[6]. En 2013, Louis Cozolino rappelle que :

> Des niveaux moyens à modérés d'éveil mental, cérébral, sont nécessaires pour déclencher la neuroplasticité en accroissant la production de neurotransmetteurs, des facteurs de croissance cérébrale, le BDNF [*brain-derived neurotrophic factor*, voir page 240] entre autres, qui à leur tour activent la croissance neurale, augmentent la connectivité et réorganisent le cortex. Pour que la neuroplasticité survienne, il est donc nécessaire d'être dans un état d'alerte, de vigilance, d'éveil physiologique, cérébral qui permet alors d'être attentif, concentré et motivé. Il faut savoir susciter chez l'élève cet état d'ardeur qui le stimule, ouvre toutes ses facultés sensorielles, intellectuelles, affectives et le met en appétit, lui donne envie d'apprendre, de découvrir, d'explorer. Par contre, si l'état de vigilance, d'éveil cérébral de l'élève est très bas ou au contraire si l'élève est complètement surexcité, surstimulé, la neuroplasticité s'interrompt. La plasticité s'arrête ainsi en l'absence de stimulation pour conserver l'énergie et quand la stimulation est trop forte pour détourner l'énergie vers la survie.

Enfin, il constate que « quand les adultes humains s'engagent dans un travail stimulant, dans l'exploration de domaines nouveaux, leurs cerveaux deviennent plus complexes, robustes, et plus résistants aux maladies liées à l'âge ».

L'épigénétique

Nos gènes, transmis par nos ancêtres, portent notre hérédité et la transmettent à notre descendance. Ils nous rendent sensibles à telle ou telle maladie et modèlent notre tempérament. Le tempérament de l'enfant et les relations qu'il vit avec les adultes ou les autres enfants interagissent en permanence.

L'environnement peut modifier l'expression des gènes

Au départ, nos gènes servent de matrice à l'architecture du cerveau, ils portent l'information pour sa construction. Puis, sous l'influence permanente de l'expérience, l'expression de ces gènes se modifie, créant un cerveau unique et donc une personne tout à fait singulière, car issue des expériences qu'elle aura vécues.

Durant notre vie, les gènes expriment avec plus ou moins d'intensité les caractères ou les maladies qu'ils possèdent. Leur capacité d'expression est très variable. Certains gènes sont muets et ne s'exprimeront jamais. D'autres pourront s'exprimer puis redeviendront muets.

Nous savons maintenant que notre environnement peut modifier l'expression de certains gènes. Cette modification de l'expression des gènes par l'environnement est appelée épigénétique. Les gènes eux-mêmes ne sont pas modifiés mais leur capacité à s'exprimer change : ils deviennent actifs ou inactifs, en passant par toutes les nuances entre ces deux états, grâce à « un interrupteur génétique ». Cet interrupteur active ou désactive une portion du gène concerné. Ces mécanismes se situent au niveau moléculaire et sont le plus souvent une méthylation de l'ADN, c'est-à-dire un ajout d'un groupe méthyle (CH_3). De très nombreux facteurs environnementaux comme l'alimentation, les produits toxiques, mais aussi l'entourage familial et social, peuvent *modifier* l'expression des gènes.

Grâce à ces découvertes, nous commençons à comprendre comment les relations humaines influent sur le fonctionnement de nos gènes et de notre cerveau et contribuent à modeler ce que nous sommes.

13. Une relation de qualité a des effets positifs sur le cerveau

Les recherches de ces dernières années nous apprennent que la manière d'élever un enfant, d'en prendre soin, a un impact direct sur son cerveau. Ces faits sont d'une importance majeure car nous savons maintenant ce qui favorise le bon développement de l'enfant et de l'adolescent. Face à ces nouvelles connaissances, on peut légitimement s'interroger sur les relations que vit l'enfant avec les adultes et en particulier sur la relation enseignant-élève. A-t-elle également une influence sur son cerveau ? Et si oui, faut-il que cette relation soit d'une certaine durée, d'une certaine intensité émotionnelle pour qu'elle imprime sa marque ?

Il n'existe pas encore d'étude sur les effets de la relation enseignant-élèves sur le cerveau de ces derniers. Je fais l'hypothèse que la relation qu'entretient l'enseignant avec son élève a un impact sur le cerveau de l'enfant, étant donné que celui-ci passe souvent plus de temps avec l'enseignant qu'avec ses parents.

De très nombreuses études constatent, nous l'avons vu, que le type de relation que l'enseignant entretient avec l'élève influence le comportement et les résultats scolaires de ce dernier. La combinaison d'une attention positive et d'une réduction du stress conduit à un attachement sécurisant qui a un effet synergique sur la croissance cérébrale et l'apprentissage. Ces résultats suggèrent qu'un contexte sécurisant et attentionné optimise la capacité du cerveau à croître et apprendre[1].

Voyons ensemble ce que nous disent les recherches récentes sur la parentalité et le développement du cerveau de l'enfant en faisant l'hypothèse, encore une fois, que l'enseignant, par son attitude et les interactions qu'il développe, pourrait impacter le cerveau de son élève.

Les nombreuses recherches scientifiques confirment qu'une parentalité chaleureuse, empathique et soutenante pendant l'enfance a des effets positifs sur le développement cognitif, comportemental et psychologique, et ce tout au long de la vie[2].

Prendre soin, sécuriser et consoler a des effets très positifs sur le cerveau de l'enfant

Le maternage au sens large du terme, c'est-à-dire le fait de prendre soin, de sécuriser, de consoler et de câliner, agit en profondeur sur le cerveau, et donc sur le développement de l'enfant. Le fait de materner n'est pas réservé aux femmes ni aux bébés. Les hommes sont tout à fait capables de materner, et il n'y a pas d'âge pour avoir besoin d'être rassuré, consolé ou pour recevoir de l'affection.

Chaque fois que l'adulte comprend l'enfant, le rassure, le console en adoptant une attitude douce, chaleureuse, en prodiguant des gestes tendres, en parlant d'une voix calme, apaisante et avec un regard compréhensif, il aide le cerveau à se développer. Ce comportement a un impact positif considérable sur la maturation du cerveau, de ses lobes frontaux, de ses circuits cérébraux. L'enfant parviendra alors plus rapidement à gérer les émotions envahissantes et les impulsions de son cerveau émotionnel et archaïque[3].

En 1989, Michael Meaney, chercheur à l'université McGill de Montréal, au Canada, montre que la qualité et la quantité de soins maternels et le contact rassurant stimulent la création de récepteurs aux glucocorticoïdes, diminuant ainsi l'exposition de l'hippocampe au cortisol. Les effets délétères du stress sont alors atténués et l'hippocampe est protégé. Le chercheur nous dit également que l'ambiance dans laquelle l'enfant grandit agit directement sur l'expression du gène NRC31 qui augmente l'immunité, la capacité à faire face au stress et qui développe les connexions au niveau de l'hippocampe, permettant alors de mieux apprendre et de mieux mémoriser[4].

||||||||||||||||||||||||||||||||||||||||||||||||||||||||||||||||||||||||||||||||||||||||||||||

Les principaux effets du « maternage » sur le cerveau

- Il participe à la maturation globale du cerveau et en particulier à la maturation du lobe préfrontal et du cortex orbitofrontal (COF).
- Il participe également à la maturation des circuits cérébraux qui vont du cortex préfrontal au cerveau émotionnel.

- Il modifie l'expression d'un gène qui renforce l'aptitude à faire face au stress et densifie les connexions de l'hippocampe, structure cérébrale dévolue – entre autres – à l'apprentissage et à la mémoire.
- Il augmente la sécrétion d'une protéine vitale pour le développement du cerveau et sa plasticité : le *brain-derived neurotrophic factor* (BDNF) ou facteur de croissance neuronale. Il intervient dans la prolifération, la survie et la différenciation des neurones et de leurs connexions.
- Il fait sécréter l'ocytocine et favorise ainsi l'empathie, l'amitié, la coopération, diminue l'anxiété et donne du bien-être.
- Il active le système parasympathique et régule ainsi les émotions, apaise, aide à se concentrer, à penser.
- Il augmente le nombre de récepteurs cérébraux aux glucocorticoïdes, diminuant le niveau de cortisol en circulation. L'anxiété, les manifestations de détresse et de peur diminuent tandis qu'augmentent l'attention, la curiosité et le désir d'explorer[5].

||||||||||||||||||||||||||||||||||||||||||||||||||||||||||||||||||||||||||||||||||||||||

Voici quelques études concernant l'impact des relations parent-enfant sur le cerveau de l'enfant.

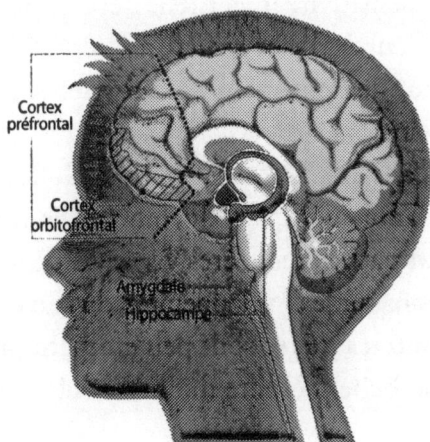

Fig. 7. Le cerveau supérieur.

Les bénéfices de l'empathie

Une mère empathique permet le développement chez l'enfant, dès l'âge de 6 mois, des structures cérébrales impliquées dans les compétences socio-émotionnelles

En 2015, Anne Rifkin-Graboi, de l'université de Singapour, étudie chez 20 enfants âgés de 6 mois la sensitivité maternelle et ses conséquences sur le volume des structures du cerveau émotionnel et leur connectivité. La sensitivité est ce regard positif posé sur l'enfant, le respect de son autonomie, une présence soutenante, non agressive. C'est la capacité à percevoir et à interpréter avec précision les signaux émotionnels de l'enfant, à y répondre rapidement et de façon appropriée, ce qui correspond pour moi à l'empathie et conduit à un attachement sécurisé. Anne Rifkin-Graboi montre que la sensitivité maternelle développe l'hippocampe et ses connexions avec les structures cérébrales impliquées dans le fonctionnement socio-émotionnel et dans la régulation des émotions.

En 2017, Vaheshta Sethna, du King's College de Londres, étudie 39 enfants âgés de 3 à 6 mois. Elle montre que les variations d'empathie des mères vis-à-vis de leur enfant ont des répercussions sur le développement du cerveau émotionnel du bébé. Quand les mères sont peu empathiques, le cerveau émotionnel du bébé présente moins de substance grise.

La substance grise est plus développée chez les enfants ayant eu des parents empathiques durant la petite enfance

Une étude portant sur 191 familles et leur enfant âgé de 6 semaines à 8 ans est menée en 2015 par Rianne Kok, de l'université de Leyde, aux Pays-Bas. La chercheuse analyse l'impact de la sensitivité des parents sur la structure cérébrale de leur enfant et constate que la sensitivité des parents durant la petite enfance s'accompagne d'une augmentation de la substance grise – qui correspond au corps cellulaire des neurones et aux synapses –, avec un développement optimal du cerveau de l'enfant. Cette étude est particulièrement importante car elle inclut le père. Ces résultats montrent à l'évidence que c'est la qualité de la relation qui constitue le facteur le plus important pour le développement du cerveau, le père étant aussi important que la mère.

Une parentalité positive protège la substance blanche du cerveau des enfants très réactifs au stress

Nous savons que le style de parentalité agit sur le stress des enfants et qu'une parentalité positive (parents empathiques, chaleureux, soutenants) diminue le stress des enfants et donc leur taux de cortisol. Mais qu'en est-il de l'effet d'une parentalité positive sur la substance blanche chez les enfants présentant une forte réactivité au stress ?

C'est ce qu'a voulu savoir Haroon Sheikh, actuellement chercheur au Carver College of Medicine de l'université d'Iowa. En 2014, il étudie l'effet d'une parentalité positive sur le cerveau d'enfants très réactifs au stress. Il examine les liens entre l'attitude parentale, la substance blanche et le taux de cortisol salivaire chez 45 fillettes à 3 ans puis à 6 ans. Rappelons que la substance blanche contient les fibres nerveuses, aussi appelées axones. Elle doit son nom à la myéline de couleur claire qui forme un manchon de graisse autour des axones. Cette gaine isole les axones les uns des autres et permet d'accroître la vitesse de propagation de l'influx nerveux le long des fibres nerveuses.

Les résultats de l'étude montrent l'impact majeur des relations avec les parents sur le cerveau de leurs enfants : une parentalité positive préserve l'intégrité de la substance blanche chez les enfants qui ont une forte réactivité au stress. Le chercheur constate que le style de parentalité agit sur des régions cérébrales qui régulent le stress. Quand les parents sont bienveillants, chaleureux, leur attitude, même en cas de stress important, préserve la substance blanche de ces régions. Ainsi, une attitude positive dans la petite enfance annihile l'effet délétère d'un taux de cortisol élevé sur la substance blanche du cerveau des enfants.

Les bénéfices du soutien et de l'encouragement

Quand la mère soutient et encourage son enfant durant la petite enfance, l'hippocampe de ce dernier augmente de volume

En 2012, une étude réalisée par Joan Luby sur 92 enfants révèle le lien entre une attitude soutenante dans la petite enfance et l'augmentation du volume de l'hippocampe entre 7 et 13 ans. L'attitude maternelle conduit l'enfant à mieux mémoriser et à mieux apprendre[6].

L'impact du soutien maternel sur le volume de l'hippocampe est d'autant plus important qu'il se déroule à l'âge préscolaire

En 2016, Joan Luby étudie de nouveau l'impact du soutien des mères sur l'hippocampe de leur enfant. Cette étude a été réalisée sur 127 enfants de 3 ans jusqu'au début de leur adolescence. Elle montre que lorsque le soutien maternel a lieu durant la petite enfance, le volume de l'hippocampe augmente plus vite et de façon plus importante que s'il survient plus tard. Une attitude très soutenante durant la petite enfance multiplie par deux le volume de l'hippocampe. Elle souligne également que cet effet persiste jusqu'au début de l'adolescence.

Cette étude particulièrement importante confirme qu'il est capital de soutenir l'enfant durant la petite enfance, entre 3 et 6 ans, période durant laquelle le cerveau est extrêmement plastique. Ce volume augmenté de l'hippocampe est associé à une amélioration de la mémoire et de l'apprentissage mais également à une meilleure régulation des émotions, aussi bien chez le jeune enfant que chez l'adolescent à l'âge de 13 ans.

Qu'appelle-t-on «soutien maternel»? Dans cette étude, le soutien maternel se définit comme le regard positif que les mères posent sur leur enfant. Elles sont conscientes de son développement *émotionnel* et lui apportent du bien-être *émotionnel*. Elles sont capables de faciliter son autonomie, de le soutenir et de valider sa démarche quand il cherche des solutions pour résoudre ses difficultés. Les mères soutenantes savent exprimer des émotions positives, rester calmes et réassurer leur enfant quand celui-ci a des réactions émotionnelles lors de tâches un peu stressantes. Ces mères encouragent verbalement leur enfant et portent un regard positif sur ce qu'il accomplit.

Les encouragements des parents augmentent le volume de la substance grise de l'insula postérieure

En 2016, Izumi Matsudaira, de l'université de Tohoku au Japon, étudie les effets des encouragements des parents sur la structure cérébrale de leurs enfants chez 116 garçons et 109 filles d'une moyenne d'âge de 10 ans. Elle montre que les encouragements des parents augmentent le volume de la substance grise de l'insula postérieure. Cette structure cérébrale joue un rôle important dans la capacité d'empathie et dans la régulation des émotions. Il est intéressant de noter que l'insula postérieure est connectée au cortex auditif et qu'elle a une fonction auditive. La voix humaine l'active, ce qui n'est pas le cas d'une voix artificielle, nouvelle preuve que la proximité physique et affective est réassurante et « activante ». Enfin, la chercheuse japonaise constate que les enfants qui reçoivent des encouragements sont plus conscients d'eux-mêmes et des autres et sont ouverts aux expériences nouvelles.

Les bénéfices de gestes affectueux

Le toucher est un puissant moyen de communiquer ses émotions. Il contribue à la formation des liens sociaux. En 2016, Jens Brauer, de l'Institut Max-Planck à Leipzig, montre qu'une mère ayant un toucher affectif, doux et respectueux développe le cerveau social de son enfant. Ce terme de « cerveau social » décrit les réseaux neuronaux nous mettant en relation avec les autres. Il nous permet d'exprimer notre intérêt pour les autres, notre sensibilité à leurs émotions, à leurs pensées et intentions.

Le cas des adolescents

Une parentalité positive agit favorablement sur le cerveau des adolescents

En 2014, Sarah Whittle de l'université de Melbourne, en Australie, étudie le cerveau de 188 adolescents. Elle rapporte que le comportement positif de la mère lors de conflits avec son adolescent est associé à un meilleur développement du cerveau de l'adolescent.

Les encouragements ou les critiques ont des effets sur le cerveau

En 2016, Robin Aupperle, de l'université de Tulsa aux États-Unis, étudie les effets des critiques ou des encouragements maternels sur le cerveau d'adolescentes considérées comme à haut risque de déviance. Elle montre qu'il existe une relation entre les symptômes d'anxiété et de dépression chez ces jeunes filles et leurs réponses cérébrales aux différents commentaires maternels. Lors des critiques maternelles, ces jeunes filles manifestent de très fortes réactions émotionnelles et on constate un dysfonctionnement au niveau cérébral : leur amygdale s'active fortement, reflétant un très grand stress, alors que leur cortex préfrontal diminue son activité et ne calme pas l'amygdale. À l'inverse, lors des compliments, leur amygdale ralentit son activité.

La qualité des interactions influence le développement des fonctions exécutives chez l'enfant

On observe de mauvaises fonctions exécutives dans de très nombreux troubles du développement (déficit d'attention, autisme, dépression, etc.) pour lesquels il existe une composante génétique, biologique, mais aussi environnementale. Une parentalité positive modère les difficultés chez les enfants qui présentent une vulnérabilité biologique[7]. Il en est de même chez les enfants issus de milieux défavorisés chez qui une parentalité empathique et soutenante favorise de bonnes fonctions exécutives[8].

En 2015, Nicole Lucassen, de l'université de Rotterdam, aux Pays-Bas, étudie 607 familles en s'intéressant à l'éducation que donnent le père et la mère. Elle analyse les conséquences sur les fonctions exécutives d'une parentalité punitive ou au contraire attentive aux besoins de l'enfant dans le jeune âge, à 4 ans. Elle rappelle tout d'abord que la parentalité influence le développement du cortex préfrontal et que les enfants dont les parents sont à l'écoute de leurs besoins ont un meilleur développement cognitif, comportemental et socio-émotionnel[9]. Au terme de son étude, elle constate qu'une parentalité positive participe au bon développement des fonctions exécutives et qu'au contraire une mère peu empathique et un père sévère vont contrecarrer le bon développement des fonctions exécutives, sauf la flexibilité qui reste intacte.

Chercheuse à l'université du Québec à Chicoutimi, Stéphanie Duval étudie, en 2016, 118 enfants de 5 ans en classe de maternelle. Elle montre que le soutien émotionnel permettant une qualité de relations au sein de la classe est corrélé au développement des fonctions exécutives à cet âge.

Les fonctions exécutives

Les fonctions exécutives sont des capacités intellectuelles très importantes dévolues à l'organisation et à la planification des tâches, au contrôle inhibiteur, à la flexibilité cognitive et à la mémoire de travail.

Elles nous permettent donc d'initier, d'organiser et de planifier nos tâches, de prendre les décisions adéquates, d'évaluer nos actions. Elles nous donnent la capacité de contrôler nos émotions, de nous concentrer, d'inhiber les distractions. Elles nous permettent d'avoir une certaine souplesse d'action et de comportement, de nous adapter aux changements, de détecter nos erreurs, de les corriger et de nous montrer créatifs. Enfin, grâce à elles, nous pouvons garder une information en mémoire sur un temps court. Un bon développement des fonctions exécutives prédit un bon fonctionnement social et scolaire.

Ces fonctions exécutives commencent à se développer dans les cinq premières années de vie, parallèlement au développement du cortex préfrontal, et continuent leur maturation durant l'adolescence. Pour avoir de bonnes fonctions exécutives, il faut un cortex préfrontal qui fonctionne bien, mais aussi une qualité des connexions de la substance blanche entre cette région et les autres régions du cerveau, comme le corps calleux.

|||||||||||||||||||||||||||||||||||||||||||||||||||||||||||||||||||||||||||||||||||||||||||||||||||||||||||||

Ces études nous permettent de mesurer l'impact direct de l'attitude des parents sur le cerveau de leurs enfants et adolescents et ainsi, encore une fois, de faire l'hypothèse que les autres adultes qui prennent en charge les enfants et les adolescents ont également une influence sur leur cerveau.

14. Le stress entrave le développement de l'enfant

Après avoir vu les conditions d'un développement optimal de l'enfant et de l'adolescent, abordons maintenant ce qui peut entraver leur développement. Nous savons actuellement que le stress, quand il est important et/ou répété, constitue un des freins à la maturation du cerveau et donc au développement de l'enfant.

Petit rappel

Le terme de « stress » a été popularisé dans les années 1930 par le psychologue austro-canadien Hans Selye. Physiologiquement, il désigne une réaction de l'organisme lorsque celui-ci est confronté à un stresseur : danger, douleur, émotions négatives, contrariété et bien d'autres tourments physiques ou psychologiques. Cette réaction va déclencher une mise en tension à la fois physique, chimique et psychologique.

Le stress est une réaction physiologique normale et utile...

Dans certaines situations, le stress est vital. Au départ, c'est un héritage qui a assuré notre survie à l'époque lointaine où nous habitions dans les grottes de Cro-Magnon : si l'un de nos ancêtres était menacé par un prédateur, soit il l'attaquait, soit il s'enfuyait, soit il se figeait. C'est ce que des chercheurs anglo-saxons ont nommé les « 3 F » : *fight, flight or freeze*, c'est-à-dire le combat, la fuite ou l'immobilisation – littéralement le « gel sur place ». Mais pour que notre homme des cavernes y parvienne, il était préférable que ses muscles soient gorgés de sang, tendus pour l'action, et bien approvisionnés en oxygène. D'où l'augmentation du tonus des muscles, de la pression artérielle et de la fréquence respiratoire, la stimulation du système nerveux sympathique, etc. – modifications de son organisme sur lesquelles nous reviendrons page 229.

... qui peut devenir toxique

Aujourd'hui, les enfants comme les adultes sont rarement menacés par des tigres à dents de sabre et ils n'ont plus à chasser pour survivre. Pourtant, les conditions de la vie moderne nous conduisent à réagir avec la même intensité qu'à la préhistoire. Pourquoi ? Tout simplement parce que nous n'avons pas changé de modèle de cerveau depuis cette époque. C'est là que les problèmes surviennent car, souvent, nous sommes face à des stresseurs psychologiques (comme la maltraitance émotionnelle que nous verrons plus loin) face auxquels nos réponses – que ce soit la fuite, le combat, ou l'attitude figée – peuvent être inadaptées, ce qui engendre frustration et sentiment d'impuissance. Par ailleurs, le stress devient dangereux quand il est chronique ou excessif, et il peut alors entraîner de nombreuses maladies physiques et psychiques.

Les causes de stress durant l'enfance et l'adolescence

Dans leur classe, les enseignants se retrouvent face à un certain nombre d'enfants victimes de stress provenant soit de l'extérieur de l'école – dû à des conditions socioéconomiques précaires, des difficultés familiales ou de la maltraitance –, soit de l'école elle-même : le stress vient alors de l'institution, des enseignants ou des élèves.

Les conditions socioéconomiques difficiles

Beaucoup d'études actuelles soulignent que les enfants qui grandissent dans des conditions socioéconomiques difficiles, précaires, ou qui subissent la pauvreté, la guerre, l'immigration, sont exposés à des stress importants qui retentissent sur leur développement neurocognitif[1].

En 2012, Judi Mesman, de l'université de Leyde, a effectué une revue de la littérature scientifique sur l'empathie parentale dans les familles issues de minorités ethniques. Elle a montré que les difficultés socioéconomiques représentaient un stress majeur pour les parents, les conduisant souvent à être moins empathiques avec leurs enfants, ce qui retentit négativement sur ces derniers. En revanche, les interventions favorisant le bien-être de ces enfants diminuent le stress familial et augmentent les capacités d'empathie des parents.

Les difficultés familiales

Je ne m'étendrai pas sur les difficultés fréquentes et bien connues que rencontrent les familles – monoparentalité, séparations, violences conjugales. Elles peuvent elles aussi constituer une grande source de stress pour l'enfant.

La maltraitance

En revanche, je creuserai le sujet méconnu de la maltraitance. Beaucoup d'enfants vivent des humiliations verbales, physiques dans leur environnement familial ou à l'école. En France, les maltraitances physiques à l'école sont heureusement rares, mais elles existent encore souvent dans les cours de récréation.

La maltraitance génère un stress majeur très néfaste. Elle peut provoquer chez l'enfant de nombreux troubles du comportement (agressivité, anxiété, dépression), voire de véritables maladies psychiatriques[2] qui retentissent évidemment sur le climat général de la classe et peuvent conduire également à des difficultés cognitives perturbant l'apprentissage.

La maltraitance vis-à-vis des enfants reste un très grand tabou

Parler de la maltraitance envers les enfants dérange fortement les adultes. Cette réalité est peu connue et reste encore un très grand tabou.

Depuis quelques années, la violence subie par les femmes a été heureusement exposée au grand jour et beaucoup de décisions ont été prises pour tenter d'y remédier. Il en est de même pour la violence faite aux animaux, ce qui représente un progrès. En revanche, il est apparemment beaucoup plus difficile d'ouvrir les yeux sur ce que subissent les enfants. Peu de personnes savent que la violence faite aux enfants est beaucoup plus fréquente que celle envers les femmes. D'après un rapport de l'Inserm, en France, deux enfants meurent chaque jour de maltraitance dans leur environnement familial (famille ou «nounou[3]»). Il faut donc prendre conscience du nombre important d'enfants victimes de maltraitance qui en réchappent mais gardent des séquelles physiques, comportementales et cognitives parfois très importantes. Ces enfants sont scolarisés et suivent le parcours scolaire avec de graves difficultés.

Ce chiffre considérable d'enfants maltraités devrait conduire à une vraie politique de prévention et de soutien de tous les adultes en charge d'enfants.

La maltraitance va de la violence éducative ordinaire jusqu'à la très grande maltraitance qui peut conduire à la mort de l'enfant. Elle regroupe la maltraitance physique, sexuelle, émotionnelle et la négligence. Toutes ces maltraitances ont des effets très délétères sur le cerveau de l'enfant et sur son développement psychoaffectif.

Les termes de violence physique et sexuelle, de négligence sont clairs et n'ont pas besoin, à mon avis, d'être explicités. Je m'attarderai en revanche sur la violence éducative ordinaire et la maltraitance émotionnelle.

La violence éducative ordinaire (VEO)

La violence éducative ordinaire est une violence physique et/ou psychologique exercée par l'adulte dans le but d'éduquer l'enfant. Elle est qualifiée d'éducative parce qu'elle fait partie intégrante de l'éducation à la maison et dans tous les lieux de vie de l'enfant, dont les écoles. Elle est dite ordinaire parce qu'elle est souvent quotidienne, considérée comme banale, normale, et tolérée, sinon même parfois encouragée par la communauté.

Cette violence a été particulièrement bien étudiée par Olivier Maurel, ancien professeur de lettres, cofondateur en France de l'Observatoire de la violence éducative ordinaire et auteur de nombreux livres dont un qui souligne la méconnaissance de ce sujet, intitulé *La Violence éducative : Un trou noir dans les sciences humaines*[4].

La VEO est très fréquente et concerne toutes les cultures, tous les pays. 85 à 95 % des adultes la pratiquent[5].

Pour beaucoup d'adultes, il ne peut pas y avoir de « bonne éducation » sans coercition ni punition. Pour éduquer l'enfant, il faut le dresser, le faire souffrir physiquement et psychologiquement en éveillant chez lui la crainte et la soumission. La relation éducative reste basée sur des rapports de pouvoir, de domination associant souvent souffrances physiques et souffrances morales. La punition est souvent utilisée pour que l'enfant « marche droit », avec des trésors d'imagination et de perversité et parfois au seul motif de la morale[6].

La frontière entre la grande maltraitance et la VEO est parfois floue car sous couvert d'éducation, la violence peut être très importante...

La violence physique est pratiquée quotidiennement à l'école dans de nombreux pays. Elle commence avec des pratiques telles que le fait de pincer le lobe de l'oreille, tirer les cheveux, pousser, tirer le bras, gifler, fesser. Elle se poursuit avec les coups de lanière, de ceinture, et va jusqu'à de véritables tortures, toujours afin que l'enfant travaille bien ou mieux et/ou qu'il se comporte bien. Les études extrêmement nombreuses montrent très clairement les effets dévastateurs de ces violences sur le cerveau, la santé physique, psychologique et sur le développement intellectuel des enfants qui les vivent[7].

En 2016, Tobias Hecker, de l'université de Bielefeld en Allemagne, étudie 409 enfants tanzaniens d'une moyenne d'âge de 10 ans qui subissent une discipline très dure à l'école. Ils sont frappés, fouettés, insultés, humiliés verbalement, menacés d'abandon. Le chercheur constate que ces enfants développent de nombreux troubles de comportement internes comme des manifestations anxieuses, dépressives, ainsi qu'une diminution des capacités cognitives et des performances scolaires.

La maltraitance émotionnelle

La maltraitance émotionnelle est très fréquente à l'école

Tous les enfants ne reçoivent pas de corrections physiques, mais beaucoup subissent des paroles dévalorisantes de la part d'adultes, de parents, d'enseignants ou d'enfants. Les mots dégradants, dévalorisants sont considérés par beaucoup comme « anodins ». Le plus souvent, les adultes pensent qu'ils vont aider l'enfant : « Vous savez, je lui dis cela pour son bien : il faut qu'il réalise ce qu'il fait et se reprenne en main. »

Les chercheurs qui s'intéressent au développement de l'enfant savent que beaucoup subissent quotidiennement cette maltraitance émotionnelle, dans tous les milieux et partout dans le monde. Ils ont donc étudié ses conséquences sur le cerveau de l'enfant et nous disent qu'elle constitue un très grand stress, conduisant à des perturbations du développement cérébral de l'enfant.

||||||||||||||||||||||||||||||||||||||||||||||||||||||||||||||||||||||||||||||||||||||||||||||||||||||

Qu'est-ce que la maltraitance émotionnelle?

Elle est définie comme :

- tout comportement ou parole qui rabaisse l'enfant, le ridiculise, le critique, le punit, lui procure un sentiment d'humiliation, de honte ;
- tout ce qui lui fait peur ou le terrorise.

Maltraiter l'enfant émotionnellement, c'est aussi :

- l'ignorer ou ne pas répondre à ses besoins d'affection, de soin, de protection ;
- le rejeter ;
- l'isoler, le priver de liberté, ou d'interactions sociales ;
- négliger les soins à lui apporter et ses besoins éducatifs ;
- le laisser assister à des violences conjugales[8].

||||||||||||||||||||||||||||||||||||||||||||||||||||||||||||||||||||||||||||||||||||||||||||||||||||||

Pourquoi croit-on que l'humiliation, les punitions, la privation peuvent faire progresser l'enfant?

Au cours des siècles passés, les adultes éduquaient selon les connaissances et les conditionnements de leur époque. Les punitions faisaient partie intégrante de la «bonne éducation». Il n'existait pas de recherches scientifiques sur ce sujet.

Aujourd'hui, au XXIe siècle, nos connaissances ont beaucoup progressé. De très nombreux chercheurs consacrent leur vie à comprendre ce qui favorise ou entrave le développement de l'enfant. Ces études remarquables nous éclairent sur la façon dont il faudrait élever les enfants et nous incitent à changer nos croyances sur la « bonne éducation ». Nous pouvons faire autrement et bien mieux.

La plupart des adultes, parents ou professionnels de l'enfance, reproduisent souvent la façon dont ils ont été eux-mêmes éduqués, sans vouloir ou pouvoir remettre en cause leur éducation. Il peut être très douloureux de revenir sur sa propre enfance, de critiquer ses parents, ses professeurs. Ces adultes aiment les enfants et pensent en toute bonne foi qu'il s'agit là de « la bonne éducation » et qu'il n'existe pas d'autres moyens pour que l'enfant devienne « quelqu'un de bien ». L'éducation, pour eux, c'est d'abord la discipline, l'obéissance et le « marcher droit ». Ils pensent que la punition apprend à « bien » se comporter, et que sous la contrainte, l'enfant va progresser et devenir pleinement humain.

Or c'est l'inverse. Dans ce contexte violent, l'enfant apprend que les rapports humains sont des rapports de force, d'humiliation, de domination et, très vite, il agira de même. Souhaitons-nous lui transmettre cela ? La colère engendrée contre la personne qui utilise de tels rapports brise la confiance, le respect. La méfiance s'installe et le lien se distend. L'enfant rumine et ne progresse pas, au contraire, il perd confiance en lui, se mésestime. On lui a dit qu'il n'était pas bien ou que ce qu'il faisait n'était pas bien, il se vit donc comme « mauvais, méchant, pas bien ». S'il obéit, ce sera pour échapper à la punition.

Sur le moment, l'adulte sera satisfait de le voir obéir. Mais l'enfant apprendra à vivre dans la crainte et la soumission, tout en nourrissant un ressentiment croissant contre l'adulte. Il n'aura pas compris pourquoi se comporter de telle ou telle façon est bénéfique pour lui et pour les autres. Il n'aura pas appris à identifier ses émotions, à se connaître. Il n'aura pas senti, compris que vivre ensemble peut être un grand bonheur quand on sait résoudre les conflits pacifiquement.

La dévalorisation, l'humiliation

«Tu es nul»; «Quel imbécile! Tu n'arriveras jamais à rien, tu écris mal»; «Ce devoir est un vrai torchon»; «Ce travail est vraiment nul»; «Tu le fais exprès?»; «C'est vraiment lamentable»; «Je ne sais plus quoi faire de toi»; «Tu ne comprends vraiment rien aux mathématiques»; «C'est quoi ce dessin?»; «C'est vraiment n'importe quoi!»; «Tu es vraiment bouché!»; «Il faut que je répète combien de fois encore pour que tu comprennes enfin?»; «Regarde Untel, lui au moins il travaille bien, il comprend vite»; «Tu ne retiens vraiment rien. Tu es une vraie passoire!»; «Mais qu'est-ce que tu cherches? Tu veux une punition, une colle?»; «Si tu continues tu seras renvoyé et aucun collège ne voudra de toi!»... De nombreux parents et enseignants laissent souvent échapper, sous le coup de la colère ou de la fatigue, des mots qui blessent.

> *Victor, 4 ans, est en deuxième année de maternelle. L'enseignante dit haut et fort, en pleine classe : «Victor, tu es un vrai fumiste, tu n'es même pas capable de faire un bonhomme correctement.»*

Rose, 5 ans, rentre en pleurant de l'école : «Maman, la maîtresse a déchiré mon dessin en disant qu'il n'était pas beau et l'a mis à la poubelle ! Elle m'a dit : "Est-ce que tu imagines ton dessin en grand sur un mur ?" Et elle s'est mise à rire. »

Rémi a 7 ans et l'enseignante lui dit devant les autres enfants : «Rémi, tu es dans ta bulle tout le temps, tu n'écoutes rien, tu ne veux pas apprendre, tu ne fais aucun effort. » Rémi se ratatine sur sa petite chaise et s'enferme encore plus dans sa bulle.

«Le maître s'est fâché, il m'a puni parce que je n'ai pas réussi mon devoir. Je dois recopier ma leçon 20 fois», me dit Mathieu, 9 ans.

Alexandre, 8 ans, a des difficultés pour écrire : «Tu es vraiment fainéant, paresseux. Tu ne veux pas écrire, tu le fais vraiment exprès. Les enfants qui ne font rien, je les punis», dit l'enseignante. Alexandre est privé de récréation.

Jade, 13 ans, rentre en pleurant de l'école : «Le prof me dit tout le temps que je suis nulle et que je n'arrive à rien. Je ne veux plus aller à l'école, c'est inutile !»

Les enfants dévalorisés par leur enseignant deviennent la risée de leurs camarades. Ils perdent confiance en eux, s'isolent, souffrent et ne veulent plus aller à l'école. Est-ce qu'être humilié, dévalorisé ou puni les aide ? Certainement pas, bien au contraire !

Il est néfaste de stigmatiser les difficultés, les erreurs. L'erreur fait partie de l'apprentissage. C'est un outil pour rebondir, pour avancer. L'enfant a juste besoin de comprendre pourquoi il s'est trompé et d'être soutenu, accompagné, pour progresser.

> *« Là, je vois que tu n'as pas compris. Veux-tu de l'aide ? »*
> *Myriam sourit et, timidement, répond : « Oui, j'ai vraiment besoin que vous m'aidiez. »*

Les menaces

L'éducation par la peur et par la menace laisse des traces souterraines, délétères qui continuent à agir à l'âge adulte. « Attention les enfants, je veux le silence complet. Je ne veux pas entendre une mouche voler » ; « Celui qui ne m'obéit pas aura affaire à moi ! » ; « Si vous continuez à être insupportables, vous aurez tous un devoir supplémentaire ! » ; « Si tu continues à avoir de mauvaises notes, je te prive de ta tablette. »

Les menaces comme les punitions sont un rapport de force, une pression exercée sur l'autre. L'adulte veut que l'enfant agisse comme il l'entend. Encore une fois, l'enfant obéira le plus souvent, mais uniquement pour éviter la punition contenue dans la menace sans autre réflexion. Or, chacun de nous, adultes comme enfants, souhaite agir parce qu'il a choisi telle ou telle option et non parce qu'il y est contraint. Certaines menaces agissent comme des prédictions de mauvais augure, des prophéties autoréalisatrices, et resteront fixées dans la mémoire de l'enfant : « Si tu continues à avoir de mauvaises notes, tu finiras sur le trottoir, tu ne trouveras jamais de travail et tu seras au chômage.» L'adulte craint pour l'avenir de son enfant et lui transmet son angoisse. Il ne réalise pas que ses paroles ont des effets néfastes. Au lieu de donner un sursaut d'énergie à l'enfant pour qu'il trouve de l'intérêt à son travail, ces paroles lui font peur, le stressent. N'étant pas soutenu par la confiance des adultes, il perd son estime de lui. Il se décourage, se sent «bon à rien» et travaille encore moins. Il a entendu toute son enfance des «Tu n'y arriveras pas!» et, une fois adulte, il n'aura pas la confiance nécessaire pour se valoriser à l'entretien d'embauche ou pour rechercher activement du travail.

Les notes, la compétition

Les mauvaises notes provoquent un stress qui n'aide pas l'enfant à progresser. L'enfant qui a de mauvaises notes se sent nul, humilié. À force d'être dévalorisé, stressé, découragé, en situation d'échec, il finit par perdre le goût d'apprendre, et ne veut plus aller en classe.

Par ailleurs, les notes entretiennent les conflits, les rivalités en classe et ne favorisent pas le travail en équipe, la coopération.

> *Muriel, 15 ans, sait qu'elle est « nulle ». Elle est la dernière de la classe : «Chaque fois que le prof rend les devoirs et énumère les noms et les notes, c'est un vrai supplice.» Elle ne s'habitue pas à cette humiliation publique et elle se sent de plus en plus nulle, n'ose plus parler à ses camarades de classe, se sent «bonne à rien».*

L'injonction de réussir à tout prix, d'être le meilleur, est une source de stress importante. Le stress des élèves vient souvent de la pression qu'exercent les parents ou les enseignants qui leur demandent d'avoir de bonnes notes, d'être les meilleurs. Les enfants entendent : «Pourquoi n'es-tu pas le premier ?»; «Je veux que tu sois le premier de ta classe.» Ils lisent sur leur bulletin : «Peut mieux faire.» Et ils s'épuisent à tenter de répondre aux exigences des adultes.

Certains parents, angoissés – légitimement – à l'idée que leur enfant ou leur adolescent ne réussisse pas à l'école et se retrouve ensuite au chômage, exigent à tout prix de bons résultats scolaires, quitte à infliger des punitions physiques, des humiliations, des privations. Quand la relation n'est plus centrée que sur les résultats scolaires, l'enfant ou l'adolescent ne se sent plus exister que par ses notes, ce qui peut conduire à des conflits majeurs, des troubles du comportement, des tentatives de suicide.

Les mises à l'écart

L'exclusion est ressentie comme un acte d'une grande violence. Pendant la préhistoire, la survie de l'homme dépendait de son appartenance à un groupe. L'exclusion équivalait souvent à une sentence de mort, comme c'est toujours le cas pour les mammifères nouveau-nés. Le désir de connexion, d'appartenance à un groupe est un besoin humain primaire, fondamental, une garantie de survie[9].

C'est pourquoi la peur d'être rejeté constitue l'une des principales sources d'angoisse et de souffrance chez l'humain. Le rejet social est ressenti aussi intensément qu'une douleur physique. D'après Naomi Eisenberger, professeure de psychologie à l'université de Los Angeles, le cortex cingulaire antérieur (CCA) enregistre les rejets sociaux dans la même aire que la souffrance physique. Cette structure cérébrale est le siège à la fois de la douleur physique et de la souffrance due au rejet social dont nous sommes l'objet, mais également quand elle concerne autrui. Les élèves souffrent quand ils sont eux-mêmes exclus, mais aussi quand ils voient les autres se faire rejeter, par les enseignants comme par les autres élèves.

En 2003, Louise Hawkley, chercheuse à l'université de Chicago, souligne que le sentiment d'appartenance sociale dépend moins de la fréquence des contacts ou du nombre de relations que du sentiment d'être accepté par un petit nombre de personnes considérées comme importantes pour nous.

Pour beaucoup d'élèves, l'enseignant reste quelqu'un d'important, un modèle admiré et qui peut avoir une très grande influence. Quand cet enseignant admiré met l'élève à l'écart, l'exclut, le renvoie, la douleur est d'autant plus grande.

Le harcèlement est un stress majeur

Apprentissage et transmission de la violence

Cette violence ne se contente pas d'altérer le cerveau des enfants et d'entraîner des troubles du comportement, elle se transmet. L'enfant apprend à être violent dès le plus jeune âge en étant lui-même violenté. Un des effets redoutables de cette violence banalisée est l'apprentissage de la violence et sa transmission de génération en génération. L'enfant imite l'adulte qui pour lui reste un modèle quel que soit son comportement. Violenter l'enfant c'est lui apprendre à être violent lui-même, à résoudre les conflits par la force. C'est le premier rapport de pouvoir que l'être humain subit, le rapport du fort au faible, et qu'il appliquera lui-même dans sa vie, en frappant son petit frère et/ou sa petite sœur et en s'attaquant aux plus jeunes ou aux plus faibles dans la cour de récréation. Une fois adulte il sera souvent violent avec son entourage, son conjoint et ses enfants [10].

‖‖

Les adultes humiliant verbalement ou physiquement les enfants sont de puissants modèles négatifs

Les enfants frappés, humiliés, jouent à reproduire ce qu'ils vivent. Parfois, dans leurs jeux, ils « jouent » à être l'adulte persécuteur, d'autres fois ils endossent le rôle de la victime, position qu'ils ont l'habitude de subir.

Ces « jeux » commencent très tôt, dès le plus jeune âge, ils sont visibles dès la crèche, la maternelle et sont quotidiens dans les cours de récréation.

À l'inverse, ceux qui ne sont pas soumis à une discipline autoritaire n'ont pas tendance à jouer agressivement avec les autres.

Il s'agit donc bien d'une chaîne de la violence qui s'entretient et se transmet par les habitudes d'une violence éducative banalisée et qu'il faut interrompre.

‖‖

Les moqueries sur l'apparence physique, les vêtements, le poids, les résultats scolaires, les insultes, les bousculades, les croche-pieds, les bagarres, les vols, les rejets, toutes ces brimades entre élèves deviennent du harcèlement quand elles sont répétées et ciblent toujours le même enfant. N'oublions pas que le harcèlement peut venir également d'un enseignant.

Être harcelé ou harceleur est un signe de souffrance

Chez beaucoup d'enfants harceleurs, leur comportement est un appel à l'aide : c'est une expression de peur, de colère, de souffrance qu'ils rejettent sur autrui et qu'ils ne sont pas capables d'exprimer avec des mots.

Les enfants harcelés sont également en souffrance : ils ne savent pas comment réagir face à l'agressivité. Ils restent souvent passifs, se victimisent, parfois se culpabilisent. Ils peuvent présenter de très sérieux problèmes émotionnels et comportementaux, surtout si ce harcèlement est sévère ou chronique : dépression, anxiété, émotions émoussées, problèmes de sommeil et suicide.

Repérer et prévenir le harcèlement est fondamental quand on en connaît les répercussions sur l'enfant, sur son cerveau, son corps, sa santé physique et mentale. Être harcelé ou harceleur est prédictif de difficultés psychosociales et physiques qui peuvent durer toute la vie.

Le développement des compétences socioémotionnelles est le meilleur rempart contre le harcèlement

Je serai rapide sur cette question du harcèlement car, comme nous l'avons déjà vu, le meilleur rempart à ces difficultés de comportement est le développement des compétences socio-émotionnelles dans des ateliers où chacun peut s'affirmer tout en résolvant les difficultés sans agressivité.

La recherche montre que les écoles privilégiant une discipline positive, une implication des parents et une réussite scolaire présentent moins de cas de harcèlement. Si l'équipe enseignante et les parents sont conscients du problème, s'ils interviennent immédiatement, les élèves vulnérables ne se sentiront plus différents ou aliénés à d'autres et pourront réintégrer la culture de groupe de l'école. Répondre immédiatement au harcèlement s'avère très utile.

Les meilleurs programmes de prévention incluent toute la communauté éducative, enseignants, élèves, parents, personnel administratif, personnel encadrant. L'existence d'un groupe à qui s'adresser à l'intérieur de l'école en cas de harcèlement et comprenant des parents, des enseignants, des élèves est un grand support[11].

Rendre tous les élèves actifs face au harcèlement

Quand on essaye d'inhiber des comportements primitifs tels que la violence ou la domination, il est nécessaire d'activer le cortex préfrontal pour construire de nouveaux circuits.

Les interventions qui réussissent sont basées sur des programmes avec des lignes directrices claires, des règles à appliquer avant, durant et après les incidents. Ainsi, il est utile d'expliquer clairement aux élèves ce qu'on attend d'eux. Les règles doivent être discutées et ensuite exposées publiquement ainsi que les conséquences du non-respect des règles. Par exemple, il ne suffit pas de dire que harceler est interdit. Les élèves doivent savoir ce qu'on attend d'eux, c'est-à-dire qu'ils doivent être actifs et non passifs face au harcèlement : aider les élèves qui sont harcelés, réfléchir à la façon dont on pourrait inclure un élève qui est isolé, augmenter la vigilance également dans les lieux hors de l'école.

||||||||||||||||||||||||||||||||||||||||||||||||||||||||||||||||||||||||||||||||||||||||||||||||

Le stress en classe peut conduire au décrochage scolaire

Les ambiances stressantes diminuent les capacités cognitives. Ces faits très importants sont à prendre en compte lors de tout enseignement. C'est un cercle vicieux : quand l'enfant a peur, il apprend mal, a de mauvaises notes, est en situation d'échec. Il se sent alors nul, humilié et ne veut plus aller en classe. Les méthodes d'enseignement bannissant totalement la peur et le stress sont beaucoup plus agréables et satisfaisantes pour le professeur et permettent en plus aux élèves et aux étudiants de mieux apprendre, de mieux mémoriser et d'être plus créatifs.

||||||||||||||||||||||||||||||||||||||||||||||||||||||||||||||||||||||||||||||||||||||||||||||||

Dans la classe, le stress peut donc survenir en maintes occasions : la peur de l'échec, du regard des autres, la crainte de ne pas être compétent ou de paraître nul devant le professeur, les comparaisons, la compétitivité, les humiliations subies de la part de l'enseignant ou des camarades de classe...

15. Le cerveau de l'enfant et de l'adolescent face au stress

Deux systèmes régulent notre réponse au stress

Lorsque nous sommes confrontés à une situation de stress, nous avons des réactions de peur, d'anxiété, de sorte que notre amygdale cérébrale s'active. Elle alerte l'hypothalamus qui déclenche ensuite la sécrétion des molécules de stress par deux systèmes différents : le système neuroendocrinien et le système nerveux végétatif (SNV). Ces deux systèmes ont pour but d'aider l'organisme à se protéger ou à s'adapter, face aux menaces représentées par le stress.

- Le système neuroendocrinien réagit plus tardivement et entraîne la sécrétion de cortisol.
- Le système nerveux végétatif répond immédiatement et libère de l'adrénaline et de la noradrénaline, aussi appelées catécholamines.

Ces molécules sont sécrétées au niveau des glandes surrénales, situées au-dessus du rein et divisées en deux structures physiologiquement différentes. La corticosurrénale sécrète les glucocorticoïdes (cortisol) et les minéralocorticoïdes régulant l'équilibre hydrosodé et les androgènes (notamment la testostérone). La médullosurrénale sécrète les catécholamines : l'adrénaline et la noradrénaline.

Ces deux systèmes, le système neuroendocrinien et le système nerveux végétatif, sont essentiels pour notre vie affective et sociale. Ils ont des connexions bidirectionnelles avec le cortex préfrontal qui module à son tour l'activité de l'axe HPA, le SNV et l'amygdale.

Le système neuroendocrinien : l'axe hypothalamo-hypophysaire (HPA)

Cet axe neuroendocrinien comprend trois structures qui produisent des réactions hormonales en cascade : l'hypothalamus, l'hypophyse et les glandes surrénales.

Lors de l'exposition à un stress, l'amygdale cérébrale alerte l'hypothalamus qui sécrète la corticolibérine (CRH). Celle-ci agit directement sur l'hypophyse, qui à son tour libère de la corticotrophine (ACTH) qui s'achemine vers les glandes surrénales au niveau de la corticosurrénale, qui elle-même sécrète le cortisol.

Ce système neuroendocrinien, qui a de nombreux effets sur le cerveau et sur tout l'organisme, joue un très grand rôle dans le contrôle du stress. Les effets du cortisol sont multiples, il agit sur la peau, sur le système immunitaire, cardiaque, rénal, sur le squelette, sur le réseau sanguin, sur les phénomènes inflammatoires ou encore sur le rythme jour-nuit. Lors d'un stress, le cortisol en quantité modérée est bénéfique. Il nous aide à nous calmer en augmentant le taux de glucose dans le sang.

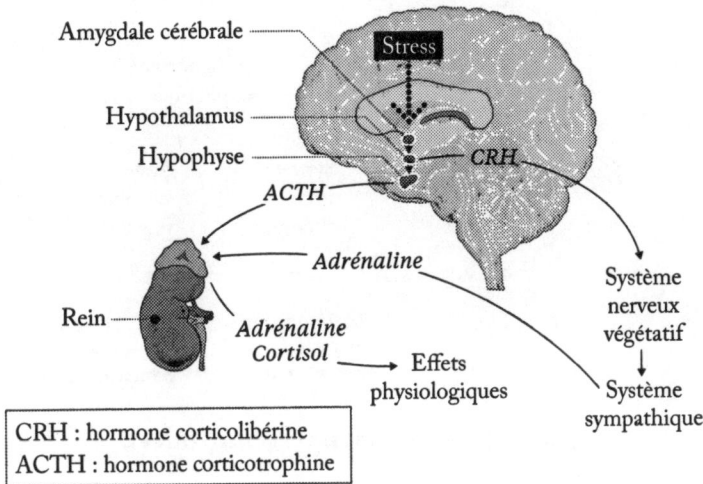

Fig. 8. Stress et amygdale cérébrale.

Le système nerveux végétatif ou système autonome

Le système nerveux végétatif (SNV) est aussi appelé système nerveux autonome. Les voies nerveuses se distribuent à tout l'organisme et se subdivisent en deux systèmes :

• le système nerveux sympathique ;
• le système nerveux parasympathique.

Ce SNV est principalement sous la dépendance de l'hypothalamus et fonctionne de façon inconsciente, automatique.

Hypothalamus

Système nerveux central

Système nerveux
périphérique

Système
nerveux
somatique

Système
nerveux
végétatif

Système
nerveux
sympathique

Système
nerveux
parasympathique

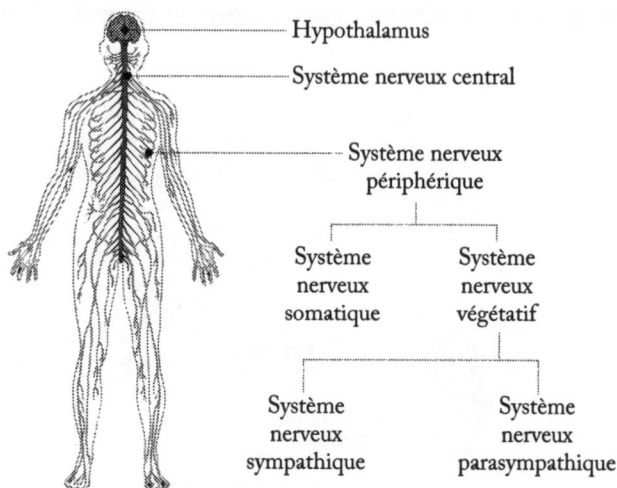

Fig. 9. Le système nerveux végétatif (SNV).

Le système nerveux sympathique est un activateur, il nous prépare à l'action. Ce système stimule la médullosurrénale qui sécrète l'adrénaline et la noradrénaline. Il mobilise notre organisme pour passer à l'action aussi bien physique qu'intellectuelle. Face à un stress important, le système sympathique orchestre la réponse de lutte, de fuite ou d'inhibition.

Il dilate les bronches, accélère l'activité cardiaque et respiratoire, peut occasionner des troubles du rythme cardiaque, contracte les vaisseaux périphériques, dilate les pupilles, augmente la tension artérielle, la sueur, diminue les défenses immunitaires, ralentit l'activité digestive et coupe l'appétit.

L'adrénaline et la noradrénaline sont libérées par les glandes surrénales mais aussi par les fibres du système nerveux sympathique. Ces deux molécules jouent un rôle important sur notre humeur. Quand ces substances sont présentes à un taux normal, nous sommes pleins d'allant et d'énergie pour vivre.

Le système parasympathique nous apaise et régule nos émotions. Son activation apporte un ralentissement général des fonctions de l'organisme afin de conserver l'énergie. Cet axe parasympathique nous confère un meilleur équilibre émotionnel, favorise la faculté de penser et de se concentrer. Le cœur et la respiration ralentissent, la tension artérielle diminue. Nos défenses immunitaires augmentent, notre fonction digestive est stimulée. Le système parasympathique est associé à un neurotransmetteur : l'acétylcholine. Rappelons que l'acétylcholine est impliquée dans la mémoire, dans l'apprentissage et dans la contraction musculaire. Elle ralentit le rythme cardiaque, dilate les artères, baisse la tension artérielle, contracte les bronches, le tube digestif, les pupilles.

La physiologie du stress chez l'enfant

Chez l'enfant, le système neurovégétatif n'est pas mature à la naissance

Le système sympathique énergisant s'installe dès la première année de vie, donnant au bébé une grande force vitale. Quant au système parasympathique, qui agit comme un frein ou un modulateur des impulsions, il ne commence à se développer qu'à partir de la deuxième année de vie. L'immaturité de ce système est l'un des nombreux facteurs expliquant le peu de maîtrise du petit enfant face à cette formidable énergie vitale qu'il porte en lui.

Ne pas consoler un enfant
rend le système sympathique hyperactif

Si l'entourage ne console pas avec calme et tendresse un enfant en proie à un chagrin, une angoisse, un stress ou une peur, l'hyperactivité de son système sympathique se renforce. Si cette situation se répète, si l'enfant vit dans un environnement très stressant, de fortes quantités d'adrénaline et de noradrénaline sont libérées, entraînant des répercussions importantes sur son comportement et sa santé : infections plus fréquentes, troubles de la respiration, de l'appétit, de la digestion, du sommeil, maux de tête, crises de panique, fatigue chronique[1].

Consoler un enfant active
le système parasympathique

Michael Meaney, directeur de recherche à l'université McGill de Montréal, montre que le maternage aide le système parasympathique à réguler nos émotions relationnelles[2]. Lorsqu'on console ou qu'on réconforte un enfant angoissé par une présence douce, affectueuse et des gestes apaisants, on active son système parasympathique, on régule les fonctions vitales de son organisme perturbées par le stress. Le rythme cardiaque, la respiration, le système digestif, le système immunitaire retrouvent leur équilibre.

Les adultes entourant un enfant dans son plus jeune âge peuvent donc l'aider à réguler son système neurovégétatif, ce qu'il ne peut faire seul. Plus l'enfant reçoit de réconfort, plus son système nerveux végétatif se rééquilibre vite et plus les effets sont durables.

Avoir une attitude compréhensive, réconfortante, sécurisante est donc indispensable quand l'enfant petit est en proie à une crise de larmes, signe chez lui d'une véritable détresse qu'il ne peut absolument pas maîtriser seul. De plus, ce contact affectueux, doux et tendre permet la libération de substances très importantes car bienfaisantes, et antistress : l'ocytocine et les opioïdes.

L'ocytocine régule l'axe HPA et le système nerveux sympathique

L'ocytocine sécrétée lors des relations agréables, tendres est une molécule antistress, un puissant anxiolytique. Elle apaise en ralentissant l'activité de l'amygdale et diminue alors les réactions de peur. L'activité de l'axe HPA et du système nerveux sympathique faiblit. La sécrétion du cortisol diminue et l'activité parasympathique augmente. La personne se calme, le rythme du cœur et de la respiration s'apaise.

Les conséquences du stress sur le cerveau de l'enfant et de l'adolescent

Maintenir l'équilibre intérieur de notre organisme – ce qu'on appelle *l'homéostasie* – est l'un des buts principaux de notre cerveau. Le stress, quand il est modéré, ne rompt pas cet équilibre : il peut même être stimulant, source de dépassement et de créativité.

Mais quand le stress est majeur et/ou répété, cet équilibre peut se rompre. La personne est alors confrontée à une situation qui la dépasse. Elle se sent dans l'incapacité d'y faire face, elle se trouve alors dans une grande détresse, qui aura des effets très nocifs sur sa santé physique, psychique et intellectuelle.

Le cerveau de l'enfant et de l'adolescent est particulièrement sensible au stress

L'enfant est plus vulnérable au stress que l'adulte. Parmi tous les mammifères, le cerveau de l'être humain est celui qui demande le plus de temps, et de très loin, pour atteindre sa pleine maturité, très probablement du fait de son extrême complexité. Le cerveau de l'humain commence son développement pendant la gestation et achève sa maturation très tardivement, vers 25 ans. Lors des premières années de vie, ce cerveau en construction est donc extrêmement immature et de ce fait beaucoup plus fragile et vulnérable au stress que le cerveau de l'adulte.

À la suite de situations de stress importantes ou répétées, les répercussions cérébrales peuvent être à l'origine de très nombreux troubles du comportement, voire de difficultés cognitives[3].

Plus le cerveau est jeune, plus il est fragile. Les périodes d'extrême fragilité sont, comme nous l'avons déjà mentionné, la vie intra-utérine et les deux premières années de vie, mais le cerveau reste particulièrement fragile durant toute l'enfance et l'adolescence. Le stress pendant la grossesse et durant la petite enfance peut donc avoir des conséquences très négatives sur le développement du cerveau[4].

L'afflux d'adrénaline et de cortisol est toxique pour l'organisme

Quand la tristesse, l'angoisse, la peur, la colère submergent l'enfant et qu'il pleure, sanglote, hurle, seul, sans personne pour le consoler, que se passe-t-il dans son organisme ? Un grand stress car souvent, au lieu de le consoler, les adultes crient, menacent, punissent : « Bon maintenant ça suffit, tu vas te calmer immédiatement. Qu'est-ce que c'est que ces jérémiades perpétuelles, ces pleurnicheries ? Ici, on travaille ! Tu empêches les autres de se concentrer. Je ne veux plus t'entendre. »

Il arrive que l'enseignant, par méconnaissance de ce qui se passe, laisse l'enfant seul face à sa détresse ou encore le bouscule, le tire énergiquement par le bras, le menace, le punisse. Si l'enfant, dans ces moments-là, est privé de réconfort, de calme, de compréhension et de tendresse, le stress est intense. Son cerveau est alors envahi par de l'adrénaline, de la noradrénaline et du cortisol, libérés en masse par les glandes surrénales.

Les répercussions comportementales, psychologiques et physiques

Quand ces molécules du stress sont présentes en trop grande quantité, leurs effets négatifs sur l'organisme expliquent des modifications psychologiques et comportementales importantes. L'enfant perd totalement confiance et vit les autres et le monde comme une menace constante. Cet état de perpétuelle méfiance l'amènera soit à fuir, soit à attaquer, soit à être dans un état d'inhibition. Dans ces différents cas l'enfant se sentira déprimé, il risque de s'isoler et de devenir asocial, en proie à des conflits permanents. La vie sera pour lui insupportable[5].

Le stress durant l'enfance et l'adolescence peut conduire chez l'enfant et chez l'adulte qu'il deviendra à de très nombreuses difficultés psychologiques, voire psychiatriques : anxiété, dépression, tentative de suicide, agressivité, troubles de la personnalité, déficit d'empathie. Il est également associé à une augmentation des maladies à l'âge adulte[6]. Par exemple, les enfants exposés au harcèlement développent plus de maladies inflammatoires à l'âge adulte[7].

Trop d'adrénaline, de noradrénaline

Quand les taux d'adrénaline et de noradrénaline sont trop élevés, nous devenons angoissés et/ou en colère. Nous sommes alors submergés par un sentiment de peur et notre corps entre en hypervigilance, prêt à tout moment à attaquer, à fuir, ou à se replier.

L'exposition chronique aux catécholamines peut augmenter le taux de lipides et conduire à l'athérosclérose (formation de plaques d'athérome dans la paroi interne des artères qui diminue leur calibre) débouchant sur des complications vasculaires, cardiaques et cérébrales.

Trop de cortisol

Nous ne sommes pas égaux face à ce phénomène. De très grandes différences de réactivité au stress existent dès le plus jeune âge, certains enfants présentant une réactivité au stress plus importante que d'autres. Cette réactivité au stress correspond à une augmentation de l'activité de l'axe hypothalamo-hypophysaire (HPA) mesurée par le taux de cortisol salivaire ou sanguin.

Un taux élevé de cortisol entraîne chez l'enfant de nombreux troubles de l'humeur. Il a le sentiment d'être dénué de forces, de courage, il est triste, en grande insécurité. Il se sent menacé et angoissé. Le monde qui l'entoure lui paraît hostile et agressif. Ses pensées, ses émotions, ses perceptions sont alors voilées par un sentiment de peur, de grand danger, il est alors inhibé, dans l'impossibilité d'entreprendre et de surmonter la moindre difficulté.

Le stress durant les premières années de vie peut donc conduire à une hyperactivité permanente de cet axe. Les conséquences sur l'enfant sont immédiates, mais elles retentiront également plus tard, sur sa vie d'adulte, le rendant en permanence hypersensible au stress avec des manifestations anxieuses et/ou dépressives ou agressives[8].

La sécrétion prolongée de cortisol peut aussi modifier le métabolisme et l'immunité de l'organisme, entraîner le développement de maladies chroniques, de maladies auto-immunes (diabète, sclérose en plaques, polyarthrite rhumatoïde, etc.[9]), et provoquer des effets redoutables sur le cerveau immature de l'enfant en altérant certaines zones cérébrales comme le cortex préfrontal, l'hippocampe, le corps calleux, le cervelet[10].

En 2012, Lieselotte Ahnert, de l'université de Vienne en Autriche, confirme qu'une relation enseignant-élève étroite et soutenante agit comme un puissant régulateur de stress et diminue le taux de cortisol salivaire chez les élèves. Or, on sait les effets très négatifs du stress sur l'apprentissage.

Une relation proche, chaleureuse, étroite avec l'enseignant permet à l'élève de déstresser et de mettre son énergie dans le travail scolaire, dans les relations avec ses pairs et son enseignant.

Le cortisol altère les neurones, la myéline et la transmission synaptique

Les neurones possèdent des récepteurs pour les gluco-corticoïdes sur lesquels se fixe le cortisol. Michael Meaney montre que le stress diminue la croissance des récepteurs aux glucocorticoïdes dans l'hippocampe et dans l'amygdale, ce qui augmente le taux de cortisol sanguin et donc les effets négatifs du stress[11].

Le cortisol agit lentement et peut rester en quantité importante dans le cerveau pendant des heures, des jours, voire des semaines. Quand son taux atteint des niveaux très élevés ou s'il est sécrété de façon prolongée, il a des effets très toxiques pour les neurones, la myéline et certaines structures cérébrales en développement.

Le stress diminue la neurogenèse (développement de nouveaux neurones), il diminue les dendrites des neurones et la transmission synaptique. Il inhibe la neuroplasticité et la résilience, et ces effets sur les circuits neuronaux et les différentes structures cérébrales, amygdale, hippocampe, cortex préfrontal, varient en fonction de l'âge auquel il survient[12].

Bruce McEwen, psychiatre et chercheur, directeur du laboratoire de neuroendocrinologie de l'université Rockefeller à New York, montre que le stress, quand il est très important ou répété, peut même provoquer chez l'enfant la destruction de neurones dans des structures importantes du cerveau comme le cortex préfrontal, l'hippocampe, le corps calleux et le cervelet[13]. Le stress peut affecter le développement des circuits neuronaux, le cortisol altérant directement la myéline qui entoure les fibres nerveuses et accélère la transmission de l'influx nerveux.

Plusieurs études récentes montrent, chez les enfants subissant un stress important, une atteinte de la substance blanche dans certaines parties du cerveau qui évaluent et régulent le stress[14].

Les expériences postnatales stressantes diminuent le nombre de fibres myélinisées[15]. Une diminution de la densité de la substance blanche a été observée chez les adolescents et les jeunes adultes exposés à des humiliations verbales et des négligences durant l'enfance[16].

Haroon Sheikh note par exemple, chez des fillettes présentant un taux élevé de cortisol, des perturbations des microstructures de la substance blanche dans trois régions importantes du système émotionnel : le thalamus gauche, le cortex cingulaire antérieur droit (CCA), le cortex préfrontal. Ces trois régions régulent l'axe HPA et ont donc un rôle très important dans la régulation des émotions.

Enfin, le stress engendré par des difficultés socio-économiques est associé à une diminution de la substance grise du cortex préfrontal et une altération de la substance blanche dans tout le cerveau[17].

Le cortisol agit négativement sur l'expression du BDNF, facteur de croissance neuronale

Enfin, les recherches de Bruce McEwen ont montré que le cortisol en trop grande quantité interfère négativement avec l'expression du BDNF (*brain-derived neurotrophic factor*), facteur de croissance neuronale qui agit sur le développement neuronal et la plasticité cérébrale[18].

Le stress dans l'enfance réduit les télomères des chromosomes

Les télomères constituent l'extrémité du chromosome. Ils protègent le chromosome de l'effet du temps et de l'environnement. C'est le raccourcissement de ces télomères qui conduit à la mort des cellules. Le stress et les traumatismes éprouvés dans la petite enfance accélèrent le raccourcissement des télomères et de ce fait le vieillissement cellulaire[19].

||||||||||||||||||||||||||||||||||||||||||||||||||||||||||||||||||||||||||||||||||||||||||||||||||||||||||||||||||||||||

Les effets du stress sur le cerveau de l'enfant

Le stress diminue le nombre de récepteurs cérébraux aux glucocorticoïdes, ce qui augmente le taux de cortisol circulant. Quand le taux de cortisol est élevé, il peut devenir très toxique.

Le stress agit directement sur les neurones et diminue la substance blanche et la substance grise :

- il interfère négativement avec l'expression du BDNF (*brain-derived neurotrophic factor*), facteur de croissance neuronale ;
- il diminue les dendrites, freine la multiplication des neurones et peut même les détruire ;
- il altère la myéline ;
- il diminue la neurogenèse, la transmission synaptique ;
- il inhibe la neuroplasticité et la résilience.

Par ces différents mécanismes, il altère alors les structures cérébrales et les circuits neuronaux.

Le stress réduit les télomères des chromosomes, qui protègent les chromosomes du vieillissement.

||||||||||||||||||||||||||||||||||||||||||||||||||||||||||||||||||||||||||||||||||||||||

La maltraitance altère de nombreuses régions cérébrales

Certaines structures cérébrales sont particulièrement vulnérables au stress dans l'enfance

En 2012, Heledd Hart, de l'Institut de psychiatrie du King's College de Londres, effectue une revue de tous les travaux qui étudient les répercussions de la maltraitance sur le cerveau de l'enfant. Ces études confirment les effets très délétères de la maltraitance en montrant l'atteinte de différentes structures cérébrales, une diminution de la substance grise et de la substance blanche touchant surtout le cortex préfrontal et le cortex orbitofrontal, l'hippocampe, l'amygdale et le corps calleux, et des anomalies des circuits neuronaux reliant ces différentes régions.

Elle rappelle que la maltraitance est associée à une diminution du Q. I., de la mémoire globale, de la mémoire de travail, de l'attention, à une augmentation de l'impulsivité et à des difficultés à réguler les émotions. Elle souligne que les structures atteintes en priorité lors de la maltraitance sont le COF et les régions adjacentes qui génèrent alors des problèmes de comportement et de régulation des affects.

Les conséquences sur trois circuits neuronaux essentiels

Martin Teicher en 2016 et Eamon McCrory, de l'université de Londres, en 2017 étudient les effets de la maltraitance sur trois circuits cérébraux essentiels : le circuit de la récompense, le circuit du traitement de la menace et celui de la régulation des émotions. Ils montrent de façon magistrale et avec beaucoup de précision que les enfants, ou adolescents, maltraités considèrent le monde très différemment de ceux qui n'ont pas vécu de maltraitance.

Le traitement de la menace. La capacité à détecter et à répondre aux situations à risque ou potentiellement dangereuses est une condition nécessaire pour survivre. Le circuit dédié au traitement de la menace comprend de nombreuses structures cérébrales dont l'amygdale, le cortex préfrontal, le striatum, l'hippocampe ou encore le cortex cingulaire antérieur.

Quand ce circuit est altéré, ces enfants ou adolescents peuvent présenter de grandes manifestations d'anxiété. Leur hypervigilance les rend timorés et craintifs, avec des comportements de repli, d'évitement qui les freinent dans l'exploration du monde environnant. Ces manifestations sont d'autant plus importantes que la maltraitance a été sévère et que la personne possède les gènes la rendant plus vulnérable, en particulier le gène FKBP5[20]. Cette focalisation sur tout ce qui est menaçant peut favoriser les relations conflictuelles et empêcher des relations affectives stables, facteurs de résilience.

Le traitement de la récompense. De façon consciente ou inconsciente, nous sommes motivés et nous cherchons ce qui nous donne du plaisir, une satisfaction immédiate ou ultérieure. Ce circuit de la récompense comprend notamment le striatum, le noyau accumbens, le COF, le CCA et certaines régions de l'hypothalamus. En 2009, Kent Berridge de l'université du Michigan a suggéré qu'aimer, vouloir et apprendre font partie de ce circuit.

Quand ce circuit est endommagé, ces enfants ou adolescents présentent des manifestations dépressives, une incapacité à ressentir des émotions positives dans des situations qui normalement devraient provoquer ce genre d'émotions, associée à un sentiment de désintérêt diffus, un manque d'engagement, d'énergie, de motivation. Les altérations de ce circuit peuvent déboucher sur diverses conduites addictives (alcool, drogues, jeux). Ce manque de motivation pour s'engager dans de nouvelles activités ou de nouvelles relations sociales peut en retour diminuer les chances d'entretenir des relations affectives soutenantes.

La régulation des émotions. Réguler ses émotions permet de modifier le caractère positif ou négatif de l'émotion, son intensité, sa durée et la capacité à réévaluer la situation pour trouver des solutions.

Le circuit de la régulation des émotions comprend de très nombreuses structures, en particulier les régions impliquées dans l'évaluation de la menace, de la récompense et des perceptions physiologiques du corps (striatum, amygdale, insula). Toutes ces régions sont fortement connectées au cortex préfrontal et au cortex cingulaire antérieur.

Quand ces enfants ou adolescents ne savent pas réguler leurs émotions, ils peuvent souffrir d'anxiété, de dépression, présenter de nombreux troubles du comportement tels que de l'agressivité, des conduites délinquantes et des addictions.

Le stress fragilise l'hippocampe, perturbant la mémoire et l'apprentissage

L'hippocampe est au cœur de tout apprentissage. Il est particulièrement sensible au stress et à toute détresse émotionnelle avec des résultats désastreux sur l'attention, la concentration et la mémoire.

Nous avons déjà vu que les récepteurs aux glucocorticoïdes qui fixent le cortisol sont particulièrement denses dans l'hippocampe. Ceci explique l'importance de l'hippocampe dans la régulation du stress. Le stress diminue le nombre de récepteurs aux glucocorticoïdes dans l'hippocampe, libérant alors le cortisol dont le taux augmente dans la circulation sanguine.

Quand le stress se prolonge, le cortisol en trop grande quantité réduit les synapses, agresse les neurones de l'hippocampe, freine leur multiplication, diminue leur nombre et peut les détruire.

Le cortisol stimule l'amygdale, donc la peur, qui devient dominante et ralentit l'activité du cortex préfrontal et de l'hippocampe. L'esprit est paralysé par la peur et la personne n'est plus capable d'écouter ni d'apprendre. Elle ne mémorise dans son amygdale que ces émotions de peur, d'angoisse, et n'enregistre rien dans son hippocampe[21]. En 2012, Martin Teicher montre que l'hippocampe est diminué de volume chez des enfants maltraités physiquement et/ou verbalement. Toujours en 2012, une étude allemande conduite par Udo Dannlowski précise que cette diminution de l'hippocampe est associée à une hyperréactivité de l'amygdale, centre de la peur, et que toutes ces modifications persistent à l'âge adulte. En fonction de la gravité du stress, différentes pathologies pourront se manifester, comme des pertes de mémoire, des crises d'anxiété, voire de panique, des troubles dissociatifs (troubles de l'identité, dépersonnalisation), symptômes rencontrés dans le syndrome post-traumatique ou PTSD.

Le stress empêche de penser et d'apprendre en perturbant le cortex préfrontal et ses circuits neuronaux

Le cortex préfrontal, structure fondamentale de l'être humain pensant, responsable et éthique, est très sensible au stress surtout durant les premières années de vie. Il est riche en récepteurs aux glucocorticoïdes. Un stress important dans la petite enfance peut entraîner une destruction des neurones de ce cortex entravant alors sa maturation et diminuant son volume[22].

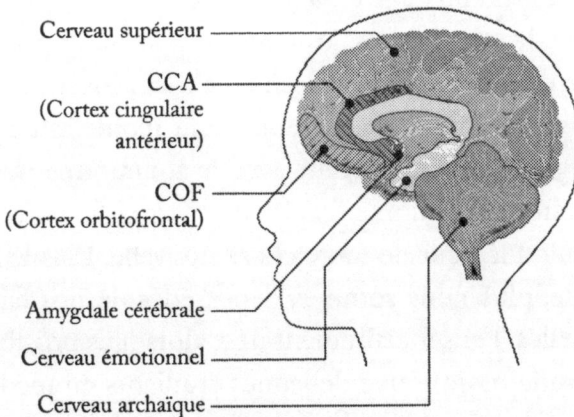

Fig. 10. COF et CCA.

Le cortex préfrontal joue un rôle important dans les fonctions exécutives, la mémoire et la régulation des comportements. Rappelons que le cortex préfrontal, avec son cortex orbitofrontal (COF) et son cortex cingulaire antérieur (CCA), joue un rôle très important dans les fonctions exécutives, la mémoire et la régulation des comportements.

Planifier, avoir une pensée flexible, anticiper sont des fonctions cruciales pour accomplir les activités quotidiennes et poursuivre des buts à long terme. Or, les enfants maltraités ont de mauvaises fonctions exécutives et de faibles capacités de mémorisation et d'attention[23].

En 2017, Lisa Kluen de l'université de Hambourg rappelle que le cortex préfrontal fait partie du circuit de la mémorisation, de l'encodage, de la consolidation et de la restitution des faits mémorisés. Elle montre les effets très nocifs du stress par le biais du cortisol sur le cortex préfrontal, perturbant ainsi l'apprentissage et la mémoire.

Dès que le stress est là, les circuits qui nous permettent de penser, d'apprendre, de réfléchir, de mémoriser sont perturbés voire inhibés. La peur nous rend moins intelligents car l'amygdale, en interférant avec le fonctionnement du cortex préfrontal, diminue l'exploration, rigidifie notre pensée, conduit à la peur de toute chose nouvelle. Plus le stress est intense, plus nous sommes dépossédés de nos facultés intellectuelles. Penser clairement n'est alors plus possible[24].

Une étude montre que de jeunes étudiants en médecine stressés ont des circuits neuronaux diminués dans leur cortex préfrontal et une flexibilité mentale amoindrie. Ces effets sont réversibles au bout d'un mois de vacances[25].

La maltraitance atteint le CCA et le COF. Le CCA et le COF sont des éléments clés dans le circuit du cerveau concernant les réactions de peur et d'anxiété car ils régulent l'amygdale[26]. En 2010, Jamie Hanson, alors chercheur à l'université du Wisconsin-Madison, montre qu'un stress survenu dans les premières années de la vie de l'enfant peut altérer le cortex orbitofrontal (COF). Hanson étudie 72 enfants dont 31 ont subi des maltraitances physiques à l'école par d'autres enfants, ou dans leur famille (de la fessée au coup de pied), et 41 enfants qui eux n'ont jamais vécu de maltraitance physique.

Le cerveau des enfants maltraités présentait une diminution globale de son volume, touchant surtout le COF et le cortex préfrontal dorsolatéral. Alors que le cerveau des enfants non maltraités ne présentait pas de telles anomalies. D'autres régions montraient également des diminutions de volume : le cortex temporal droit, le cortex frontal droit et les deux cortex pariétaux, le thalamus, le cervelet et le cortex occipital. « Les enfants les plus atteints étaient ceux qui avaient été maltraités par leurs parents. Ils présentaient de nombreux troubles du comportement, des perturbations de l'appétit et des dépressions[27]. »

Le stress altère l'amygdale et le circuit préfrontal-amygdale

Le stress augmente le volume de l'amygdale pouvant provoquer des réactions de peur, de colère, d'anxiété, de violence incontrôlées. Rappelons que l'amygdale joue un rôle dans l'identification des émotions et agit avec le cortex préfrontal pour réguler les émotions. Elle est impliquée dans nos réactions de peur, dans nos réactions impulsives de fuite, d'agressivité ou de sidération et dans notre mémoire inconsciente.

Le stress accroît la densité des dendrites de l'amygdale et son volume, augmentant considérablement les phénomènes anxieux, et altère les circuits neuronaux qui vont du cortex préfrontal à l'amygdale[28].

Quand l'environnement de l'enfant est très délétère, son cortex préfrontal immature n'est pas capable de faire face à un nouveau stress et de calmer l'amygdale[29].

En 2017, Eamon McCrory souligne que cette augmentation du volume de l'amygdale rend les enfants maltraités hypervigilants, méfiants, les conduisant souvent à manifester des comportements d'évitement pour ne pas affronter la situation stressante. S'ils ne peuvent l'éviter, leur amygdale est hyperactive et ils deviennent agressifs. De nombreux circuits neuronaux, dont les circuits entre le COF et l'amygdale, peuvent être altérés par la maltraitance pendant l'enfance et l'adolescence, conduisant à de nombreuses difficultés dans la régulation des émotions[30].

À l'inverse, quand l'environnement a été favorable lors de la petite enfance, le cortex préfrontal est capable chez l'enfant puis à l'âge adulte de calmer les réactions émotionnelles de l'amygdale[31]. Quand les enseignants utilisent leur chaleur, leur empathie et leur regard positif, ils désactivent l'amygdale et créent un état d'esprit propice à l'apprentissage.

Le stress lors de la petite enfance altère profondément le fonctionnement des neurotransmetteurs dans l'amygdale : la dopamine, la sérotonine et le GABA (acide gamma-aminobutyrique). Ces altérations peuvent provoquer des accès de violence incontrôlés.

Pour rappel, la dopamine est impliquée dans de nombreuses fonctions essentielles comme le contrôle moteur, l'attention, le plaisir et la motivation, le sommeil, la mémoire et la cognition. Elle joue un rôle fondamental dans les différentes addictions, alcool, drogues. La sérotonine contribue à différentes fonctions comme le sommeil, l'humeur, l'appétit, la douleur et la régulation de la température. Quant au GABA, il régule l'anxiété, contribue au contrôle moteur et à la vision.

Le stress peut endommager des structures cérébrales et des circuits participant à la vision

En 2012, deux études de Jeewook Choi et Akemi Tomoda, de l'université de Harvard, rapportent que les enfants ou adolescents qui assistent à des violences conjugales présentent une diminution de la substance blanche de leur cortex visuel et une altération du faisceau longitudinal inférieur qui relie le lobe occipital et le lobe temporal. Cette voie neurale concerne tous les phénomènes visuels, qu'ils soient liés à l'émotion, à la mémoire ou à l'apprentissage.

Ces enfants peuvent alors présenter des difficultés pour reconnaître des mots, des objets ou des personnes, et une diminution de la mémoire visuelle. Ils manifestent également souvent de nombreuses pathologies à type de dépression, d'anxiété, d'irritabilité, de somatisations et des troubles dissociatifs.

En 2015, Shimada Koji, de l'université de Fukui au Japon, montre que les enfants maltraités peuvent avoir une réduction du cortex visuel gauche qui fait partie du circuit régulant le stress face aux images émotionnelles. Le cortex visuel primaire et le système émotionnel sont connectés. Ces enfants ont des difficultés à reconnaître les émotions positives sur les images et les visages. Il rappelle également que les enfants et adolescents maltraités montrent souvent des troubles anxieux ou dépressifs.

Le stress peut toucher d'autres structures cérébrales comme le corps calleux et le cervelet

Une exposition au stress pendant la petite enfance peut altérer le développement du corps calleux, voire entraîner une destruction de ses neurones, empêchant alors une bonne communication entre les hémisphères cérébraux[32]. Dans certaines études, ces altérations du corps calleux sont associées à une baisse du Q. I. laissant supposer l'importance du corps calleux dans les fonctions cognitives[33]. Le cervelet est extrêmement riche en récepteurs aux glucocorticoïdes. Quand le stress est très sévère, le cortisol en grande quantité peut détruire ses neurones, entraînant alors des troubles dans la régulation des émotions, dans le comportement social ainsi que des difficultés cognitives et langagières[34].

Le cas particulier de la maltraitance émotionnelle sur le cerveau de l'enfant

J'insiste sur la maltraitance émotionnelle en raison de sa fréquence et de ses répercussions désastreuses sur le cerveau de l'enfant et de l'adolescent, entraînant des difficultés cognitives, psychologiques, voire psychiatriques.

Elle altère des zones du cerveau et peut entraîner des troubles psychologiques, voire psychiatriques

En cas de maltraitance émotionnelle, l'hyperactivité de l'amygdale conduit, en réaction aux stimuli négatifs, à des manifestations de peur, d'anxiété, de colère.

En 2014 et 2016, Martin Teicher étudie les conséquences de la maltraitance émotionnelle sur le cortex cérébral et les réseaux neuronaux de l'enfant. Un grand nombre de structures cérébrales particulièrement importantes (cortex préfrontal, amygdale, hippocampe, corps calleux, etc.) et leurs circuits neuronaux sont altérés et les enfants souffrent d'agressivité, d'anxiété, de dépression puis, plus tard, à l'adolescence et à l'âge adulte, ils pourront développer des comportements à risque (violence, addictions à l'alcool, aux drogues), des troubles dissociatifs (dépersonnalisation, troubles de l'identité), des somatisations (manifestations corporelles d'un conflit psychique[35]).

En 2014, Anne-Laura van Harmelen, chercheuse néerlandaise, montre que la maltraitance émotionnelle sévère chez l'enfant affecte le fonctionnement du cortex orbitofrontal et augmente le risque de développer de véritables maladies psychiatriques comme des dépressions graves et des anxiétés pathologiques.

En 2015, le chercheur coréen Sang Won Lee révèle que les adolescents qui ont subi des humiliations verbales provenant des parents ou des camarades de classe et qui sont déprimés présentent un dysfonctionnement des circuits fronto-amygdaliens. En 2017, il montre qu'être exposé à des humiliations verbales pendant l'enfance a des conséquences néfastes sur le cerveau à l'adolescence, en fragilisant les circuits neuronaux qui permettent la régulation émotionnelle. Ces adolescents souffrent fréquemment de dépression.

En 2014, Ming-Te Wang, chercheur à Pittsburgh, étudie 976 adolescents ayant subi une discipline verbale sévère à l'âge de 13 ans. Voulant corriger un comportement considéré comme inadéquat, les parents crient, injurient leur enfant, le traitent de débile, de paresseux, d'incapable, de nul. Dans cette étude, les mères utilisent davantage cette discipline verbale que les pères.

Ming-Te Wang montre que les mots durs et sévères à l'adolescence ont des effets désastreux et conduisent, encore une fois, à l'inverse de ce que les parents souhaitent. Les problèmes de comportement augmentent. Les adolescents deviennent de plus en plus indisciplinés à l'école, mentent, parfois volent ou agressent. De plus, ils sont sujets à des dépressions. Le chercheur constate que même si l'un des parents est chaleureux, il ne compensera pas l'effet délétère de ces paroles ou de ces cris.

Toujours en 2014, Ann Polcari, chercheuse à l'université Northeastern de Boston, étudie cette même problématique sur 2 518 personnes âgées de 18 à 25 ans, exposées durant leur enfance à la fois à une discipline verbale sévère et à des mots chaleureux et soutenants. Elle constate qu'avoir subi des humiliations verbales provoque de très nombreux troubles du comportement, beaucoup de souffrances (de l'anxiété, de l'agressivité, de la dépression, des somatisations). Elle souligne que ces conséquences ne sont pas atténuées par les compliments, les mots encourageants prononcés par ce même parent ou par l'autre parent. D'où l'importance pour l'adulte de se faire aider quand il ne parvient pas à se retenir de dire des mots blessants à son enfant.

Les paroles blessantes endommagent des circuits neuronaux participant à la compréhension du langage

Deux études publiées en 2009 et 2011, réalisées par Jeewook Choi et Akemi Tomoda et particulièrement inté-ressantes pour les enseignants, montrent que les paroles blessantes, humiliantes et méprisantes des parents ont des répercussions néfastes sur le cerveau des enfants et altèrent le fonctionnement de circuits neuronaux et de zones par-ticipant à la compréhension du langage, touchant le cortex auditif dans le lobe temporal supérieur et le faisceau arqué. Rappelons que le lobe temporal supérieur est impliqué dans la compréhension du langage, qu'il traite les informations auditives et la reconnaissance des mots, et qu'il joue un rôle dans la mémoire à long terme et dans le vécu émotionnel. Le faisceau arqué connecte quant à lui le lobe temporal supérieur du cortex auditif avec le cortex préfrontal, voie neurale qui reçoit et module les informations auditives. Ces enfants ont un Q. I. verbal faible et des difficultés à comprendre le langage.

Ces humiliations verbales provoquent d'autres atteintes cérébrales à l'origine de pathologies comme des troubles anxieux, des troubles dissociatifs, des dépressions et des somatisations.

En 2010, une autre étude rapporte le lien entre la maltraitance émotionnelle et des altérations des circuits neuronaux impliqués dans le développement du langage et de la mémoire spatiale[36].

Étant donné ces très nombreuses études sur les répercussions du stress sur le cerveau de l'enfant et de l'adolescent, il paraît indispensable de tout faire pour mettre en œuvre un enseignement stimulant, motivant, bannissant la peur, le stress et respectant l'enfant dans ce qu'il est en évitant les mots blessants et les situations émotionnelles humiliantes.

16. Les dernières découvertes sur le cerveau de l'adolescent

J'ai évoqué dès le début du livre les spécificités du cerveau de l'enfant qui, jusqu'aux environs de 5-6 ans, est dominé par son cerveau émotionnel et archaïque. Je souhaiterais parler ici plus en détail du cerveau des adolescents qui n'a fait l'objet d'études approfondies que très récemment. Ces recherches montrent que leur cerveau est encore très malléable et présente des singularités qui nous aident à mieux comprendre leur comportement.

Très souvent, les adultes sont déroutés par les adolescents qu'ils jugent « insupportables », « ingérables ». Or, ces recherches nous permettent de mieux les appréhender, de poser sur eux un regard plus compréhensif. Encore une fois, elles nous incitent fortement à privilégier avant tout la qualité du lien avec eux, c'est-à-dire un lien chaleureux, empathique et soutenant, en prenant en compte leur très forte réactivité émotionnelle, leurs doutes, leurs hésitations, leurs difficultés à faire des choix, en les aidant à mettre des mots sur ce qu'ils ressentent, en faisant appel à leur discernement, à leur réflexion et en comprenant leurs besoins : désirs d'autonomie, de liberté, de vivre de nouvelles expériences, de prendre des risques, de nouer des relations en dehors du cercle familial, de se démarquer des adultes par leur apparence (habillement, coiffure, langage, etc.).

On sait maintenant que ce que vivent les adolescents résulte avant tout des multiples changements qui surviennent dans leur développement cérébral et que le cerveau n'arrive à maturité que vers 25 ans. Et surtout, il est désormais établi que le cerveau d'un adolescent n'est ni comme celui d'un adulte ni comme celui d'un enfant.

L'adolescence commence avec le début de la puberté et se termine à l'âge adulte, âge auquel la personne devient indépendante et construit sa propre vie affective. Cette période comporte d'importants changements biologiques, physiques, cognitifs, émotionnels et sociaux.

Les relations sociales hors du cercle familial deviennent essentielles

Un des aspects essentiels de l'adolescence est la recherche et le développement de relations sociales en dehors du cercle familial. L'adolescent doit transférer sa source de sécurité émotionnelle vers des personnes nouvelles et génétiquement autres. Il crée de nouveaux groupes de pairs et se prépare ainsi à créer sa propre famille. C'est une manière naturelle de préparer le départ du nid. Et c'est bon pour l'adolescent lui-même comme pour la société dans son ensemble – c'est en effet nécessaire, d'un point de vue évolutif, pour éviter l'endogamie. Ses relations amicales sont pour lui d'une extrême importance et impactent son cerveau et sa santé mentale.

Pour atteindre l'âge adulte, l'adolescent passe par des moments de turbulence, des étapes de tâtonnement, d'interrogation sur son identité, sur son devenir. Il se questionne sur le sens qu'il désire donner à sa vie, sur ce qui le motive, sur les personnes qu'il fréquente.

Cette période de grands questionnements et de grands changements est redoutée par nombre d'adultes. Or, elle se déroule bien dans la très grande majorité des cas. Les vraies pathologies psychiatriques restent rares et touchent 5 à 15 % des adolescents (schizophrénie, pathologies dépressives, anxieuses, addictions, etc.).

‖‖

Les principales caractéristiques de l'adolescence

- un besoin d'autonomie ;
- une diminution des liens avec les parents ;
- une augmentation des liens avec les amis (ou les adolescents du même âge) ;
- une réactivité émotionnelle forte ;
- des prises de risque accrues.

‖‖

Que se passe-t-il dans le cerveau de l'adolescent ?

Le développement du cerveau de l'adolescent est, comme pour celui de l'enfant, sous la dépendance à la fois des gènes

et de l'environnement. L'éducation a donc une importance capitale pour son développement. Le cerveau adolescent subit une réorganisation profonde :
- beaucoup de synapses sont éliminées ;
- la substance blanche augmente ;
- les hormones sexuelles modifient les réseaux neuronaux de la reproduction.

Le cerveau de l'adolescent mature progressivement

Si l'on compare le cerveau humain aux cerveaux des primates, on constate que son développement est très long, puisqu'il faut environ 25 ans pour qu'il atteigne sa pleine maturité, très probablement afin de s'adapter à des environnements socioculturels infiniment complexes. Les dernières structures cérébrales à se développer sont le cortex pariétal inférieur, le cortex temporal supérieur et enfin le cortex préfrontal.

C'est le cortex préfrontal, dévolu aux fonctions supérieures de haut niveau, qui se développe et mature le plus tardivement. Il est le siège d'un remaniement progressif et d'une maturation des circuits allant du cortex préfrontal au cerveau émotionnel, conduisant à des changements dans les fonctions cognitives et la régulation affective. La partie du cortex préfrontal qui mature en dernier est le cortex orbitofrontal.

Il existe un fort décalage entre une maturation précoce du système affectif et une maturation prolongée et tardive des régions impliquées dans la régulation de ce système et qui n'atteignent leur pleine maturité qu'au début de l'âge adulte. Le système qui permet une complète compréhension de ce que pense et ressent l'autre continue son développement durant l'adolescence[1]. Il faut donc 25 ans pour que l'être humain atteigne sa pleine maturité intellectuelle et affective.

Le cerveau de l'adolescent est extrêmement malléable

On sait maintenant que tout ne se joue pas dans la petite enfance, mais que le cerveau continue au contraire de se développer au cours de l'adolescence. Durant cette période, le cerveau est particulièrement adaptable et malléable.

La substance grise du cortex diminue : l'élagage synaptique

La substance grise du cortex qui contient les corps cellulaires et les connexions entre les cellules, les synapses, diminue dans plusieurs régions, avec un pic en milieu d'adolescence au niveau du cortex préfrontal dorsolatéral, pour se stabiliser ensuite au début de l'âge adulte. Cette diminution de la substance grise est due à une diminution des cellules gliales mais surtout à l'élagage synaptique. Les synapses qui sont utilisées sont renforcées et les synapses dont le cerveau ne se sert pas sont élaguées. Ceci signifie encore une fois que les expériences vécues par l'adolescent influencent fortement le développement de son cerveau[2].

La substance blanche augmente, améliorant le fonctionnement des circuits neuronaux

La substance blanche augmente progressivement tout au long de l'adolescence, améliorant le fonctionnement des circuits neuronaux. La part de substance blanche, qui correspond aux axones et à la myéline qui les recouvre, croît de façon linéaire de l'enfance à l'adolescence avec un maximum en fin d'adolescence et au début de l'âge adulte, ce qui décuple la rapidité de l'information neuronale et améliore le fonctionnement cérébral[3].

La maturation du cortex préfrontal

La région du cerveau qui change le plus radicalement mais très progressivement pendant l'adolescence est le cortex préfrontal. L'épaisseur, la surface et le volume de ce cortex sont modifiés et touchent des régions dévolues aux fonctions cognitives, au développement social et à la régulation du comportement[4].

Cette lente maturation du cortex préfrontal qui régule le traitement de la récompense et les réactions émotionnelles explique la très forte influence des pairs sur l'adolescent, ses comportements à risque, sa grande réactivité émotionnelle et sa difficulté à prendre des décisions[5].

Le traitement de la récompense

À l'adolescence, le système de la récompense est modifié et contribue à de nouveaux attachements, de nouveaux comportements et de nouveaux buts. Cela rend l'adolescent plus vulnérable aux influences extérieures, plus enclin à prendre des risques, surtout lorsqu'il est avec des amis.

Les régions au sein de son cerveau émotionnel deviennent hypersensibles à la sensation de récompense liée à la prise de risque. Il retire donc beaucoup de plaisir à vivre des sensations fortes. Dans le même temps, le cortex préfrontal qui nous empêche de prendre des risques excessifs est encore en développement chez les adolescents. Ce déséquilibre (un peu comme s'il y avait plus d'accélérateur et moins de frein) peut s'avérer dangereux : accidents de la route ou autres, violence, consommation de drogues, consommation excessive d'alcool et rapports sexuels non protégés. Ces comportements sont surtout fréquents entre 13 et 16 ans et diminuent ensuite [6].

La plasticité importante du cerveau à l'adolescence rend les adolescents plus vulnérables aux expériences négatives telles que les drogues. On sait que la consommation de cannabis à cet âge peut entraîner des modifications structurelles du cerveau et des dommages cognitifs beaucoup plus importants à l'adolescence qu'à l'âge adulte [7].

L'hyperréactivité de l'amygdale

La forte réactivité émotionnelle constatée chez l'adolescent est à mettre en relation avec une hyperréactivité de l'amygdale et une faible activité du cortex préfrontal. L'adolescent peut donc avoir de grandes variations d'humeur, d'intenses émotions ou encore le sentiment d'être seul face à un monde hostile. Ceci explique qu'on doive parfois faire face à des réactions explosives, de véritables « pétages de plomb » lorsque les adolescents sont confrontés à des situations qui les déstabilisent, qui les stressent. Le manque de sommeil, fréquent à cet âge, augmente ces orages émotionnels.

Progressivement, les fonctions cognitives s'améliorent ainsi que la capacité à contrôler les émotions et les impulsions

La réorganisation du cerveau est associée à de profonds changements cognitifs et émotionnels. En particulier avec le développement progressif des fonctions exécutives, c'est-à-dire tous les processus cognitifs qui contrôlent la pensée et le comportement, permettant ainsi de s'adapter à des situations nouvelles et complexes.

Beaucoup de jeunes adolescents se sentent puissants, invulnérables et sont impulsifs[8]. La capacité de jugement progresse. Le cortex orbitofrontal, en devenant petit à petit plus actif, contrôle mieux l'amygdale, permettant ainsi une meilleure réévaluation des situations émotionnelles, c'est-à-dire la possibilité de prendre du recul, d'analyser ce qui se passe, bref de réévaluer la situation et donc de prendre de bonnes décisions[9].

Parallèlement au développement de ces fonctions cognitives, on note également des changements dans les capacités sociales et affectives qui conduisent à une amélioration de l'empathie affective et cognitive.

Les interactions entre le cortex cingulaire antérieur et l'amygdale s'améliorent elles aussi durant toute l'adolescence et permettent progressivement de diminuer l'anxiété.

La maturation des circuits neuronaux

La substance blanche augmente dans les lobes frontaux, le corps calleux et les circuits frontotemporaux et pariétaux.

L'amélioration de l'apprentissage est associée, entre autres, à une meilleure connectivité entre le cortex préfrontal et le cerveau émotionnel. Cette connectivité progresse entre 8 et 25 ans. Ces changements structurels s'accompagnent de progrès dans le langage, la mémoire de travail, la capacité de jugement et la régulation des émotions et des impulsions[10].

Plusieurs réseaux neuronaux impliqués dans le développement socio-émotionnel augmentent avec l'âge.

Le cerveau émotionnel devient peu à peu mature avec le renforcement des connexions entre l'hippocampe et l'amygdale. La maturation de la substance blanche frontostriale est associée à un meilleur contrôle inhibiteur[11].

Simultanément, la connectivité entre le cortex préfrontal et les aires motrices diminue, conduisant à une amélioration de l'inhibition motrice, du contrôle des impulsions et de la cognition[12].

Le cerveau devient également plus performant dans la coordination motrice et l'acuité sensorielle[13].

Les relations aux autres modifient le cerveau de l'adolescent

La très grande plasticité du cerveau des adolescents les rend très vulnérables à leur environnement. Les relations avec les adultes et leurs pairs influencent fortement le développement de leur cerveau.

Plusieurs études récentes montrent que les relations parents-adolescents modifient le cerveau de l'adolescent, soulignant ainsi l'importance d'une qualité éducative à cet âge. Le cerveau se modifie favorablement quand ces relations sont positives, c'est-à-dire empathiques et soutenantes et, à l'inverse, quand ces relations sont négatives, agressives, elles ont un effet néfaste sur le développement du cortex préfrontal, du cortex pariétal, de l'hippocampe, de l'amygdale, du noyau accumbens et des circuits fronto-amygdaliens[14].

Une parentalité positive
agit favorablement
sur le cerveau des adolescents

Pourquoi parler ici des parents ? Encore une fois, nous ne disposons pas encore de recherches sur les répercussions de la relation enseignant-enfant sur le cerveau des élèves, alors que nous commençons à connaître les effets de l'attitude des parents sur le cerveau de leurs enfants ou adolescents. Nous pouvons donc émettre l'hypothèse que la relation de l'enseignant avec l'adolescent entraîne également des modifications de son cerveau.

En 2014, Sarah Whittle, de l'université de Melbourne en Australie, étudie le cerveau de 188 adolescents. Elle rapporte que le comportement positif de la mère lors de conflits avec son adolescent est associé à un meilleur développement du cerveau de ce dernier, reflété par un élagage synaptique, un changement du calibre des axones, une prolifération des cellules gliales et une augmentation de la myélinisation à la périphérie du cerveau. On pense que tous ces processus neurobiologiques augmentent l'efficacité des neurones, leur stabilité et leur précision, et sont associés à un meilleur fonctionnement incluant l'augmentation de la régulation face au stress et un meilleur contrôle des fonctions exécutives[15].

Ce comportement positif de la mère est associé à un développement structurel des régions impliquées dans les circuits de la récompense, de la réactivité et de la régulation émotionnelle. Il va également de pair avec un amincissement cortical accéléré dans le cortex cingulaire antérieur droit et dans le cortex orbitofrontal et avec une diminution du volume de l'amygdale.

La chercheuse rappelle que l'amincissement cortical important durant l'adolescence est corrélé à un fonctionnement cognitif et émotionnel optimal. Ces adolescents montrent alors de grandes capacités intellectuelles, sont peu soumis à des troubles anxieux et dépressifs et font preuve d'une bonne capacité de concentration et de résistance aux distractions.

Quant à la diminution du volume de l'amygdale, on sait qu'elle est associée à une diminution de la psychopathologie. Le comportement positif de la mère et la diminution du volume de l'amygdale peuvent renforcer les capacités à réguler les émotions et diminuer la réactivité émotionnelle.

La conscience de cette fragilité émotionnelle des adolescents ne doit surtout pas empêcher les adultes d'être de « vrais » adultes, qui savent dire leur désaccord devant des comportements inadéquats avec une fermeté bienveillante et qui transmettent des valeurs. Bref, d'être des guides qui montrent le chemin et qui ne stigmatisent pas les erreurs. Soutenus et compris par les adultes, les adolescents traversent alors cette période en trouvant progressivement leur propre voie.

Conclusion

Nous avons la chance de vivre au XXIᵉ siècle, une ère où les découvertes scientifiques et les progrès sont immenses. Les adultes ne sont pas seuls face aux questions d'éducation : des centaines de chercheurs dans le monde entier travaillent pour améliorer les connaissances sur le développement des êtres humains, de leur cerveau, particulièrement celui des enfants. Ils travaillent pour comprendre ce qui permettrait aux élèves d'être heureux d'apprendre – pour reprendre le titre de ce livre – et de progresser, et aux enseignants de se sentir compétents et à l'aise dans leur classe.

Beaucoup de pistes sont évoquées dans ce livre. Je vous invite à les expérimenter, elles ont été évaluées et validées.

Les neurosciences affectives et sociales ne s'opposent pas du tout aux neurosciences cognitives, elles se complètent. Quand on est enseignant, connaître les neurosciences cognitives – c'est-à-dire savoir comment notre cerveau intellectuel apprend – est évidemment indispensable. Les neurosciences affectives et sociales cherchent, pour leur part, à explorer, à comprendre et à connaître la relation et l'état émotionnel optimaux pour apprendre.

Ces recherches nous révèlent que la qualité de la relation avec l'enfant est l'un des facteurs essentiels du développement de son cerveau[1]. Elles nous disent également haut et fort que la faculté de comprendre ses propres états émotionnels et ceux des autres est fondamentale pour le développement de l'enfant parce qu'elle favorise les relations satisfaisantes et les comportements prosociaux[2]. Cette capacité est aussi considérée comme un prérequis fondamental pour l'aptitude aux apprentissages et pour la réussite scolaire[3].

Ne perdons pas notre temps et notre argent à refaire les études qui, partout dans le monde, ont déjà montré l'importance de la qualité de la relation enseignant-élève et du développement des compétences socio-émotionnelles. Agissons, relevons nos manches pour mettre en pratique ces découvertes. Il y a beaucoup à faire…

Grâce à la mise en œuvre de ces multiples travaux qui convergent tous pour dire que l'enfant et l'adolescent ont absolument besoin de relations empathiques, chaleureuses et soutenantes pour se développer de façon harmonieuse, notre monde deviendra, je le pense profondément, plus pacifique et plus chaleureux. Car ce lien affectif permet aux êtres de développer leurs capacités cognitives et sociales, de mieux apprendre, de développer une pensée libre, de se sentir solidaires, responsables d'eux-mêmes et du monde, et heureux de vivre.

Annexe

Pour bien comprendre le cerveau humain

Il m'a paru utile d'ajouter ce complément d'information pour le lecteur qui souhaite aller plus loin et mieux comprendre le cerveau et son fonctionnement.

Petit rappel sur le cerveau

100 milliards de cellules nerveuses

On ne peut qu'être stupéfait et émerveillé devant le cerveau humain, qui compte 100 milliards de cellules nerveuses et qui génère 10 000 milliards de synapses (les connexions entre les neurones), soit plus que le nombre d'étoiles connues dans l'univers. Le cerveau humain se révèle être la forme de matière organisée la plus complexe de tout le cosmos. Il existe deux types de cellules nerveuses, les neurones et les cellules gliales.

Les neurones. Leur structure est maintenant bien connue, avec leur corps cellulaire hérissé de prolongements (dendrites) et leur long axone terminé par des ramifications (voir figure 5 p. 203). Les neurones forment un réseau très dense et se transmettent l'information, sous forme électrique, appelée *influx nerveux*. Ils communiquent entre eux sans se toucher directement, formant un espace appelé *synapse* dans lequel des molécules, les neurotransmetteurs, font passer l'influx nerveux d'un neurone à l'autre.

Un neurotransmetteur est une molécule chimique qui transmet l'information d'un neurone à un autre en traversant la synapse (voir figure 6 p. 203). La libération des neurotransmetteurs résulte d'un influx nerveux émis par le neurone. Le neurone qui émet l'influx et libère les neurotransmetteurs est appelé *présynaptique* et celui qui le reçoit *postsynaptique*. Libérés à l'extrémité d'un neurone, les neurotransmetteurs sont captés par les neurones postsynaptiques au moyen de récepteurs spécialisés pour chaque neurotransmetteur et situés sur leur membrane.

Il existe de très nombreux neurotransmetteurs dont nous avons parlé dans cet ouvrage : la sérotonine, la dopamine, l'acétylcholine, etc.

Les récepteurs sont des structures protéiques (faites de protéines) nichées dans la membrane neuronale et sur lesquelles se fixent des neurotransmetteurs, ou d'autres substances chimiques, ou encore des médicaments.

- **La substance grise** correspond au corps cellulaire des neurones et aux synapses.
- **La substance blanche,** elle, contient les fibres nerveuses, les axones. Elle doit son nom à la myéline de couleur claire qui forme un manchon autour des axones. Cette gaine isole les axones les uns des autres et permet d'accroître la vitesse de propagation du message nerveux le long des fibres nerveuses.

Les cellules gliales. Elles sont de plusieurs types :
- **Les astrocytes** approvisionnent les neurones en énergie, en glucose, et les débarrassent de leurs déchets.

- **La microglie** est le premier rempart du cerveau, elle le protège contre les molécules étrangères.
- **Les oligodendrocytes** constituent la gaine de myéline qui entoure et accélère la conduction le long des fibres nerveuses.

La myélinisation

L'axone des neurones est entouré d'un manchon appelé *myéline*. L'isolation conférée par la gaine de myéline accélère la transmission de l'influx nerveux : la vitesse de conduction passe ainsi d'environ un mètre par seconde à 100 mètres par seconde.

La myélinisation se développe très progressivement durant toute l'enfance et se poursuit jusqu'à l'adolescence. Elle démarre par le cortex sensorimoteur pour se terminer à la fin de l'adolescence par l'aire la plus complexe du cerveau, l'aire orbitofrontale. Ces performances de conduction de l'information dans les lobes du cortex entraînent une amélioration des capacités cognitives, notamment de la mémoire, des aptitudes de lecture et de langage et du comportement socio-émotionnel.

Les circuits neuronaux

Un circuit neuronal est un groupe de neurones connectés en réseau. Ces circuits sont constitués d'un certain nombre de neurones qui communiquent entre eux par leurs synapses.

Après la naissance, la formation des synapses est très intense. Des millions de connexions se font, se défont et se refont en fonction des relations affectives, de l'apprentissage, de toutes les expériences vécues par l'enfant. Ceci influe sur l'efficacité et le nombre de synapses. Dès qu'une connexion devient inutile, elle est éliminée et remplacée par une autre connexion plus utile ou plus efficace : c'est ce qu'on appelle *l'élagage des neurones.*

La théorie des trois cerveaux

En 1969, Paul MacLean a élaboré un modèle de l'organisation du cerveau dit théorie des trois cerveaux. Selon lui, ces cerveaux seraient apparus l'un après l'autre au cours de l'évolution. Actuellement, cette vision du cerveau est considérée comme obsolète car les structures cérébrales ne fonctionnent pas de manière indépendante, elles tissent de très nombreuses connexions entre elles.

- **Le cerveau archaïque,** ou reptilien, est apparu il y a 500 millions d'années chez les poissons puis chez les amphibiens et les reptiles. Il comprend le tronc cérébral et le cervelet. Le cerveau archaïque gère des fonctions primaires liées à la physiologie de base (respiration, rythme cardiaque, pression artérielle, sommeil, équilibre et d'autres fonctions physiologiques essentielles). Sa deuxième fonction est de déclencher, face au danger, des comportements instinctifs liés à notre survie, des réflexes d'attaque, de fuite ou de sidération.

- **Le cerveau émotionnel,** aussi appelé système limbique, est apparu il y a 150 millions d'années chez les premiers mammifères. Sa définition anatomique varie selon les auteurs. Pour le neurologue Jean Decety, qui travaille dans le domaine des neurosciences affectives, il est constitué de plusieurs structures étroitement reliées entre elles : l'amygdale et l'hippocampe, mais aussi l'hypothalamus, le cortex cingulaire et le cortex préfrontal, l'insula, le noyau accumbens, le septum ou encore les ganglions de la base. Ce cerveau nous fait ressentir l'agréable, le désagréable, et toute la gamme très étendue des émotions. Afin qu'elles ne soient pas envahissantes, celles-ci sont tempérées par le néocortex. Il joue également un rôle de régulateur des instincts primitifs de survie provenant du cerveau archaïque, il aide à contrôler les réactions d'attaque, de fuite ou de sidération. Ce système limbique est impliqué également dans l'olfaction, l'apprentissage et la mémoire.

- **Le cerveau supérieur,** ou néocortex, a quant à lui commencé son expansion chez les primates, il y a deux ou trois millions d'années. Il représente chez l'homme 85 % du volume cérébral total et enveloppe les régions les plus anciennes, le cerveau archaïque et émotionnel. Ce cortex est divisé en lobes : le lobe frontal, le lobe pariétal, le lobe temporal et le lobe occipital. Il est impliqué dans les fonctions cognitives dites supérieures comme la conscience, le langage, les capacités d'apprentissage, les perceptions sensorielles, les commandes motrices volontaires, la présence dans l'espace.

De toutes les régions du cortex, le lobe préfrontal est certainement celle qui a connu la plus forte expansion chez l'humain. Ce lobe est à l'origine de la réflexion, du raisonnement, de la créativité, de l'imagination, de la résolution des problèmes, de la planification, de la conscience de soi et de l'empathie.

À quoi servent les régions cérébrales que nous avons mentionnées plusieurs fois dans ce livre?

Le cortex préfrontal

Ce cortex préfrontal a un statut très particulier. Au cours de l'évolution, l'espèce humaine s'est distinguée des autres espèces de primates par la taille plus volumineuse de son cortex préfrontal. Ce volume plus important chez l'être humain pourrait être le reflet des mécanismes très complexes nécessaires aux relations sociales qui fondent la cohésion du groupe. Cette zone est celle dont la maturation est la plus tardive, au début de l'âge adulte.

Le cortex préfrontal est le centre exécutif du cerveau, le centre de décision et de planification. Il est également le siège de fonctions supérieures telles que le langage, le raisonnement et la mémoire de travail (qui nous permet de garder une consigne le temps qu'on réalise la tâche). Il est aussi le lieu essentiel du contrôle de nos réponses émotionnelles et de notre vie affective et sociale. Le cortex préfrontal nous donne le pouvoir de dire non à nos impulsions. Face à une situation relationnelle difficile, source de très nombreuses émotions, le cortex préfrontal nous aide à réévaluer, c'est-à-dire à réfléchir, à prendre du recul, à trouver des solutions.

Ce cortex est relié à de très nombreuses régions du cerveau, notamment à ce qu'on appelle le cerveau social qui regroupe des zones cérébrales telles que le noyau accumbens, l'amygdale, l'aire tegmentale ventrale (ATV), l'hypothalamus et les régions impliquées dans les réponses sensorielles et motrices.

Ce cortex infiniment complexe est subdivisé en de nombreuses aires, chacune dévolue à des fonctions différentes et dont une est particulièrement importante pour la vie sociale, le *medial prefrontal cortex* (mPFC) qui comprend le cortex orbitofrontal et une partie du cortex cingulaire antérieur [1].

Pour simplifier la compréhension, je me concentrerai sur deux zones du cortex préfrontal : le cortex orbitofrontal (COF) et le cortex cingulaire antérieur (CCA).

Le cortex orbitofrontal

Le cortex orbitofrontal est capital pour notre vie sociale. Cette structure cérébrale extrêmement précieuse joue un rôle essentiel dans nos capacités d'affection, d'empathie, dans la régulation de nos émotions et également dans le développement de notre sens moral et de notre aptitude à prendre des décisions, facultés participant aux relations avec autrui. Le volume de ce cortex est corrélé aux compétences sociales [2].

Le développement du COF dépend des expériences vécues par l'enfant. Cette région de notre cerveau située au-dessus de nos orbites ne se développe bien que si l'environnement de l'enfant est bienveillant, empathique, soutenant [3].

Cette découverte majeure montre encore une fois l'importance capitale de l'éducation. Nous constatons que le plus souvent, les enfants se conduisent de façon éthique s'ils ont de bons guides, de bons modèles. Les recherches actuelles nous le confirment. Avec, néanmoins, les capacités de résilience que nous avons décrites dans le livre.

La maturation du COF. Si l'entourage apporte à l'enfant ce qui lui est nécessaire (sécurité affective, écoute, soutien), les circuits du COF vont se renforcer progressivement. Une poussée de croissance neuronale, correspondant à la multiplication des circuits, débute vers 5 ans et se poursuit jusqu'à 7 ans. Vers l'âge de 5-6 ans, l'enfant commence donc à contrôler un peu mieux ses émotions négatives, à comprendre leurs causes et à savoir les surmonter.

Chaque fois que le tout-petit observe comment un frère, une sœur, un copain ou un adulte réussissent à traverser un conflit émotionnel, avec calme et justesse, les circuits du COF chargés de réguler l'amygdale « répètent », enregistrent la scène et se renforcent chez l'enfant. Et progressivement, les circuits du COF chargés de réguler les impulsions émotionnelles deviennent plus efficaces et l'enfant devient « plus raisonnable ».

À l'inverse, quand l'adulte crie, punit, il freine le bon développement de cette région. L'enfant et l'adulte qu'il deviendra auront des difficultés pour se comporter de façon éthique, être empathiques, aimer, pour réguler les émotions, et être capables de prendre des décisions [4].

Mais cette maturation est loin d'être achevée. Cette région si essentielle ne termine sa maturation que tardivement, au début de l'âge adulte. En dessous de 5-6 ans, l'enfant est dominé par son cerveau émotionnel et son cerveau archaïque, il a donc des impulsions qu'il contrôle difficilement : vouloir manger immédiatement ce qu'il aime, trépigner et tempêter pour l'obtenir, dire avec ravissement des « gros mots », faire des pitreries, des grimaces dans des lieux inappropriés, crier le plus fort possible pour s'amuser, être traversé par des pleurs incontrôlés, taper, mordre, etc.

Très souvent, les adultes pensent que leur enfant de 3-4 ans est capable de maîtriser toutes ses émotions et impulsions. Ils perdent alors patience devant le comportement déraisonnable de leur enfant, en pensant qu'il le fait exprès. L'enfant à cet âge est encore beaucoup trop jeune pour être « raisonnable », comme le souhaiteraient les adultes. Il a encore des moments de très grosses colères, d'énervement, de réactions impulsives.

Le cortex cingulaire antérieur

Le CCA joue comme le COF un rôle important « d'interface » entre émotion et cognition (voir figure 7 p. 261), plus précisément dans la transformation de nos sentiments en intentions et actions. Il est impliqué dans des fonctions supérieures comme le contrôle de soi sur nos émotions, la faculté de concentration pour résoudre un problème, la reconnaissance de nos erreurs, la capacité à trouver les réponses s'adaptant à des conditions changeantes. Des fonctions qui toutes impliquent un lien étroit avec nos émotions.

Le CCA participe à la capacité de réévaluation qui nous amène à réexaminer une situation particulièrement émotionnelle. La prise en compte des ressentis intérieurs lors d'une discussion stimule la connectivité de ses réseaux neuronaux. Cette conscience des ressentis assure une meilleure régulation émotionnelle. Les personnes encouragées à l'introspection et à exprimer clairement ce qu'elles ressentent augmentent la taille de leur cortex frontal, de leur CCA, et calment leur amygdale.

Le CCA participe à de nombreux sentiments. Le CCA, structure essentielle dans notre rapport à nous-même et aux autres, joue un rôle clé dans l'auto-empathie et l'empathie.

Vis-à-vis de nous-même, le CCA participe à l'auto-empathie et s'active quand nous portons un regard sur nous-même en mobilisant toute notre attention pour comprendre ce qui se passe en nous.

Dans la relation à autrui, il participe à l'empathie en s'activant quand nous portons une attention et une écoute extrêmes à autrui, et il nous aide à exprimer et à reconnaître les expressions faciales. Il s'active également quand nous prenons soin d'autrui, quand nous coopérons, quand nous jouons avec lui.

D'après Hugo Critchley, professeur de psychiatrie à Brighton, les différences individuelles observées dans la capacité à percevoir ses propres émotions ou celles des autres sont corrélées à une activation plus ou moins importante du CCA. L'imagerie cérébrale montre une plus forte activité du CCA chez les personnes plus sensibles aux relations interpersonnelles, capables non seulement de mieux évaluer une situation sociale mais aussi de sentir comment les autres personnes présentes la perçoivent.

Le CCA s'active en cas de douleur physique et de rejet social. D'après Naomi Eisenberger et son équipe, à l'université de Los Angeles, cette structure est à la fois le siège de la douleur physique et de la souffrance due au rejet social, quand nous en sommes l'objet mais également quand elles concernent autrui. Notre cerveau enregistre donc les rejets sociaux dans la même aire que la souffrance physique.

L'amygdale cérébrale

L'amygdale cérébrale est un noyau en forme d'amande (du latin *amygdala* qui signifie « amande ») considéré comme la plaque tournante des émotions et des relations sociales. C'est un composant clé dans nos relations avec le monde environnant[5]. L'amygdale est le lieu où s'élaborent nos premières impressions émotionnelles. Elle fait partie des nombreux circuits neuronaux associés aux expériences émotionnelles et notamment à nos vécus de peur et d'attachement.

L'amygdale joue un rôle central dans nos réactions de peur. Son rôle est de détecter tout danger potentiel dans notre environnement et de nous en alerter. Elle nous fait réagir, de façon automatique et inconsciente, en une fraction de seconde. Dès que nous avons des réactions de peur ou d'anxiété, l'amygdale, mature dès la naissance, s'active. Elle alerte alors l'hypothalamus qui déclenche la sécrétion des hormones de stress : cortisol, adrénaline, qui, en quantité importante, peuvent être très toxiques pour un cerveau immature. Les adultes possèdent les structures cérébrales leur permettant d'analyser ce qui leur fait peur, de prendre du recul et ainsi de se calmer ou d'agir. Chez le tout-petit, ces structures cérébrales ne sont pas encore fonctionnelles, ainsi les peurs sont fréquentes et se transforment parfois en véritables paniques.

Les vécus de peur de la petite enfance restent fixés, mémorisés inconsciemment et à vie dans l'amygdale cérébrale et continuent à agir à l'âge adulte. Nous avons oublié ces moments de grande peur, car l'hippocampe, structure cérébrale nous permettant d'avoir des souvenirs conscients, n'est pas fonctionnel avant 3-5 ans, ce qui explique ainsi l'absence de souvenirs de la toute petite enfance.

L'hippocampe

Cette structure doit son nom à sa ressemblance avec l'hippo-campe marin. Elle joue un rôle important dans la mémoire émotionnelle consciente et la mémoire à long terme, l'apprentissage et la régulation des émotions.

L'hippocampe et le cortex cérébral, qui nous permettent d'avoir des souvenirs conscients, sont encore immatures chez l'enfant au plus jeune âge. C'est probablement autour de 18 mois que la maturation d'une partie de l'hippocampe débute et permet à la mémoire explicite, consciente, de com-mencer, très lentement, à se développer et à être active entre 3 et 5 ans, en fonction des enfants.

L'hippocampe transforme le contenu de notre mémoire de travail – les informations nouvelles, retenues de façon temporaire dans le cortex préfrontal le temps d'accomplir une tâche – en mémoire à long terme. Cette structure est essen-tielle pour retenir les épisodes de notre vie, c'est la mémoire dite épisodique, autobiographique. Tout ce que nous appre-nons, tous nos souvenirs dépendent de l'hippocampe. L'hip-pocampe est donc sollicité en permanence et fabrique des nouveaux neurones continuellement, tout au long de notre vie. Il est le siège d'une neurogenèse continue. Il est remodelé en permanence et sa taille varie en fonction de nos appren-tissages, de nos souvenirs.

La mémoire et l'apprentissage sont intimement liés et dépendent l'un de l'autre. La mémoire est essentielle à tout apprentissage puisqu'elle permet l'enregistrement et le rappel des informations apprises. Et la mémoire est la trace qui reste d'un apprentissage. L'hippocampe est donc au cœur de tout apprentissage. Le stress fragilise l'hippocampe, affaiblit la mémoire et perturbe donc l'apprentissage.

Les récepteurs aux glucocorticoïdes, particulièrement denses dans l'hippocampe, expliquent son importance dans la régulation du stress.

Les neurones de l'hippocampe possèdent des récepteurs pour les glucocorticoïdes sur lesquels se fixe le cortisol. Comme nous l'avons déjà évoqué, Michael Meaney a montré en 1989 que la qualité et la quantité de soins maternels, le contact rassurant stimulent la création de récepteurs aux glucocorticoïdes, diminuant ainsi l'exposition de l'hippocampe au cortisol. Les réactions délétères au stress sont alors atténuées et l'hippocampe est protégé.

Remerciements

Je tiens tout d'abord à remercier vivement les très nombreux inspecteurs et inspectrices, les conseillers et conseillères pédagogiques, les directeurs et directrices de centres Canopé qui m'ont sollicitée pour de multiples interventions depuis quelques années. Par l'intérêt qu'ils ont manifesté pour ces nouvelles connaissances sur le cerveau que sont les neurosciences affectives et sociales, ils m'ont incitée à approfondir ce sujet et à réfléchir à leur possible application dans les écoles. Sans eux, je n'aurais jamais envisagé d'écrire un livre sur l'école. Je souhaite ici leur témoigner toute ma gratitude et j'espère qu'ils trouveront dans cet ouvrage des pistes de réflexion.

Je remercie également Les Arènes, qui m'ont accueillie si chaleureusement, Laurent Beccaria, leur directeur, et Catherine Meyer, mon éditrice, qui tout au long de l'écriture de ce livre s'est montrée à l'écoute, très disponible, compétente et chaleureuse.

Enfin, un immense merci à mon mari, à Nicolas et Cécile, à Alice et Fred, pour leur confiance et leur soutien sans faille.

Table des figures

Notes

Introduction

1. Robert Laffont, 2014.

1. La qualité de la relation enseignant-élève est déterminante

1. Ameis 2014; Björnsdotter 2014; Gee 2014; Kida 2014; Teicher 2006, 2010, 2012, 2014; Tomoda 2011; van Harmelen 2014a-b; Whittle 2014.
2. Maurel 2009.
3. Préface, Robert Laffont, 2014.
4. Afifi 2011.
5. Werner et Smith 1982.
6. Buyse 2009; Hamre 2001; Hugues 2006; Cadima 2015; Choi 2016.
7. Pianta 2003, 2004.
8. Hamre 2008.
9. Routledge, 2008.
10. Presses de l'Université du Québec, 2017.
11. Routledge, 2013, avec Gregory Yates.

2. Que viennent faire les émotions à l'école ?

1. Durlak 2011.
2. Odile Jacob, 1995.
3. Odile Jacob, 1999.
4. Björnsdotter 2014 ; Kida 2014 ; Michalska 2014 ; Whittle 2014.
5. Gee 2014.
6. Björnsdotter 2014 ; Decety 2015 ; Hanson 2015 ; Kida 2014 ; Michalska 2014.
7. Van Harmelen 2014 ; Teicher 2014 ; Wang 2014.
8. Hariri 2000 ; LeDoux 2002, 2005.

9. Davidov 2013 ; Decety 2015.
10. Brownell 2013 ; Drummond 2014 ; Paulus 2014.

3. L'empathie au cœur de la relation

1. Decety 2015.
2. Shamay-Tsoory 2011.
3. Cornelius-White 2007 ; Hattie 2009.
4. Pianta 2008.
5. Shamay-Tsoory 2011.
6. MacDonald 2011.
7. Guastella 2008.
8. Morelli 2004.
9. Champagne 2008 ; Gordon 2010 ; Björnsdotter 2014 ; Whittle 2014.
10. De Dreu 2016.

4. Les compétences socio-émotionnelles

1. La sensitivité est la capacité à percevoir et à interpréter avec précision les signaux de l'enfant et à y répondre rapidement et de façon appropriée, ce qui correspond pour moi à l'empathie et conduit à un attachement sécurisé. La sensitivité est ce regard positif posé sur l'enfant, le respect de son autonomie, une présence soutenante, sans agressivité.
2. Denham 1990.
3. Ameis 2014 ; Callaghan 2014 ; Fan 2014 ; Gee 2014.

5. L'attachement :
comprendre la qualité du lien à l'enfant

1. Bakermans-Kranenburg 2007.
2. Crowell 2002.
3. Milatz 2015.
4. Verschueren 2015.
5. High 2008.

6. La relation avec l'élève se travaille et s'apprend

1. Elias 1997 ; Greenberg 2003.
2. Mayer 2008.
3. Brackett 2012.

7. La Communication NonViolente (CNV)

1. Ornaghi 2015 ; Brownell 2013.

8. Quand les enseignants développent leurs compétences socio-émotionnelles

1. Schunk 2005.
2. Meyer 2002 ; Yoon 2002.
3. Hamre 2008.
4. Hernández 2015.
5. Pianta 2009.
6. O'Connor 2012.
7. Kendziora 2016 ; Mashburn 2008 ; Ruzek 2016.
8. O'Connor 2012.
9. O'Connor 2012.
10. Silver 2005 ; Baker 2006, 2008.
11. Wang 2014.
12. Gambone 2002.
13. Pianta 2003 ; Buyse 2011.
14. C'est moi qui souligne.
15. Leonard 2011.
16. Ponitz 2009.
17. Cameron 2012.
18. Howes 2008.

9. Comment transmettre les compétences socio-émotionnelles aux élèves ?

1. Hernández 2015.
2. Early 2017.
3. Schmitz 2016.

10. Quand les élèves acquièrent ces compétences socio-émotionnelles

1. Brackett 2011, 2012; Ciarrochi 2000; Davis 2012; Kokkinos 2012; Joseph 2010; Ferrando 2011; Rimm-Kaufman 2015; Durlak 2015.
2. Denham 2010, 2011; Jones 2015; Schonfeld 2015.
3. Zins 2006.
4. Ivcevic 2015.
5. Fredrickson 2001.
6. Ciarrochi 2002.
7. Lopes 2005.
8. George 2000.
9. Bierman 2009; Denham 2010.
10. Gleason 2009.
11. Brackett 2011; Ciarrochi 2000; Davis 2012; Kokkinos 2012.

11. Complimenter ou encourager?

1. Blackwell 2007.
2. Zentall 2010.
3. Love 2014.
4. Riley 2012.
5. Sabol 2012.

12. Le cerveau se modifie grâce à la neuroplasticité et à l'épigénétique

1. Teicher 2016.
2. Cozolino 2013.
3. Davidson 2012.
4. Cozolino 2013.
5. lecerveau.mcgill.ca. C'est moi qui souligne.
6. Markham 2004.

13. Une relation de qualité a des effets positifs sur le développement du cerveau

1. Cozolino 2013.
2. Landry 2008.
3. Ameis 2014; Gordon 2013; Björnsdotter 2014; Callaghan 2014; Gee 2014, 2016; Kida 2014; Wachs 2014; Whittle 2014.
4. Szyf 2008.
5. Meaney 1989, 1996, 2001, 2004, 2005, 2009, 2010.
6. Luby 2012.
7. Kok 2014.
8. Merz 2016.
9. Mesman 2012.

14. Le stress entrave le développement de l'enfant

1. Noble 2007; Hackman 2010; Krugers 2017.
2. McCrory 2017.
3. Tursz et Gerbouin-Rérolle 2008.
4. Éditions L'Instant présent, 2012.
5. Rapport de l'Unicef : *Progress for Children: A Report Card on Child Protection*, 2009.
6. Maurel 2015.
7. Afifi 2012; Maguire-Jack 2012; Gershoff 2012; Waller 2012; Tomoda 2009; Hanson 2010; Teicher 2010, 2012.
8. Hornor 2012.
9. Eisenberger 2004, 2012.
10. Taylor 2010.
11. Cozolino 2013; Hugues 2016; Griese 2016; Rajendran 2016.

15. Le cerveau de l'enfant et de l'adolescent face au stress

1. Habib 2001.
2. Meaney 1989, 1996.
3. Teicher 2016.

4. Curley 2011 ; Kundakovic 2013.

5. Claessens 2011.

6. Hackman 2010 ; Carroll 2013 ; Harpaz-Rotem 2013.

7. Copeland 2014.

8. Frodl 2010 ; van Bodegom 2017.

9. Hackman 2010 ; Carroll 2013 ; Harpaz-Rotem 2013.

10. McEwen 2015, 2016.

11. Meaney 1989, 1996.

12. Teicher 2016 ; Korosi 2012 ; McEwen 2015, 2016.

13. McEwen 2007, 2011, 2015, 2016 ; Frodl 2010.

14. Eluvathingal 2006 ; Choi 2009, 2012 ; Huang 2012 ; Sheikh 2014.

15. Choi 2012.

16. Choi 2009 ; Huang 2012.

17. Gianaros 2007, 2013.

18. McEwen 2008.

19. Shalev 2013.

20. Caspi 2006 ; White 2012.

21. McEwen 2016.

22. *Ibid.*

23. Augusti 2013 ; Irigaray 2013.

24. Bangasser 2010.

25. Liston 2009.

26. Teicher 2016.

27. Hanson 2010.

28. McEwen 2015, 2016.

29. Taylor 2006.

30. Teicher 2016.

31. Lieberman 2007.

32. McEwen 2012.

33. Luders 2007.

34. Teicher 2003, 2006.

35. Teicher 2013 ; McLaughlin 2014 ; van Harmelen 2014.

36. Majer 2010.

16. Les dernières découvertes sur le cerveau de l'adolescent

1. Lamblin 2017.
2. Konrad 2013 ; Jaworska 2015.
3. Jaworska 2015.
4. Vijayakumar 2016.
5. Lamblin 2017.
6. Konrad 2013.
7. Schneider 2008.
8. Cozolino 2013.
9. Semper 2016.
10. Khundrakpam 2016.
11. *Ibid.*
12. Van Duijvenvoorde 2015.
13. Cozolino 2013.
14. Whittle 2012, 2014, 2016 ; Lee 2015.
15. Westlye 2011.

Conclusion

1. Kok 2015.
2. Eisenberger 2006.
3. Denham 2007, 2012.

Annexes

1. Bicks 2015.
2. Powell 2010.
3. Schore 1994 ; Michalska 2014 ; Whittle 2014.
4. Van Harmelen 2014 ; Teicher 2014 ; Wang 2014.
5. Belsky 2011.

Bibliographie

AFIFI (T. O.) *et al.* (2011), « Resilience following child mal-treatment: A review of protective factors », *The Canadian Journal of Psychiatry*, vol. 56, n° 5, p. 266-272.

AHNERT (L.) *et al.* (2012), « Student-teacher relationship and classroom climate in first grade: How do they relate to students' stress regulation? », *Attachment and Human Development*, vol. 14, n° 3, p. 249-263.

AMEIS (S.) (2014), « Cortical thickness, cortico-amygdalar networks, and externalizing behaviors in healthy children », *Biological Psychiatry*, vol. 75, n° 1, p. 65-72.

ARITZETA (A.) *et al.* (2016), « Classroom emotional intelligence and its relationship with school performance », *European Journal of Education and Psychology*, vol. 9, n° 1, p. 1-8.

AUGUSTI (E.-M.) *et al.* (2013), « Maltreatment is associated with specific impairments in executive functions: A pilot study », *Journal of Traumatic Stress*, vol. 26, n° 6, p. 780-783.

AUPPERLE (R. L.) *et al.* (2016), « Neural responses to maternal praise and criticism: Relationship to depression and anxiety symp-toms in high-risk adolescent girls », *NeuroImage Clinical*, n° 11, p. 548-554.

AVANTS (B. B.) *et al.* (2015), « Relation of childhood home environment to cortical thickness in late adolescence: Specificity of experience and timing », *PLOS ONE*, vol. 10, n° 10, p. 1-10.

BAKER (J. A.) *et al.* (2008), « The teacher-student relationship as a developmental context for children with internalizing or externa-lizing behavior problems », *School Psychology Quarterly*, vol. 23, n° 1, p. 3-15.

BAKERMANS-KRANENBURG (M. J.) *et al.* (2007), « Research review: genetic vulnerability or differential susceptibility in child development: The case of attachment », *Journal of Child Psychology and Psychiatry*, vol. 48, n° 12, p. 1160-1173.

BAPTISTA (L. F.) *et al.* (1986), « Song development in the white-crowned sparrow: Social factors and sex differences », *Animal Behaviour*, vol. 34, n° 5, p. 1359-1371.

BEAR (G.) (2016), « Differences in classroom removals and use of praise and rewards in American, Chinese, and Japanese schools », *Teaching and Teacher Education*, n° 53, p. 41-50.

BELFIELD (C.) *et al.* (2015), « The economic value of social and emotional learning », New York, Center for Cost-Benefit Studies in Education, Teachers College, Columbia University.

BERNIER (A.) *et al.* (2012), « Social factors in the development of early executive functioning: A closer look at the caregiving environment », *Developmental Science*, vol. 15, n° 1, p. 12-24.

BERRIDGE (K.) *et al.* (2009), « Dissecting components of reward: "Liking", "wanting", and "learning" », *Current Opinion in Pharmacology*, vol. 9, n° 1, p. 65-73.

BICK (J.) *et al.* (2016), « Early adverse experiences and the developing brain », *Neuropsychopharmacology*, vol. 41, n° 1, p. 177-196.

BICKS (L. K.) *et al.* (2015), « Prefrontal cortex and social cognition in mouse and man », *Frontiers in Psychology*, vol. 6, n° 1805, p. 1-15.

BIERMAN (K. L.) *et al.* (2008), « Promoting academic and socio-emotional school readiness: The head start REDI program », *Child Development*, vol. 79, n° 6, p. 1802-1817.

BIERMAN (K. L.) *et al.* (2017), « Enriching preschool classrooms and home visits with evidence-based programming: Sustained benefits for low-income children », *Journal of Child Psychology and Psychiatry*, vol. 58, n° 2, p. 129-137.

BJÖRNSDOTTER (M.) *et al.* (2014), « Development of brain mechanisms for processing affective touch », *Frontiers in Behavioral Neuroscience*, vol. 24, n° 8, p. 1-10.

BLACKWELL (L. S.) *et al.* (2013), « Implicit theories of intelligence predict achievement across an adolescent transition: A longitudinal study and an intervention », *Child Development*, vol. 78, n° 1, p. 246-263.

BLAZE (J. T.) *et al.* (2014), « Loud versus quiet praise: A direct behavioral comparison in secondary classrooms », *Journal of School Psychology*, vol. 52, n° 4, p. 349-360.

BOYCE (W. T.) (2016), « Differential susceptibility of the developing brain to contextual adversity and stress », *Neuropsychopharmacology*, vol. 41, n° 1, p. 142-162.

BRACKETT (M. A.) *et al.* (2011), « Emotional intelligence: Implications for personal, social, academic, and workplace success », *Social and Personality Psychology Compass*, vol. 5, n° 1, p. 88-103.

— (2012), « Enhancing academic performance and social and emotional competence with the RULER feeling words curriculum », *Learning and Individual Differences*, vol. 22, n° 2, p. 218-224.

BROWNELL (C. A.) *et al.* (2013), « Socialization of early prosocial behavior: Parents' talk about emotions is associated with sharing and helping in toddlers », *Infancy*, vol. 18, n° 1, p. 91-119.

— (2016), « Prosocial behavior in infancy: The role of socialization », *Child Development Perspectives*, vol. 10, n° 4, p. 222-227.

BRUMMELMAN (E.) *et al.* (2016), « The praise paradox: When and why praise backfires children with low self esteem », *Child Development Perspectives*, vol. 10, n° 2, p. 111-115.

BURCHINAL (M. R.) *et al.* (2002), « Development of academic skills from preschool trough second grade: Family and classroom predictors of developmental trajectories », *Journal of School Psychology*, vol. 40, n° 5, p. 415-436.

BUREAU (J. F.) *et al.* (2017), « Correlates of child-father and child-mother attachment in the preschool years », *Attachment and Human Development*, vol. 19, n° 2, p. 130-150.

BUYSE (E.) *et al.* (2009), « Predicting school adjustement in early elementary school: Impact of teacher-child relationship quality and relational climate », *The Elementary School Journal*, vol. 110, n° 2, p. 119-141.

— (2011), « Preschoolers' attachment to mother and risk for adjustment problems in kindergarten: Can teachers make a difference? », *Social Development*, vol. 20, n° 1, p. 33-50.

CADIMA (J.) *et al.* (2015), « Child engagement in the transition to school: Contributions of self-regulation, teacher-child relationships and classroom climate », *Early Childhood Research Quarterly*, vol. 32, n° 3, p. 1-12.

CAMERON (C. E.) *et al.* (2012), « Fine motor skills and executive function both contribute to kindergarten achievement », *Child Development*, vol. 83, n° 4, p. 1229-1244.

CARROLL (J. E.) *et al.* (2013), « Chilhood abuse, parental warmth, and adult multisystem biological risk in the coronary artery risk development in young adult study », *Proceedings of the National Academy of Sciences of the USA* (désormais *PNAS*), vol. 110, n° 42, p. 17149-17153.

CASPI (A.) *et al.* (2006), « Gene-environment interactions in psychiatry: Joining forces with neuroscience », *Nature Reviews. Neuroscience*, vol. 7, n° 7, p. 583-590.

CASTILLO (R.) *et al.* (2013), « Effects of an emotional intelligence intervention on aggression and empathy among adolescents », *Journal of Adolescence*, vol. 36, n° 5, p. 883-892.

CHAMPAGNE (D. L.) *et al.* (2008), « Maternal care and hippo-campal plasticity: Evidence for experience-dependent structural plasticity, altered synaptic functioning, and differential responsiveness to glucocorticoids and stress », *Journal of Neuroscience*, vol. 28, n° 23, p. 6037-6045.

CHAMPAGNE (F. A.) (2008), « Epigenetic mechanisms and the transgenerational effects of maternal care », *Frontiers in Neuroendocrinology*, vol. 29, n° 3, p. 386-397.

— (2009), « Epigenetic mechanisms mediating the long-term effects of maternal care on development », *Neuroscience Biobehavioral Review*, vol. 33, n° 4, p. 593-600.

CHODKIEWICZ (A. R.) *et al.* (2016), « Positive psychology school-based interventions: A reflection on current success and future directions », *Review of Education*, vol. 5, n° 1, p. 69-86.

CHOI (J.) *et al.* (2009), « Preliminary evidence for white matter tract abnormalities in young adults exposed to parental verbal abuse », *Biological Psychiatry*, vol. 65, n° 3, p. 227-234.

— (2012), « Reduced fractional anisotropy in the visual limbic pathway of young adults witnessing domestic violence in childhood », *NeuroImage*, vol. 59, n° 2, p. 1071-1079.

CHOI (J. Y.) *et al.* (2016), « Teacher-Child Relationships: Contribution of Teacher and Child Characteristics », *Journal of Research in Childhood Education*, vol. 30, n° 1, p. 15-28.

CIARROCHI (J. V.) *et al.* (2000), « A critical evaluation of the emotional intelligence construct », *Personality and Individual Differences*, vol. 28, n° 3, p. 539-561.

— (2002), « Emotional intelligence moderates the relationship between stress and mental health », *Personality and Individual Differences*, vol. 32, n° 2, p. 197-209.

CLAESSENS (S. E.) *et al.* (2011), « Development of individual differences in stress responsiveness: An overview of factors mediating the outcome of early life experiences », *Psychopharmacology*, vol. 214, n° 1, p. 141-154.

COELHO (V. A.) *et al.* (2016), « The effectiveness of a portuguese elementary school social and emotional learning program », *The Journal of Primary Prevention*, vol. 37, n° 5, p. 433-447.

COLCOMBE (S. J.) *et al.* (2004), « Cardiovascular fitness, cortical plasticity, and aging », *PNAS*, vol. 101, n° 9, p. 3316-3321.

COLLINS (B. A.) *et al.* (2017), « Behavior problems in elementary school among low-income boys: The role of teacher-child relationships », *The Journal of Educational Research*, vol. 110, n° 1, p. 72-84.

COLMAN (R. A.) *et al.* (2006), « Early predictors of self-regulation in middle childhood », *Infant and Child Development*, vol. 15, n° 4, p. 421-437.

COMMODARI (E.) (2013), « Preschool teacher attachment, school readiness and risk of learning difficulties », *Early Childhood Research Quarterly*, vol. 28, n° 1, p. 123-133.

COOPER (B.) (2010), « In search of profound empathy in learning relationships: Understanding the mathematics of moral learning environments », *Journal of Moral Education*, vol. 39, n° 1, p. 77-99.

COPELAND (W. E.) *et al.* (2014), « Childhood bullying involvement predicts low-grade systemic inflammation into adult », *PNAS*, vol. 111, n° 21, p. 7570-7575.

CORNELIUS-WHITE (J.) (2007), « Learner-centered teacher-student relationships are effective: A meta-analysis », *Review of Educational Research*, vol. 77, n° 1, p. 113-143.

CORREIA (K.) *et al.* (2016), « "Giant Leap 1": A Social and Emotional Learning program's effects on the transition to first grade », *Children and Youth Services Review*, vol. 61, n° C, p. 61-68.

Cozolino (L.) (2013), *The Social Neuroscience of Education*, New York, W.W. Norton & Company.

Critchley (H. D.) *et al.* (2004), « Neural systems supporting interoceptive awareness », *Nature Reviews. Neuroscience*, vol. 7, n° 2, p. 189-195.

Curby (T.) *et al.* (2013), « Do emotional support and classroom organization earlier in the year set the stage for higher quality instruction? », *Journal of School Psychology*, vol. 51, n° 1, p. 557-569.

— (2015), « Associations between preschooler's social-emotional competence and preliteracy skills », *Infant Child Development*, vol. 24, n° 5, p. 549-570.

Curley (J. P.) *et al.* (2011), « Social influences on neurobiology and behavior epigenetics effects during development », *Psychoneuroendocrinology*, vol. 36, n° 3, p. 352-371.

Damasio (A.) (1995), *L'Erreur de Descartes*, Paris, Odile Jacob.

Dannlowski (U.) *et al.* (2012), « Limbic scars: Long-term consequences of childhood maltreatment revealed by functional and structural magnetic resonance imaging », *Biological Psychiatry*, vol. 71, n° 4, p. 286-293.

Davidov (M.) *et al.* (2016), « The motivational foundations of prosocial behavior from a developmental perspective-evolutionary roots and key psychological mechanisms: Introduction to the special section », *Child Development*, vol. 87, n° 6, p. 1655-1667.

Davidson (R.) et McEwen (B.) (2012), « Social influences on neuroplasticity: Stress and interventions to promote well-being », *Nature Reviews. Neuroscience*, vol. 15, n° 5, p. 689-695.

Davis (S. K.) *et al.* (2012), « The influence of emotional intelligence (EI) on coping and mental health in adolescence: Divergent roles for trait andability EI », *Journal of Adolescence*, vol. 35, n° 5, p. 1369-1379.

DE BRITO (S. A.) *et al.* (2013), « Reduced orbitofrontal and temporal grey matter in a community sample of maltreated children », *Journal of Child Psychology and Psychiatry*, vol. 54, n° 1, p. 105-112.

DECETY (J.) (2015), « The neural pathways, development and functions of empathy », *Current Opinion in Behavioral Science*, n° 3, p. 1-6.

DEDOUSSIS-WALLACE (A.) *et al.* (2009), « Indirect bullying: Predictors of teacher intervention, and outcome of a pilot educational presentation about impact on adolescent mental health », *Australian Journal of Educational & Developmental Psychology*, n° 9, p. 2-17.

DE DREU (C. K.) *et al.* (2016), « Oxytocin conditions intergroup relations through upregulated in-group empathy, cooperation, conformity », *Biological Psychiatry*, vol. 79, n° 3, p. 165-173.

DE LAET (S.) *et al.* (2015), « Developmental trajectories of children's behavioral engagement in late elementary school: Both teachers and peers matter », *Developmental Psychology*, vol. 51, n° 9, p. 1292-1306.

— (2016), « Teacher-student relationships and adolescent behavioral engagement and rule-breaking behavior: The moderating role of dopaminergic genes », *Journal of School Psychology*, n° 56, p. 13-25.

DENHAM (S.) *et al.* (1990), « Young preschoolers' understanding of emotions », *Child Study Journal*, vol. 20, n° 3, p. 171-192.

DENHAM (S.) (2007), « Dealing with feelings: How children negotiate the worlds of emotions and social relationships », *Cognition, Brain, Behaviour*, vol. 11, n° 1, p. 1-48.

DENHAM (S.) *et al.* (2010), « Plays nice with others: Social-emotional learning and academic success », *Early Education & Development*, vol. 21, n° 5, p. 652-680.

DENHAM (S.), BASSETT (H.) et ZINSSER (K.) (2012), « Early childhood teachers as socializers of young children's emotional competence », *Early Childhood Education Journal*, vol. 40, n° 3, p. 137-143.

DENHAM (S.) *et al.* (2012), « Social-emotional learning profiles of preschoolers' early school success: A person-centered approach », *Learning and Individual Differences*, vol. 22, n° 2, p. 178-189.

DI STASIO (M. R.) *et al.* (2016), « Social comparison, competition and teacher-student relationships in junior high school classrooms predicts bullying and victimization », *Journal of Adolescence*, n° 53, p. 207-226.

DOUMEN (S.) *et al.* (2008), « Reciprocal relations between teacher-child conflict and aggressive behavior in kindergarten: A three-wave longitudinal study », *Journal of Clinical Child and Adolescent Psychology*, vol. 37, n° 3, p. 588-599.

DOWNER (J.) *et al.* (2010), « Teacher-child interactions in the classroom: Toward a theory of within-and-cross-domain links to children's developmental outcomes », *Early Education Development*, vol. 21, n° 5, p. 699-723.

DRUMMOND (J.) *et al.* (2014), « Here, there and everywhere: Emotion and mental state talk in different social contexts predicts empathic helping in toddlers », *Frontiers in Psychology*, vol. 5, n° 361, p. 1-11.

DURLAK (J. A.) *et al.* (2011), « The impact of enhancing students' social and emotional learning: A meta-analysis of school-based universal interventions », *Child Development*, vol. 82, n° 1, p. 405-432.

— (2015), *Handbook of social and emotional learning: Research and practice*, New York, Guilford Press.

DUVAL (S.) *et al.* (2016), « Quality of classroom interactions in kindergarten and executive functions among five year-old children », *Cogent Education*, vol. 3, n° 1, art. 1207909.

EARLY (D. M.) *et al.* (2017), « Quarterly Improving teacher-child interactions: A randomized control trial of making the most of classroom interactions and my teaching partner professional development models », *Early Childhood Research Quarterly*, n° 38, p. 57-70.

EISENBERG (N.) *et al.* (2006), « Prosocial development », dans EISENBERG (N.) et DAMON (W.) (dir.), *Handbook of Child Psychology*, t. III, *Social, Emotional and Personality Development*, New York, Wiley, 6ᵉ éd., p. 646-718.

— (2009), « Empathic responding: Sympathy and personal distress », dans DECETY (J.) *et al.*, *The Social Neuroscience of Empathy*, Cambridge, MIT Press, p. 71-83.

— (2010), « Empathy-related responding: Associations with prosocial behavior, aggression, and intergroup relations », *Social Issues and Policy Review*, vol. 4, n° 1, p. 143-180.

EISENBERGER (N.) et LIEBERMAN (M.) (2004), « Why rejection hurts: A common neuron alarm system for physical and social pain », *Trends Cognitive Science*, vol. 8, n° 7, p. 294-300.

EISENBERGER (N.) (2012), « The neural bases of social pain: Evidence for shared representations with physical pain », *Psychosomatic Medicine*, vol. 74, n° 2, p. 126-135.

ELIAS (M. J.) *et al.* (1997), *Promoting Social and Emotional Learning: Guidelines for Educators*, Alexandria (Virginie), Association for Supervision and Curriculum Development.

ELUVATHINGAL (T. J.) *et al.* (2006), « Abnormal brain connectivity in children after early severe socioemotional deprivation: A diffusion tensor imaging study », *Pediatrics*, vol. 117, n° 6, p. 2093-2100.

ERGUR (D. O.) (2009), « How can education professionals become emotionally intelligent? », *Procedia Social and Behavioral Sciences*, vol. 1, n° 1, p. 1023-1028.

EVERHART (R.) (2016), « Teaching tools to improve the development of empathy in service-learning students », *Journal of Higher Education Outreach and Engagement*, vol. 20, n° 2, p. 129.

FAN (Y.) *et al.* (2014), « Early life stress modulates amygdala-prefrontal functional connectivity: Implications for oxytocin effects », *Human Brain Mapping*, vol. 35, n° 10, p. 5328-5339.

FAY-STAMMBACH (T.) *et al.* (2014), « Parenting influences on executive function in early childhood: A review », *Child Development Perspective*, vol. 8, n° 4, p. 258-264.

FERNANDEZ (M. A.) *et al.* (2015), « From the clinics to the classrooms: A review of teacher-child interaction training in primary, secondary, and tertiary prevention settings », *Cognitive and Behavorial Practice*, vol. 22, n° 2, p. 217-229.

FERNANDEZ (M. A.) *et al.* (2015), « Teacher-child interaction training: A pilot study with random assignment », *Behavior Therapy*, vol. 46, n° 4, p. 463-477.

FERRANDO (M.) *et al.* (2011), « Trait emotional intelligence and academic performance: Controlling for the effects of IQ, personality, and self-concept », *Journal of Psychoeducational Assessment*, vol. 29, n° 2, p. 150-159.

FERRIER (D. E.) *et al.* (2014), « Relations between executive function and emotionality in preschoolers: Exploring a transitive cognition-emotion linkage », *Frontiers in Psychology*, vol. 27, n° 5, p. 487.

FREDRICKSON (B. L.) (2001), « The role of positive emotions in positive psychology: The broaden-and-build theory of positive emotions », *American Psychologist*, vol. 56, n° 3, p. 218-226.

FRODL (T.) *et al.* (2010), « Interaction of childhood stress with hippocampus and prefrontal cortex volume reduction in major depression », *Journal of Psychiatric Research*, vol. 44, n° 13, p. 799-807.

GAMBONE (M. A.) *et al.* (2002), *Finding out What Matters for Youth: Testing Key Links in a Community Action Framework for Youth Development*, Philadelphie, Youth Development Strategies Inc./ Institute for Research and Reform Education.

GARANDEAU (C. F.) *et al.* (2016), « School bullies' intention to change behavior following teacher interventions: Effects of empathy arousal, condemning of bullying, and blaming », *Prevention Science*, vol. 17, n° 8, p. 1034-1043.

GEE (D. G.) *et al.* (2014), « Maternal buffering of human amygdala-prefrontal circuitry during childhood but not during adolescence », *Psychological Science*, vol. 25, n° 11, p. 2067-2078.

— (2016), « Sensitive periods of emotion regulation: Influences of parental care on frontoamygdala circuitry and plasticity », dans RUTHERFORD (H.) et MAYES (L.) (dir.), *Maternal brain plasticity: Preclinical and human research and implications for intervention*, San Francisco, Jossey-Bass, coll. « New Directions for Child and Adolescent Development », n° 153, p. 87-110.

GEORGE (J. M.) (2000), « Emotions and leadership: The role of emotional intelligence », *Human Relations*, vol. 53, n° 8, p. 1027-1055.

GERDES (K. E.) *et al.* (2011), « Teaching empathy: A framework rooted in social cognitive neuroscience and social justice », *Journal of Social Work Education*, vol. 47, n° 1, p. 109-131.

GHASSABIAN (A.) *et al.* (2013), « Infant brain structures, executive function, and attention deficit/hyperactivity problems at preschool age: A prospective study », *Journal of Child Psychology and Psychiatry*, vol. 54, n° 1, p. 96-104.

GIANAROS (P. J.) *et al.* (2007), « Perigenual anterior cingulate morphology covaries with perceived social standing », *Social Cognitive and Affective Neuroscience*, vol. 2, n° 3, p. 161-173.

GIANAROS (P. J.) *et al.* (2013), « Inflammatory pathways link socioeconomic inequalities to white matter architecture », *Cerebral Cortex*, vol. 23, n° 9, p. 2058-2071.

GINOTT (H. M.) (1965), *Between Parent and Child*, New York, Three Rivers Press.

GLEASON (K. A.) *et al.* (2009), « The role of empathic accuracy in adolescents'peer relations and adjustement », *Personality and Social Psychology Bulletin*, vol. 35, n° 8, p. 997-1011.

GONG (P.) *et al.* (2017), « Revisiting the impact of OXTR rs53576 on empathy: A population-based study and a meta-analysis », *Psychoneuroendocrinology*, n° 80, p. 131-136.

GOROSHIT (M.) *et al.* (2014), « Does emotional self-efficacy predict teachers' self-efficacy and empathy? », *Journal of Education and Training Studies*, vol. 2, n° 3, p. 26-32.

— (2016), « Teachers' empathy: Can it be predicted by self-efficacy? », *Teachers and Teaching: Theory and Practice*, vol. 22, n° 7, p. 805-818.

GRAZZANI (I.) *et al.* (2016), « How to foster Toddler's mental-state talk, emotion understanding and prosocial behavior: A conversation-based intervention at nursery school », *Infancy*, vol. 21, n° 2, p. 199-227.

GREENBERGER (M. T.) *et al.* (2003), « Enhancing school-based prevention and youth development through coordinated social, emotional, and academic learning », *The American Psychologist*, vol. 58, n°ˢ 6-7, p. 466-474.

— (2006), « Promoting resilience in children and youth », *Annals of Ten New York Academy of Science*, n° 1094, p. 139-150.

GRIESE (E. R.) *et al.* (2016), « Peer victimization and prosocial behavior trajectories: Exploring sources of resilience for victims », *Journal of Applied Developmental Psychology*, n° 44, p. 1-11.

GROSS (J.) (dir.) (2007), *Handbook of Emotion Regulation*, New York, Guilford Press.

GUASTELLA (A. J.) (2008), « Oxytocin increase gaze to the eye region in human faces », *Biological Psychiatry*, vol. 63, n° 1, p. 3-5.

GUNDERSON (E. A.) *et al.* (2013), « Parent praise to 1- to 3-year-olds predicts children's motivational frameworks 5 years later », *Child Development*, vol. 84, n° 5, p. 1526-1541.

HABIB (K.) *et al.* (2001), « Neuroendocrinology of stress. Endocrinology and metabolism », *Clinics of North America*, vol. 30, n° 3, p. 695-728.

HACKMAN (D. A.) *et al.* (2010), « Socioeconomic status and the brain, mechanistic insights from human and animal research », *Nature Reviews. Neuroscience*, vol. 11, n° 9, p. 651-659.

HAMRE (B. K.) *et al.* (2001), « Early teacher-child relationships and the trajectory of children's school outcomes through eighth grade », *Child Development*, vol. 72, n° 2, p. 625-638.

— (2008), « Teacher's perceptions of conflict with young students: Looking behond problems behaviors », vol. 17, n° 1, p. 115-136.

— (2013), « Teaching through interactions. Testing a developmental framework of teacher effectiveness in over 4,000 classrooms », *The Elementary School Journal*, vol. 113, n° 4.

HANSON (J.) *et al.* (2010), « Early stress is associated with alterations in the orbitofrontal cortex: A tensor-based morphometry investigation of brain structure and behavioral risk », *Journal of Neuroscience*, vol. 30, n° 22, p. 7466-7472.

— (2013), « Early neglect is associated with alterations in white matter integrity and cognitive functioning », *Child Development*, vol. 84, n° 5, p. 1566-1578.

— (2015), « Behavioral problems after early life stress: Contributions of the hippocampus and amygdala », *Biological Psychiatry*, vol. 77, n° 4, p. 314-323.

HATFIELD (B. E.) *et al.* (2016), « Thresholds in the association between quality of teacher-child interactions and preschool children's school readiness », *Early Childhood Research Quarterly*, n° 36, p. 561-571.

HATTIE (J.) (2009), *Visible Learning: A Synthesis of Over 800 Meta-Analyses Relating to Achievement*, Londres, Routledge.

HAWKLEY (L.) *et al.* (2003), « Loneliness in everyday life: Cardiovascular activity, psychosocial context and health behavior », *Journal of Personality and Social Psychology*, vol. 85, n° 1, p. 105-120.

HECKER (T.) *et al.* (2016), « Harsh discipline relates to internalizing problems and cognitive functioning: Findings from a cross-sectional study with scholl children in Tanzania », *BMC Psychiatry*, vol. 16, n° 118, p. 1-9.

HECKMANN (J. J.) et MASTEROV (D. V.) (2007), « The productivity argument for investing in young children: Applied economic perspectives and policy », *Review of Agricultural Economics*, vol. 29, n° 3, p. 446-493.

HEIN (G.) *et al.* (2016), « How learning shapes the empathic brain », *PNAS*, vol. 113, n° 1, p. 80-85.

HEIN (T. C.) *et al.* (2017), « Research review: Neural response to threat in children, adolescents, and adults after child maltreatment – a quantitative meta-analysis », *Journal of Child Psychology and Psychiatry*, vol. 58, n° 3, p. 222-230.

HENDRICKX (M. M.H.G.) *et al.* (2016), « Social dynamics in the classroom: Teacher support and conflict and the peer ecology », *Teaching and Teacher Education*, n° 53, p. 30-40.

HERNÁNDEZ (M. M.) *et al.* (2016), « Emotional expression in school context, social relationships, and academic adjustment in kindergarten », *Emotion*, vol. 16, n° 4, p. 553-556.

HIGH (P. C.) et Committee on Early Childhood, Adoption and Dependent Care & Council on School Health (2008), « School readiness », *Pediatrics*, vol. 121, n° 4, p. 1008-1015.

HÖLZEL (B. K.) *et al.* (2010), « Stress reduction correlates with structural changes in the amygdala », *Social Cognitive Affective Neuroscience*, vol. 5, n° 1, p. 11-17.

— (2011), « Mindfulness practice leads to increases in regional brain gray matter density », *Psychiatry Research*, vol. 191, n° 1, p. 36-43.

— (2013), « Neural mechanisms of symptom improvements in generalized anxiety disorder following mindfulness training », *NeuroImage Clinical*, n° 2, p. 448-458.

HORNOR (G.) (2012), « Emotional maltreatment », *Journal of Pediatric Health Care*, vol. 26, n° 6, p. 436-442.

HOWELL (A.) *et al.* (2014), « Exploring the social validity of teacher praise notes in elementary school », *Journal of Classroom Interaction*, vol. 49, n° 2, p. 22-32.

HOWES (C.) *et al.* (2008), « Ready to learn? Children's pre-academic achievement in pre-kindergarten programs », *Early Childhood Research Quarterly*, vol. 23, n° 1, p. 27-50.

HUANG (H.) *et al.* (2012), « White matter disruptions in adolescents exposed to childhood maltreatment and vulnerability to psychopathology », *Neuropsychopharmacology*, vol. 37, n° 12, p. 2693-2701.

HUGHES (J. N.) *et al.* (2006), « Classroom engagement mediates the effect of teacher-student support on elementary students' peer acceptance: A prospective analysis », *Journal of School Psychology*, vol. 43, n° 6, p. 465-480.

— (2012), « Teacher-student relationships and school adjustment: Progress and remaining challenges », *Attachement & Human Development*, vol. 14, n° 3, p. 319-327.

— (2016), « Teacher-student relationship and peer disliking and liking across grades 1-4 », *Child Development*, vol. 87, n° 2, p. 593-611.

IAOSANURAK (C.) *et al.* (2016), « Social and emotional learning around technology in a cross-cultural, elementary school », *Education and Information Technology*, vol. 21, n° 6, p. 1639-1663.

IRIGARAY (T. Q.) *et al.* (2013), « Child maltreatment and later cognitive functioning: A systematic review », *Psicologia: Reflexão e Crítica*, vol. 26, n° 2, p. 376-387.

JAWORSKA (N.) *et al.* (2015), « Adolescence as a unique developmental period », *Journal of Psychiatry & Neuroscience*, vol. 40, n° 5, p. 291-293.

JONES (D. E.) *et al.* (2015), « Early social-emotional functioning and public health: The relationship between kindergarten social competence and future wellness », *American Journal of Public Health*, vol. 105, n° 11, p. 2283-2290.

JOSEPH (D. L.) *et al.* (2010), « Emotional intelligence: An integrative meta-analysis and cascading model », *Journal of Applied Psychology*, vol. 95, n° 1, p. 54-78.

KENDZIORA (K.) *et al.* (2016), « Promoting children's and adolescents' social and emotional development: District adaptations of a theory of action », *Journal of Clinical Child and Adolescent Psychology*, vol. 45, n° 6, p. 797-811.

KHUNDRAKPAM (B. S.) (2016), « Brain connectivity in normally developing children and adolescents », *NeuroImage*, n° 134, p. 192-203.

KIDA (T.) (2013), « Gentle touch activates the prefrontal cortex in infancy: An NIRS study », *Neuroscience Letters*, n° 541, p. 63-66.

KLIMECKI (O. M.) *et al.* (2014), « Differential pattern of functional brain plasticity after compassion and empathy training », *Social Cognitive and Affective Neuroscience*, vol. 9, n° 6, p. 873-879.

KLINGBEIL (D. A.) *et al.* (2017), « Effects of mindfulness-based interventions on disruptive behavior : A meta-analysis of single-case research », *Psychology in the Schools*, vol. 54, n° 1, p. 70-87.

KLUEN (M. K.) *et al.* (2017), « Impact of stress and glucocorticoids on schema-based learning », *Neuropsychopharmacology*, vol. 42, n° 6, p. 1254-1261.

KOENIGSBERG (H.) *et al.* (2010), « Neural correlates of using distancing to regulate emotional responses to social situations », *Neuropsychologia*, vol. 48, n° 6, p. 1813-1822.

KOK (R.) *et al.* (2014), « Parenting, corpus callosum, and executive function in preschool children », *Child Neuropsychology*, vol. 20, n° 5, p. 583-606.

— (2015), « Normal variation in early parental sensitivity predicts child structural brain development », *Journal of the American Academy of Child and Adolescent Psychiatry*, vol. 54, n° 10, p. 824-831.

KOKKINOS (C. M.) *et al.* (2012), « The relationship between bullying, victimization, trait emotional intelligence, self-efficacy and empathy among preadolescents », *Social Psychology of Education*, vol. 15, n° 1, p. 41-58.

KOLB (B.) *et al.* (2014), « Searching for the principles of brain plasticity and behavior », *Cortex*, n° 58, p. 251-260.

KONOLD (T.) *et al.* (2015), « Measurement and structural relations of an authoritative school climate model: A multi-level latent variable investigation », *Journal of School Psychology*, vol. 53, n° 6, p. 447-461.

KONRAD (K.) *et al.* (2013), « Brain development during adolescence », *Deutsches Ärzteblatt International*, vol. 110, n° 25, p. 425-431.

KRUGERS (H. J.) *et al.* (2017), « Early life adversity: Lasting consequences for emotional learning », *Neurobiology of Stress*, n° 6, p. 14-21.

KUNDAKOVIC (M.) *et al.* (2013), « Sex-specific and strain-dependent effects of early life adversity on behavioral and epigenetic outcomes », *Frontiers in Psychiatry*, vol. 4, n° 78.

KURKI (K.) *et al.* (2016), « How teachers co-regulate children's emotions and behaviour in socio-emotionally challenging situations in day-care settings », *International Journal of Educational Research*, n° 76, p. 76-88.

LAMBLIN (M.) *et al.* (2017), « Social connectedness, mental health and the adolescent brain », *Neuroscience and Biobehavioral Reviews*, vol. 12, n° 80, p. 57-68.

LANDRY (S. H.) *et al.* (2008), « A responsive parenting intervention: The optimal timing across early childhood for impacting maternal behaviors and child outcomes », *Developmental Psychology*, vol. 44, n° 5, p. 1335-1353.

LEE (S. W.) *et al.* (2015), « Aberrant function of frontoamygdala circuits in adolescents with previous verbal abuse experiences », *Neuropsychologia*, n° 79, p. 76-85.

LEI (H.) *et al.* (2016), « Affective teacher-student relationships and students' externalizing behavior problems : A meta-analysis », *Frontiers in Psychology*, vol. 7, n° 1311, p. 1-12.

LEONARD (M. A.) *et al.* (2011), « The role of pragmatic language use in mediating the relation between hyperactivity and inattention and social skills problems », *Journal of Speech, Language and Hearing Research*, vol. 54, n° 2, p. 567-579.

LEVY PALUCK (E.) *et al.* (2016), « Changing climates of conflict: A social network experiment in 56 schools », *PNAS*, vol. 113, n° 3, p. 566-571.

LISTON (C.) *et al.* (2009), « Psychosocial stress reversibly disrupts prefrontal processing and attentional control », *PNAS*, vol. 106, n° 3, p. 912-917.

LOPES (P. N.) *et al.* (2005), « Emotion regulation abilities and the quality of social interaction », *Emotion*, vol. 5, n° 1, p. 113-118.

LOVE (T.) (2014), « Oxytocin, motivation and the role of dopamine », *Pharmacology, Biochemistry and Behavior*, n° 119, p. 49-60.

LOWENSTEIN (A. E.) *et al.* (2015), « School climate, teacher-child closeness, and low-income children's academic skills in kindergarten », *Journal of Educational and Developmental Psychology*, vol. 5, n° 2, p. 89-108.

LUBY (J. L.) *et al.* (2012), « Maternal support in early childhood predicts larger hippocampal volumes at school age », *PNAS*, vol. 109, n° 8, p. 2854-2859.

— (2016), « Preschool is a sensitive period for the influence of maternal support on the trajectory of hippocampal development », *PNAS*, vol. 113, n° 20, p. 5742-5747.

LUCARIELLO (J. M.) *et al.* (2016), « Science supports education: The behavioral research base for psychology's top 20 principles for enhancing teaching and learning », *Mind, Brain, and Education*, vol. 10, n° 1, p. 55-67.

LUCASSEN (N.) *et al.* (2015), « Executive functions in early childhood: The role of maternal and paternal parenting practices », *British Journal of Developmental Psychology*, vol. 33, n° 4, p. 489-505.

LUDERS (E.) *et al.* (2007), « Positive correlations between corpus callosum thickness and intelligence », *NeuroImage*, vol. 37, n° 4, p. 1457-1464.

MacDonald (E.) *et al.* (2011), « A review of safety, side-effects and subjective reactions to intranasal oxytocin in human research », *Psychoneuroendocrinology*, vol. 36, n° 8, p. 1114-1126.

Majer (M.) *et al.* (2010), « Association of childhood trauma with cognitive function in healthy adults: A pilot study », *BMC Neurology*, vol. 10, n° 61.

Malti (T.) *et al.* (2016), « School-based interventions to promote empathy-related responding in children and adolescents: A developmental analysis », *Journal of Clinical Child & Adolescent Psychology*, vol. 45, n° 6, p. 718-731.

Mann (T. D.) *et al.* (2017), « Pathways to school readiness: Executive functioning predicts academic and social-emotional aspects of school readiness », *Mind, Brain, and Education*, vol. 11, n° 1, p. 21-31.

Markham (J. A.) (2004), « Experience-driven brain plasticity: Beyond the synapse », *Neuron Glia Biology*, vol. 1, n° 4, p. 351-363.

Martinez (L.) (2016), « Teachers' voices on social emotional learning: Identifying the conditions that make implementation possible », *The International Journal of Emotional Education*, vol. 8, n° 2, p. 6-24.

Mashburn (A. J.) *et al.* (2008), « Measures of classroom quality in prekindergarten and children's development of academic, language, an social skills », *Child Development*, vol. 79, n° 3, p. 732-749.

Matsudaira (I.) *et al.* (2016), « Parental praise correlates with posterior insular cortex gray matter volume in children and adolescents », *PLOS ONE*, vol. 11, n° 4, p. 1-11.

Maurel (O.) (2009), *Oui, la nature humaine est bonne. Comment la violence éducative ordinaire la pervertit depuis des millénaires*, Paris, Robert Laffont.

— (2012), *La Violence éducative : Un trou noir dans les sciences humaines*, Breuillet, Éditions L'Instant présent.

— (2015), *La Fessée. Questions sur la violence éducative*, Paris, La Plage.

MAYER (J. D.) *et al.* (2008), « Human abilities: Emotional intelligence », *Annual Review of Psychology*, n° 59, p. 507-536.

McCRORY (E. J.) *et al.* (2017), « Annual research review: Childhood maltreatment, latent vulnerability and the shift to preventive psychiatry: The contribution of functional brain imaging », *Journal of Child Psychology and Psychiatry*, vol. 58, n° 4, p. 338-357.

McEWEN (B.) *et al.* (2015), « Mechanisms of stress in brain », *Nature Reviews. Neuroscience*, vol. 18, n° 10, p. 1353-1363.

— (2016), « Stress effects on neuronal structure: Hippocampus, amygdala, and prefrontal cortex », *Neuropsychopharmacology*, vol. 41, n° 1, p. 3-23.

— (2016), « In pursuit of resilience: Stress, epigenetics and brain plasticity », *Annals of the New York Academy of Sciences*, vol. 1373, n° 1, p. 56-64.

McGOWAN (P. O.) *et al.* (2009), « Epigenetic regulation of the glucocorticoid receptor in human brain associates with childhood abuse », *Nature Reviews. Neuroscience*, vol. 12, n° 3, p. 342-348.

McINTYRE (L. L.) (2017), « A brief measure of language skills at 3 years of age and special education use in middle childhood », *The Journal of Pediatrics*, n° 181, p. 189-194.

McLAUGHLIN (K.) *et al.* (2014), « Childhood adversity and neural development: Deprivation and threat as distinct dimensions of early experience », *Neuroscience and Biobehavorial Reviews*, n° 47, p. 578-591.

MEANEY (M. J.) *et al.* (1989), « Neonatal handling alters adrenocortical negative feedback sensitivity and hippocampal type II glucocorticoid receptor binding in the rat », *Neuroendocrinology*, vol. 50, n° 5, p. 597-604.

— (1996), « Early environmental regulation of forebrain gluco-corticoid receptor gene expression: Implications for adrenocortical responses to stress », *Developmental Neuroscience*, vol. 18, n°s 1-2, p. 49-72.

— (2001), « Maternal care, gene expression and the transmission of individual differences in stress reactivity across generations », *Annual Review of Neuroscience*, n° 24, p. 1161-1192.

— (2004), « Epigenetic programming by maternal behavior », *Nature Reviews. Neuroscience*, vol. 7, n° 8, p. 847-854.

— (2005), « Maternal care as a model for experience-dependent chromatin plasticity? », *Trends in Neurosciences*, vol. 28, n° 9, p. 456-463.

— (2009), « Epigenetic regulation of the glucocorticoid receptor in human brain associates with childhood abuse », *Nature Reviews. Neuroscience*, vol. 12, n° 3, p. 342-348.

— (2010), « Epigenetics and the biological definition of gene X environment interactions », *Child Development*, vol. 81, n° 1, p. 41-79.

MERZ (E. C.) *et al.* (2016), « Bidirectional associations between parental responsiveness and executive function during early childhood », *Social Development*, vol. 26, n° 3, p. 591-609.

MESMAN (J.) *et al.* (2012), « Unequal in opportunity, equal in process: Parental sensitivity promotes positive child development in ethnic minority families », *Child Development Perspectives*, vol. 6, n° 3, p. 239-250.

MEYER (D. K.) *et al.* (2002), « Discovering emotions in classroom motivation research », *Educational Psychologist*, vol. 37, n° 2, p. 107-114.

MICHALSKA (K.) *et al.* (2014), « Genetic imaging of the association of oxytocin receptor gene (OXTR) polymorphisms with positive maternal parenting », *Frontiers in Behavioral Neuroscience*, vol. 8, n° 21, p. 1-10.

MILATZ (A.) *et al.* (2015), « Teachers' relationship closeness with students as a resource for teacher wellbeing: A response surface analytical approach », *Frontiers in Psychology*, vol. 6, n° 1949, p. 1-16.

MINAGAWA-KAWAI (Y.) *et al.* (2009), « Prefrontal activation associated with social attachment: Facial-emotion recognition in mothers and infants », *Cerebral Cortex*, vol. 19, n° 2, p. 284-292.

MORELLI (S.) *et al.* (2014), « The neural components of empathy: Predicting daily prosocial behavior », *Social Cognitive and Affective Neuroscience*, vol. 9, n° 1, p. 39-47.

MOUTSANIA (C.) *et al.* (2015), « Insecure attachment during infancy predicts greater amygdala volumes in early adulthood », *Journal of Child Psychology and Psychiatry*, vol. 56, n° 5, p. 540-548.

MOZHAN (M. A.) *et al.* (2013), « The influence of emotional intelligence on academic achievement », *Procedia. Social and Behavioral Sciences*, n° 90, p. 303-312.

NATHANSON (L.) *et al.* (2016), « Creating emotionally intelligent schools with RULER », *Emotion Review*, vol. 8, n° 4, p. 305-310.

NEWTON (E. K.) *et al.* (2016), « Individual differences in toddlers' prosociality: Experiences in early relationships explain variability in prosocial behavior », *Child Development*, vol. 87, n° 6, p. 1715-1726.

NOBLE (K. G.) *et al.* (2007), « Socioeconomic gradients predict individual differences in neurocognitive abilities », *Developmental Science*, vol. 10, n° 4, p. 464-480.

OBERMAN (L.) (2013), « Changes in plasticity across the lifespan: Cause of disease and target for intervention », *Progress in Brain Research*, n° 207, p. 91-120.

O'CONNOR (E.) *et al.* (2012), « Behavior problems in late childhood: The antecedent roles of early maternal attachment and teacher-child relationship trajectories », *Attachment and Human Development*, vol. 14, n° 3, p. 265-288.

ORNAGHI (V.) *et al.* (2014), « Enhancing social cognition by training children in emotion understanding: A primary school study », *Journal of Experimental Child Psychology*, n° 119, p. 26-39.

OWEN (D. J.) *et al.* (2012), « The effect of praise, positive nonverbal response, reprimand, and negative nonverbal response on child compliance: A systematic review », *Clinical Child and Family Psychology Review*, vol. 15, n° 4, p. 364-385.

PAULUS (M.) (2014), « The emergence of prosocial behavior: Why do infants and toddlers help, comfort, and share? », *Child Development Perspectives*, vol. 8, n° 2, p. 77-81.

PENROSE (A.) *et al.* (2007), « Emotional intelligence and teacher-efficacy: The contribution of teacher status and length experiences », *Issues in Educational Research*, vol. 17, n° 1, p. 20-34.

PIANTA (R. C.) (dir.) (1992), « Beyond the parent: The role of other adults in children's lives », *New Directions for Child Development*, n° 57.

PIANTA (R. C.) *et al.* (2003), « Relationships between teachers and children », dans REYNOLDS (W.) et MILLER (G.) (dir.), *Handbook of Psychology*, t. VII, *Educational Psychology*, Hoboken, John Wiley & Sons, p. 199-234.

— (2004), « Teacher-child relationships and children's success in the first years of school », *School Psychology Review*, vol. 33, n° 3, p. 444-458.

— (2008), *Classroom Assessment Scoring System (CLASS) Manual Pre-K*, Baltimore, Paul H. Brookes.

PESU (L.) (2016), « The role of parents' and teachers' beliefs in children's self-concept development », *Journal of Applied Developmental Psychology*, n° 44, p. 63-71.

Polcari (A.) *et al.* (2014), « Parental verbal affection and verbal aggression in childhood differentially influence psychiatric symptoms and well-being in young adulthood », *Child Abuse and Neglect*, vol. 38, n° 1, p. 91-102.

Ponitz (C. C.) *et al.* (2007), « A structured observation of behavioral self-regulation and its contribution to kindergarten outcomes », *Developmental Psychology*, vol. 45, n° 3, p. 605-619.

Powell (J. L.) *et al.* (2010), « Orbital prefrontal cortex volume correlates with social cognitive competence », *Neuropsychologia*, vol. 48, n° 12, p. 3554-3562.

Quirin (M.) *et al.* (2010), « Adult attachment insecurity and hippocampal cell density », *Social Cognitive Affective Neuroscience*, vol. 5, n° 1, p. 39-47.

Rajendran (K.) *et al.* (2016), « Parenting style influences bullying: A longitudinal study comparing children with and without behavioral problems », *Journal of Child Psychology and Psychiatry*, vol. 57, n° 2, p. 188-195.

Rifkin-Graboi (A.) *et al.* (2015), « Maternal sensitivity, infant limbic structure volume and functional connectivity: A preliminary study », *Translational Psychiatry*, vol. 5, n° e668, p. 1-12.

Riley (P.) *et al.* (2012), « Investigating teachers' explanations for aggressive classroom discipline strategies in China and Australia », *Educational Psychology*, vol. 32, n° 3, p. 389-403.

Rimm-Kaufman (S. E.) *et al.* (2015), « SEL in elementary school settings: Identifying mechanisms that matter », dans Durlak (J.) et Weissberg (R. P.) (dir.), *The Handbook of Social and Emotional Learning*, New York, The Guilford Press, p. 151-166.

Roberts (A. M.) *et al.* (2015), « Individual and contextual factors associated with pre-kindergarten teachers' responsiveness to the MyTeachingPartner coaching intervention », *Prevention Science*, vol. 16, n° 8, p. 1044-1054.

Rogers (C.) (2005), *Le Développement de la personne*, Paris, Dunod.

Ruzek (E. A.) *et al.* (2016), « How teacher emotional support motivates students: The mediating roles of perceived peer relatedness, autonomy support, and competence », *Learning and Instruction*, n° 42, p. 95-103.

Sabol (T. J.) *et al.* (2012), « Recent trends in research on teacher-child relationships », *Attachment and Human Development*, vol. 14, n° 3, p. 213-231.

Sahin (M.) (2012), « An investigation into the efficiency of empathy training program on preventing bullying in primary schools », *Children and Youth Services Review*, vol. 34, n° 7, p. 1325-1330.

Sandi (C.) *et al.* (2015), « Stress and the social brain: Behavioural effects and neurobiological mechanisms », *Nature Reviews. Neuroscience*, vol. 16, n° 5, p. 290-304.

Schmitz (M.) *et al.* (2016), « Sozial-emotionale Kompetenz », *Kindheit und Entwicklung*, vol. 25, n° 2, p. 114-121.

Schneider (M.) (2008), « Puberty as a highly vulnerable developmental period for the consequences of cannabis exposure », *Addiction Biology*, vol. 13, n° 2, p. 253-263.

Schneider (S.) *et al.* (2012), « Maternal interpersonal affiliation is associated with adolescents' brain structure and reward processing », *Translational Psychiatry*, vol. 2, e182.

Schonfeld (D. J.) *et al.* (2015), « Cluster-randomized trial demonstrating impact on academic achievement of elementary social-emotional learning », *School Psychology Quarterly*, vol. 30, n° 3, p. 406-420.

SCHORE (A.) (1994), *Affect Regulation and the Origin of the Self: The Neurobiology of Emotional Development*, Hillsdale/Hove, L. Erlbaum.

SCHUNK (D. H.) (2005), « Commentary on self-regulation in school contexts », *Learning and Instruction*, vol. 15, n° 2, p. 173-177.

SEMPER (J. V.) *et al.* (2016), « Adolescent emotional maturation through divergent models of brain organization », *Frontiers in Psychology*, vol. 7, n° 1263, p. 1-12.

SHALEV (I.) *et al.* (2013), « Stress and telomere biology: A lifespan perspective », *Psychoneuroendocrinology*, vol. 38, n° 9, p. 1835-1842.

SHAMAY-TSOORY (S. G.) (2011), « The neural bases of empathy », *Neuroscientist*, vol. 17, n° 1, p. 18-24.

SHECHTMAN (Z.) *et al.* (2016), « Teachers treat agressive children: An outcome study », *Teaching and Teacher Education*, n° 58, p. 28-34.

SHEIKH (H. I.) *et al.* (2014), « Links between white matter microstructure and cortisol reactivity to stress in early childhood: Evidence for moderation by parenting », *NeuroImage Clinical*, n° 6, p. 77-85.

SHIMADA (K.) *et al.* (2015), « Reduced visual cortex grey matter volume in children and adolescents with reactive attachment disorder », *NeuroImage Clinical*, n° 9, p. 13-19.

SILVER (R. B.) *et al.* (2005), « Trajectories of classroom externalizing behavior: Contributions of child characteristics, family characteristics, and the teacher-child relationship during the school transition », *Journal of School Psychology*, vol. 43, n° 1, p. 39-60.

SKALICKA (V.) et BELSKY (J.) (2015), « Preschool-age problem behavior and teacher-child conflict in school: Direct and moderation effects by preschool organization », *Child Development*, vol. 86, n° 3, p. 955-964.

— (2015), « Reciprocal relations between student-teacher relationship and children's behavioral problems: Moderation by child-care group size », *Child Development*, vol. 86, n° 5, p. 1557-1570.

Spilt (J. L.) *et al.* (2011), « Teacher well-being: The importance of teacher-student relationships », *Educational Psychology Review*, vol. 23, n° 4, p. 457-477.

— (2016), « The socio-behavioral development of children with symptoms of attachment disorder: An observational study of teacher sensitivity in special education », *Research in Developmental Disabilities*, n° 56, p. 71-82.

Stefan (C. A.) *et al.* (2016), « The multifaceted role of attachment during preschool: Moderator of its indirect effect on empathy through emotion regulation », *Early Child Development and Care*, 2 nov. 2016, p. 1-15.

Sunderland (M.) (2006), *Un enfant heureux*, Paris, Pearson Education France.

Swenson (S.) *et al.* (2016), « Parents' use of praise and criticism in a sample of young children seeking mental health services », *Journal of Pediatric Health Care*, vol. 30, n° 1, p. 49-56.

Szyf (M.) *et al.* (2008), « The social environment and the epigenome », *Environmental and Molecular Mutagenesis*, vol. 49, n° 1, p. 46-60.

Tang (Y. Y.) *et al.* (2015), « The neuroscience of mindfulness meditation », *Nature Reviews. Neuroscience*, vol. 16, n° 4, p. 213-225.

Taylor (C.) *et al.* (2016), « Examining ways that a mindfulness-based intervention reduces stress in public school teachers: A mixed-methods study », *Mindfulness*, vol. 7, n° 1, p. 115-129.

Taylor (S. E.) (2010), « Mechanisms linking early life stress to adult health outcomes », *PNAS*, vol. 107, n° 19, p. 8507-8512.

Teding van Berkhout (E.) *et al.* (2016), « The efficacy of empathy training: A meta-analysis of randomized controlled trials », *Journal of Counseling Psychology*, vol. 63, n° 1, p. 32-41.

Teicher (M. H.) *et al.* (2012), « Childhood maltreatment is associated with reduced volume in the hippocampal subfields CA3, dentate gyrus, and subiculum », *PNAS*, vol. 109, n° 9, E563-E572.

— (2014), « Childhood maltreatment: Altered network centrality of cingulate, precuneus, temporal pole and insula », *Biological Psychiatry*, vol. 76, n° 4, p. 297-305.

— (2016), « Annual research review: Enduring neurobiological effects of childhood abuse and neglect », *Journal of Child Psychology and Psychiatry*, vol. 57, n° 3, p. 241-266.

— (2016), « The effects of childhood maltreatment on brain structure, function and connectivity », *Nature Reviews. Neuroscience*, vol. 17, n° 10, p. 652-666.

Telzer (E. H.) *et al.* (2014), « Adolescents' emotional competence is associated with parents' neural sensitivity to emotions », *Frontiers in Human Neuroscience*, vol. 8, n° 558, p. 1-12.

Tettegah (S.) *et al.* (2007), « Pre-service teachers' empathy and cognitions: Statistical analysis of text data by graphical models », *Contemporary Educational Psychology*, vol. 32, n° 1, p. 48-82.

Tomoda (A.) *et al.* (2009), « Reduced prefrontal cortical gray matter volume in young adults exposed to harsh corporal punishment », *NeuroImage*, vol. 47, suppl. 2, p. 66-71.

— (2011), « Exposure to parental verbal abuse is associated with increased gray matter volume in superior temporal gyrus », *NeuroImage*, vol. 54, suppl. 1, p. 280-286.

— (2012), « Reduced visual cortex gray matter volume and thickness in young adults who witnessed domestic violence during childhood », *PLOS ONE*, vol. 7, n° 12, e52528.

Tursz (A.) et Gerbouin-Rérolle (P.) (2008), *Enfants maltraités. Les chiffres et leur base juridique en France*, Cachan, Éditions médicales internationales.

Upshaw (M. B.) *et al.* (2015), « Parents empathetic perspective taking and altruistic behavior predicts infants' arousal to others' emotions », *Frontiers in Psychology*, vol. 6, n° 360, p. 1-33.

Van Bodegom (M.) *et al.* (2017), « Modulation of the Hypothalamic-Pituitary-Adrenal Axis by early life stress exposure », *Frontiers in Cellular Neuroscience*, vol. 11, n° 87, n.p.

Van Duijvenvoorde (A. C.) *et al.* (2015), « Testing a dual-systems model of adolescent brain development using resting-state connectivity analyses », *NeuroImage*, n° 124, part. A, p. 409-420.

Van Harmelen (A.-L.) *et al.* (2010), « Reduced medial prefrontal cortex volume in adults reporting childhood emotional maltreatment », *Biological Psychiatry*, vol. 68, n° 9, p. 832-838.

— (2014a), « Childhood Emotional Maltreatment Severity Is Associated with Dorsal Medial Prefrontal Cortex Responsivity to Social Exclusion in Young Adults », *PLOS ONE*, vol. 9, n° 1, p. 1-11.

— (2014b), « Hypoactive medial prefrontal cortex functioning in adults reporting childhood emotional maltreatment », *Social Cognitive and Affective Neuroscience*, vol. 9, n° 12, p. 2026-2033.

Verschueren (K.) *et al.* (2012), « Relationships with mother, teacher, and peers: Unique and joint effects on young children's self-concept », *Attachment and Human Development*, vol. 14, n° 3, p. 233-248.

— (2015), « Middle childhood teacher-child relationships : Insights from an attachment perspective and remaining challenge », *New Directions for Child and Adolescent Development*, n° 148, p. 77-91.

Vijayakumar (N.) *et al.* (2016), « Brain development during adolescence : A mixed-longitudinal investigation of cortical thickness, surface area, and volume », *Human Brain Mapping*, vol. 37, n° 6, p. 2027-2038.

Vrtička (P.) *et al.* (2012), « Neuroscience of human social interactions and adult attachment style », *Frontiers in Human Neuroscience*, vol. 6, n° 212, p. 1-17.

Waller (R.) *et al.* (2013), « What are the associations between parenting, callous-unemotional traits, and antisocial behavior in youth? A systematic review of evidence », *Clinical Psychology Review*, vol. 33, n° 4, p. 593-608.

Wang (H.) *et al.* (2016), « Can social-emotional learning reduce school dropout in developing countries? », *Journal of Policy Analysis and Management*, vol. 35, n° 4, p. 818-847.

Wang (M.) *et al.* (2014), « Longitudinal links between fathers' and mothers' harsh verbal discipline and adolescents' conduct problems and depressive symptoms », *Child Development*, vol. 85, n° 3, p. 908-923.

Wang (Y.) *et al.* (2002), « Development of teacher-student relationships and its relations to factors in primary school », *Psychological Development and Education*, vol. 10, n° 3, p. 18-23.

Warren (C. A.) *et al.* (2014), « "Who has family business?" Exploring the role of empathy in student-teacher interactions », *Penn GSE. Perspectives on Urban Education*, vol. 11, n° 2, p. 122-131.

Werner (E. E.) et Smith (R. S.) (1982), *Vulnerable but Invincible: A Longitudinal Study of Resilient Children and Youth*, New York/Londres, McGraw-Hill Education.

Westlye (L. T.) *et al.* (2011), « Associations between regional cortical thickness and attentional networks as measured by the attention network test », *Cerebral Cortex*, vol. 21, n° 2, p. 345-356.

WHITE (M. G.) *et al.* (2012), « FKBP5 and emotional neglect interact to predict individual differences in amygdala reactivity », *Genes, Brain and Behavior,* vol. 11, n° 7, p. 869-878.

WHITTLE (S.) *et al.* (2011), « Hippocampal volume and sensitivity to maternal aggressive behavior: A prospective study of adolescent depressive symptoms », *Development and Psychopathology,* vol. 23, n° 1, p. 115-129.

— (2014), « Positive parenting predicts the development of adolescent brain structure: A longitudinal study », *Developmental Cognitive Neuroscience,* n° 8, p. 7-17.

— (2016), « Observed measures of negative parenting predict brain development during adolescence », *PLOS ONE,* vol. 11, n° 1, p. 1-15.

— (2016), « Neurodevelopmental correlates of proneness to guilt and shame in adolescence and early adulthood », *Developmental Cognitive Neuroscience,* n° 19, p. 51-57.

YOON (J.) (2002), « Teacher characteristics as predictors of teacher-student relationships: Stress, negative affect, and self-efficacy », *Social Behavior and Personality: An International Journal,* vol. 30, n° 5, p. 485-494.

ZENTALL (S. R.) *et al.* (2010), « "Good job, you're so smart": The effects of inconsistency of praise type on young children's motivation », *Journal of Experimental Child Psychology,* vol. 107, n° 2, p. 155-163.

ZINS (J. E.) *et al.* (2006), « Social and emotional learning », dans BEAR (G. G.) et MINKE (K. M.) (dir.), *Children's Needs,* t. III, *Development, Prevention and Intervention,* Bethesda, National Association of School Psychologists, p. 1-13.

Table

2. Que viennent faire les émotions à l'école ?

4. Les compétences socio-émotionnelles

5. L'attachement : comprendre la qualité du lien à l'enfant

6. La relation avec l'élève se travaille et s'apprend

7. La Communication NonViolente (CNV)

8. Quand les enseignants développent
leurs compétences socio-émotionnelles

9. Comment transmettre
les compétences socio-émotionnelles aux élèves ?

10. Quand les élèves acquièrent
ces compétences socio-émotionnelles

11. Complimenter ou encourager ?

12. Le cerveau se modifie grâce à la neuroplasticité et à l'épigénétique

16. Les dernières découvertes
sur le cerveau de l'adolescent

L'EXEMPLAIRE QUE VOUS TENEZ ENTRE LES MAINS
A ÉTÉ RENDU POSSIBLE GRÂCE AU TRAVAIL DE TOUTE UNE ÉQUIPE.

CONCEPTION GRAPHIQUE ET COUVERTURE : Sara Deux
MISE EN PAGE : Pixellence
INFOGRAPHIES : Artpresse
RÉVISION : Guillaume Müller-Labé et Aleth Stroebel
FABRICATION : Marie Baird-Smith, Maude Sapin
avec Valentine Ferrante

COMMERCIAL : Pierre Bottura
PRESSE/COMMUNICATION : Isabelle Mazzaschi,
Jérôme Lambert avec Adèle Hybre
RELATIONS LIBRAIRES : Jean-Baptiste Noailhat

DIFFUSION : Élise Lacaze (Rue Jacob diffusion), Katia Berry (grand
Sud-Est), François-Marie Bironneau (Nord et Est), Charlotte Jeunesse
(Paris et région parisienne), Christelle Guilleminot (grand Sud-Ouest),
Laure Sagot (grand Ouest), Diane Maretheu (coordination)
et Charlotte Knibiehly (Ventes directes), avec Christine Lagarde (Pro
Livre), Béatrice Cousin et Laurence Demurger (équipe Enseignes),
Fabienne Audinet et Benoît Lemaire (LDS), Bernadette Gildemyn et
Richard Van Overbroeck (Belgique), Nathalie Laroche
et Alodie Auderset (Suisse), Kamel Yahia et Kimly Ear (Grand Export)

DISTRIBUTION : Hachette

DROITS FRANCE ET JURIDIQUE : Geoffroy Fauchier-Magnan
DROITS ÉTRANGERS : Sophie Langlais

ENVOIS AUX JOURNALISTES ET LIBRAIRES : Patrick Darchy
LIBRAIRIE DU 27 RUE JACOB : Laurence Zarra
ANIMATION DU 27 RUE JACOB : Perrine Daubas

COMPTABILITÉ ET DROITS D'AUTEUR : Christelle Lemonnier
avec Camille Breynaert
SERVICES GÉNÉRAUX : Isadora Monteiro Dos Reis
et Jean-Luc Ichiza-Imaho

La couverture et la bande
ont été imprimées par Déjà Link à Stains.

Achevé d'imprimer sur Roto-Page
par l'Imprimerie Floch à Mayenne
en décembre 2017.

ISBN 978-2-35204-720-9
Dépôt légal : janvier 2018
N° d'impression : 91960
Imprimé en France